Gerd Krüssmann · Die Bäume Europas · 2. Auflage

W0011101

Die Bäume Europas

Ein Taschenbuch für Naturfreunde

Dr. h. c. Gerd Krüssmann

Dendrologe, ehem. Direktor des Botanischen Gartens
in Dortmund-Brünninghausen

Zweite, erweiterte Auflage

Mit 405 Abbildungen im Text und auf 88 Tafeln,
davon 8 farbig, und 127 Arealkarten

VERLAG PAUL PAREY · BERLIN UND HAMBURG

1. Auflage 1968
ISBN 3-489-71022-3

CIP-Kurztitelaufnahme der Deutschen Bibliothek

Krüssmann, Gerd:
Die Bäume Europas : e. Taschenbuch für Natur-
freunde / Gerd Krüssmann. — 2., erw. Aufl. —
Berlin, Hamburg : Parey, 1979.
   ISBN 3-489-62522-6

Einbandgestaltung: Christian Honig, Neuwied/Rhein

© Verlag Paul Parey, Berlin und Hamburg, 1979. Anschriften: Lindenstraße 44—47,
1000 Berlin 61; Spitalerstraße 12, 2000 Hamburg 1. Printed in Germany by Felgen-
treff & Goebel, 1000 Berlin 61, Buchbinder: Lüderitz & Bauer, 1000 Berlin 61.

ISBN 3-489-62522-6

Vorwort zur 2. Auflage

Für Autor und Verlag ist es erfreulich, daß sich dieses kleine Buch, trotz erheblicher Konkurrenz, inzwischen einen festen Platz unter den Feldführern sichern konnte. Da das Buch wahrscheinlich sehr oft Urlauber in die südlichen Länder begleitet, sind noch weitere Bäume, die ihnen dort begegnen, aufgenommen worden. Es sind 40 Arten Laubbäume und 4 Arten Nadelbäume hinzugekommen, so daß jetzt insgesamt 154 Arten Laubgehölze und 59 Arten Nadelgehölze beschrieben werden. Ein großer Teil der Fototafeln wurde ausgewechselt, die Farbtafeln sind ebenfalls teilweise neu. Schließlich sind auch noch 14 Arealkarten hinzugekommen. Zu danken habe ich noch Dr. G. BOCQUET, Zürich, und Dr. L. FENAROLI, Bergamo, für Informationen über französische, bzw. italienische Gehölznamen. Im übrigen gilt auch weiterhin alles, was im Vorwort zur 1. Auflage gesagt wurde.

Bad Salzuflen, Sommer 1979

GERD KRÜSSMANN

Vorwort zur 1. Auflage

Es gibt nicht wenige Bücher, die dem Naturfreund die Kenntnis der Bäume, die ihm auf seinen Wanderungen oder Reisen auffallen, vermitteln wollen. Sehr oft aber sind diese Taschenbücher ein wenig zu bescheiden, dafür aber farbig illustriert und billig; sie gelten auch meist nur für ein Land oder ein Gebiet. Das vorliegende Taschenbuch ist, soweit dem Verfasser bekannt, das erste, das die Bäume Europas zum Inhalt hat, und zwar einschließlich der Bäume des Mittelmeerraumes.

Unsere modernen Naturfreunde sind heute mit dem Auto in ganz Europa unterwegs oder besuchen mit Reisegesellschaften die entferntesten Länder unseres Kontinentes, wo ihnen eine ganz andere Vegetation als die ihrer Heimat entgegentritt. Am auffälligsten sind schon durch ihre Größe und ihr Alter die Bäume. Nur selten gelingt es ihnen, den Namen bestimmter Bäume zu erfahren. Einem alten Wunsch des Verlegers, Dr. h. c. Friedrich Georgi, verdankt dieses kleine Buch sein Entstehen.

Es wird nichts als bekannt vorausgesetzt; keinerlei botanische Kenntnisse sind notwendig. Natürlich konnten nicht alle in Europa heimischen Baumarten aufgenommen werden, aber doch die häufigeren und besonders markanten Arten. Hinzu kommt noch eine kleine Anzahl solcher Bäume, die zwar nicht ursprünglich in Europa heimisch sind, aber vor langer Zeit aus Nordamerika oder Asien hierher gelangten und inzwischen fast vollkommen eingebürgert sind. Solche Bäume sind z. B. die Robinie, Roteiche, Gleditschie, einige Fichten-, Kiefern- und Tannenarten. Diese sind vor ihren Namen im Text besonders gekennzeichnet.

Mit Rücksicht auf den sicherlich häufigen Gebrauch des Büchleins in südlichen Ländern wurden die Bäume Italiens, Spaniens, Portugals und Jugoslawiens besonders ausführlich gebracht. Bäume, die nur im Süden vorkommen, sind durch ein besonderes Merkmal gekennzeichnet; im allgemeinen findet man diese Bäume nicht in Mitteleuropa.

Die Fotos wurden, mit wenigen Ausnahmen, alle vom Autor an den natürlichen Standorten angefertigt. Sämtliche Detail-Tafeln sind eigene Originale. Die Arealkarten weichen zum Teil ab von Arealkarten in älteren einschlägigen Werken, bedingt durch neuere Ergebnisse von P. FUKAREK (Sarajevo), SOKOLOW (Leningrad), E. JÄGER (Halle/Saale) und anderen Botanikern, denen für ihre freundliche Unterstützung an dieser Stelle herzlich gedankt sei. Möge das kleine Buch ein zuverlässiger Ratgeber für alle Naturfreunde werden, die sich nicht nur im Schatten der Bäumen ausruhen.

Dortmund, Frühjahr 1968

G. KRÜSSMANN

Inhalt

Benutzungsanweisung

Die beiden folgenden Seiten sollte jeder Benutzer des Buches genau durchlesen, da sie ihm die Identifizierung eines unbekannten Baumes sehr erleichtern.

Was das Buch bietet:

- Ausführliche Beschreibungen von 154 Laubgehölzarten und 59 Nadelgehölzarten,
- dazu in den meisten Fällen eine Verbreitungskarte jedes Baumes,
- ein Habitusfoto,
- Details von Blättern, Früchten oder Blüten auf besonderen Tafeln mit Maßstäben,
- Vulgärnamen in deutscher, französischer, italienischer und englischer Sprache,
- die wissenschaftlich exakte Bezeichnung jeder Baumart nebst den Synonymen (ungültigen Namen), soweit diese Bedeutung haben,
- alphabetische Register der Vulgärnamen am Schluß des Buches,
- eine Einführung in die botanische Terminologie.

Behandelte Baumarten:

- Alle in Europa *beheimateten* Baumarten, ausgenommen Übergangsformen zwischen zwei Arten, die erst in neuerer Zeit als solche erkannt oder angesehen werden. Von den im Süden vorkommenden Arten konnten jedoch nur die wichtigeren behandelt werden.
- Die wichtigsten nicht-europäischen Baumarten, die seit langer Zeit entweder forstlich oder gärtnerisch in Europa angepflanzt werden und in vielen Fällen so gut wie *eingebürgert* sind, so daß sie vom Naturfreund kaum als Nicht-Europäer angesehen werden. Allerdings werden von solchen Bäumen nur ausnahmsweise Arealkarten gebracht.

Kennzeichnung des Vorkommens:

Neben den Arealkarten, auf denen die Verbreitung jeder Baumart zu finden ist, stehen im beschreibenden Text noch Zeichen mit folgender Bedeutung:

- ● In Deutschland heimisch.
- ○ In Deutschland zwar nicht heimisch, aber europäisch; oft angepflanzt.
- □ In Deutschland nicht heimisch, außereuropäisch, aber oft angepflanzt.
- ⚹ Nur in südlichen Ländern zu finden, dort heimisch.
- ⚹□ Nur in südlichen Ländern angepflanzt, jedoch außereuropäisch.

Reihenfolge der Beschreibungen:

Die Beschreibungen beginnen zwar mit dem deutschen Namen eines Baumes, mitunter stehen sogar zwei Namen dort. Da unsere deutschen Baumarten in den verschiedenen Landesteilen mitunter nicht die gleichen Namen tragen, liegt es auf der Hand, daß sie nicht in der Reihenfolge dieser ,,Vulgärnamen" geordnet werden konnten.

Die Namen stehen in der alphabetischen Reihenfolge der botanischen Bezeichnung, die international gültig und bekannt ist. Hinter dem botanischen Namen folgt die Angabe der Familie, damit der Benutzer des Buches Zusammenhänge erkennen kann. In Klammern stehende Namen sind ungültige ,,Synonyme", unter denen die einzelnen Bäume oft noch besser bekannt sind.

Unterscheidungshilfe:

Mitunter sind Baumarten so charakteristisch durch bestimmte Merkmale, daß man sie überhaupt nicht verwechseln kann. Nicht selten aber sind zwei oder mehrere Arten einander ähnlich, doch kann man durch ein besonderes Merkmal beide dennoch mehr oder weniger leicht voneinander unterscheiden. Solche Merkmale sind auf den Detailkarten nach Möglichkeit durch Pfeile angedeutet.

Und so wird ein unbekannter Baum bestimmt:

Bedenken Sie zunächst einmal, daß es sich hier um ein Buch handelt, in dem Sie die in Europa *wild* vorkommenden Bäume finden. Es ist also kein Buch, das Sie als Führer in einem Park oder gar botanischen Garten benutzen können. Draußen aber, im Wald und auf der Heide, da kommen Sie mit diesem Buch zurecht, ebenso in den Alpen oder an Ihrem Urlaubsort fern im Süden. Bevor Sie daran gehen, die sehr einfache Bestimmungstafel zu benutzen, blättern Sie ruhig das Buch ein paar Mal von vorn bis hinten durch und sehen Sie, ob Sie auf den Detailkarten nicht schon Blatt oder ein anderes Detail finden, das mit Ihrem unbekannten Baum übereinstimmt. Stellen Sie unbedingt zuerst die Stellung der Blätter fest (ob gegenständig, also jeweils 2 Blätter beisammen, oder wechselständig; ob einfach, ob gelappt, ob zusammengesetzt, also gefiedert oder handförmig geteilt usw.). Wenn Sie ein solches Blatt nicht finden, dann benutzen Sie die Bestimmungstabellen auf S. 18 ff.
Natürlich müssen Sie die wichtigsten botanischen Ausdrücke beherrschen, denn ohne diese genaue – nicht oberflächliche – Kenntnis dieser Fachausdrücke können Sie sich der Bestimmungstabelle nicht bedienen. Wenn Ihnen das Erlernen dieser Ausdrücke aber zu mühsam ist, dann müssen Sie eben so lange die Abbildungen vergleichen, bis Sie den gesuchten Baum gefunden haben. Finden Sie ihn nach vielem und sorgfältigem Suchen trotzdem nicht, so können Sie annehmen, daß es sich um keinen europäischen Baum handelt.

Haben Sie den Baum bestimmt, dann schlagen Sie die Arealkarte auf, vor allem in südlichen Ländern, und prüfen Sie, ob der Baum dort auch wirklich beheimatet ist.

Diese Art des Pflanzenbestimmens ist zwar nicht wissenschaftlich, aber erprobt und bewährt. Viele Bücher, besonders englische und amerikanische Bestimmungsbücher, folgen diesem System. Der Umgang mit diesem Buch soll für Sie ein Vergnügen sein und nicht „harte Arbeit". Versuchen Sie aber dennoch, sich die auf den folgenden Seiten erklärten Grundbegriffe anzueignen.

Kurze Einführung in die botanische Terminologie

Die meisten Ausdrücke sind dem Leser sicherlich ohne weiteres verständlich; dennoch ist es ratsam, die nachfolgenden Erklärungen durchzulesen und sich selbst zu prüfen, ob die eigene Meinung mit dem nachstehenden Text einigermaßen übereinstimmt.

Die Ausdrücke sind hier nach den zugehörigen Hauptbegriffen – Stamm, Blatt, Blüte, Frucht – geordnet, in der gleichen Reihenfolge wie bei den Beschreibungen der Bäume im Text. (Für Nadelgehölze vgl. S. 118).

Stamm

Der Baum hat einen Hauptstamm, der sich oben in eine Krone ausbreitet.

Nebenstämme entspringen an der Basis des Hauptstammes.

Ausläufer entstehen ebenfalls an der Basis des Stammes und bilden nach meist unterirdischem Wachstum in kürzerer oder weiterer Entfernung einen neuen Stamm.

Äste sind die älteren, stärkeren Nebenstämme der Krone.

Zweige sind die jüngeren, dünneren Nebenstämme der Äste.

Triebe sind die diesjährigen und vorjährigen Sprosse, die durch ihre ausgeprägte Färbung oder Behaarung besonders gute Merkmale für die Bestimmung bieten.

Knoten sind die Stellen der Triebe, aus denen neue Teile, Blätter oder Triebe entstehen.

Internodien sind die Zwischenräume zwischen 2 Knoten.

Rinde ist die den Stamm umgebende Gewebeschicht.

Borke bildet sich im Laufe der Jahre aus der Rinde; typisch für jede Baumart ist das Muster der Risse, Schuppen oder abrollenden Rinde.

Stammquerschnitt: Unter der Rinde oder Borke folgt zuerst das saftreiche Kambium, das durch beständige Teilung nach außen den Bast, nach innen den Splint (= jüngste Holzschicht) bildet. Unter dem weichen Splint folgt das Holz (Kernholz), das aus konzentrischen Jahresringen besteht.

Mark ist in den jungen Trieben vieler Baumarten enthalten (Holunder, Götterbaum); mitunter ist es gefächert (Walnuß, Flügelnuß).

Habitus: Krone und Stamm geben dem Baum seine besondere Tracht, seinen Habitus. Die mehr oder weniger regelmäßige Stellung der Äste und Zweige bewirkt entsprechende Kronenformen. Regelmäßige Formen sind rundlich, eiförmig, kegelförmig („pyramidal") und säulenförmig. Unregelmäßige Formen entstehen bei Fehlen eines Hauptstammes oder bei unterschiedlicher Länge der Äste und Zweige.

Wuchsrichtung: Die Ausdrücke für die Wuchsrichtung sind ohne weiteres verständlich; sparrig sind Zweige, die fast im rechten Winkel abstehen.

Langtriebe entstehen meist aus den Endknospen und bilden die Verlängerung des Stammes oder der Hauptäste.

Kurztriebe sind die kleinen, oft ganz kurzen Seitentriebe der vorjährigen Langtriebe; sie haben oft eine besondere Form von Blättern.

Dornen sind verhärtete Kurztriebe mit scharfer, stechender Spitze.

Stacheln sind hingegen spitze, harte, oft auch hakig gekrümmte Auswüchse der Oberhaut (z. B. bei Rosen).

Zweigquerschnitt stielrund (= zylindrisch), vierkantig, mitunter auch geflügelt usw.

Johannistriebe sind die neuen Austriebe aus diesjährigen, bereits zur Ruhe gelangten Knospen des Frühjahrstriebes.

Knospen der unbelaubten Triebe (Winterknospen) sind entweder mit Schuppen bedeckt oder nackt; nach Stellung, Größe und Form der Knospen und der Schuppen wichtige Unterscheidungsmerkmale.

Blattpolster ist die Stelle, die nach dem Blattfall im Herbst eine meist deutliche Anschwellung des Zweiges zeigt, in ihrer Mitte die Blattnarbe.

Blatt

Die Blätter bestehen aus der Blattspreite und dem (mitunter auch fehlenden) Blattstiele. Sie sind entweder krautartig und dünn (bei den meisten sommergrünen Bäumen) oder lederartig (bei den meisten Immergrünen).

Blattdauer sommergrün (am Ende der Vegetationsperiode abfallend);
   wintergrün (zu Beginn der zweiten Vegetationsperiode abfallend,
   den Winter hindurch an der Pflanze bleibend);
   immergrün (mehrere Jahre lang bleibend)

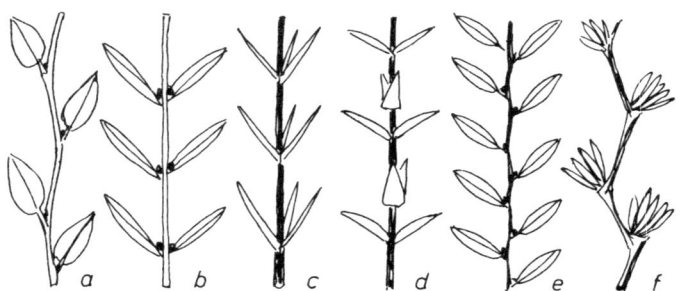

Blattstellung: a wechselständig, b gegenständig, c quirlständig, d kreuzweise gegenständig, e zweizeilig, f büschelig

Blattstellung: Die Blattstellung ist so charakteristisch für jede Pflanze, daß man daran schon in sehr vielen Fällen die Zugehörigkeit zu einer bestimmten Familie erkennen kann. Die Blätter (natürlich auch die Zweige) stehen:

wechselständig; abwechselnd oder spiralig angeordnet

gegenständig; paarweise gegenüber stehend

quirlständig; zu drei oder mehreren in Quirlen stehend

zweizeilig; entweder gegen- oder wechselständig, doch die Spreiten alle in einer Ebene liegend

dachziegelig; die sehr kleinen, oft schuppenförmigen Blätter stehen ganz dicht und überdecken einander

Anheftung: sitzend, d. h. ohne Blattstiel

gestielt: mit Blattstiel.

Blattform: Die Form des Blattes kann mehr oder weniger variieren; auch in der Größe der Blätter eines Zweiges gibt es häufig große Unterschiede. Man unterscheidet vier Formengruppen:

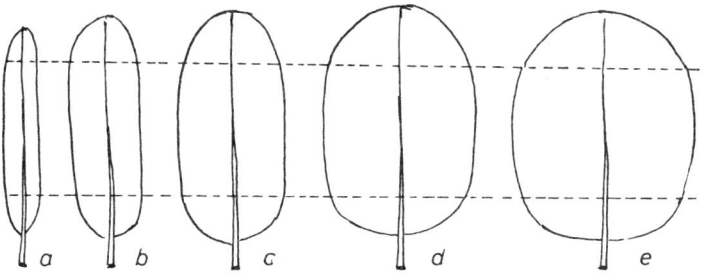

Längliche Blattformen, von linealisch (a) bis länglich-rund (e)

längliche (oblonge) Blattformen; das sind solche Formen, bei denen die Blattränder eine größere Strecke mehr oder weniger parallel verlaufen; beide Enden sind rund;

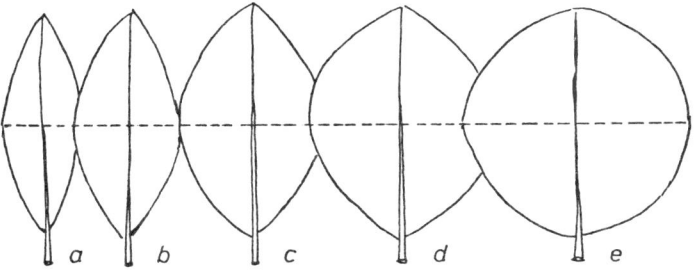

Elliptische Blattformen, von schmal-elliptisch (a) bis kreisrund (e)

elliptische (ovale) Blattformen haben den größten Breitendurchmesser in der Mitte, die beiden Enden sind meist spitz;

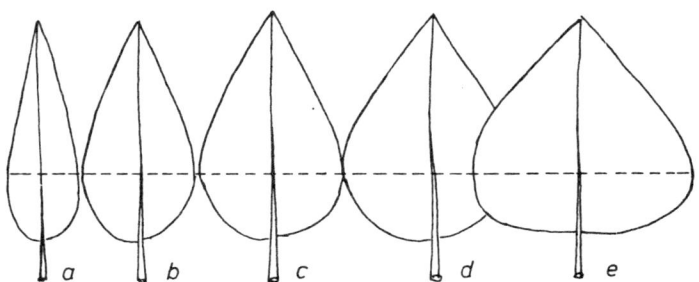

Eirunde Blattformen, von eiförmig-lanzettlich (a) bis dreieckig-eiförmig (e)
eirunde (ovale) Blattformen haben den größten Breitendurchmesser unter der Mitte; das untere Ende ist rund, das obere meist spitz;

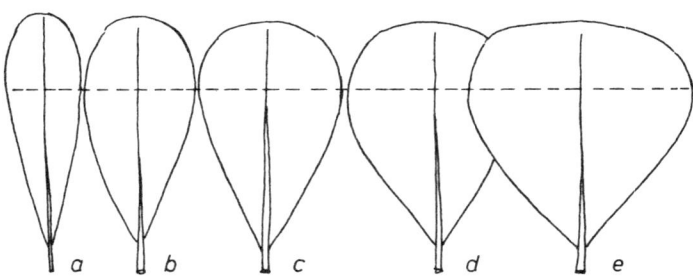

Verkehrt-eiförmige (obovate) Blattformen; fehlt der Stiel, nennt man diese Blätter „spatelförmig".

verkehrt-eiförmige (obovate) Blattformen haben den größten Breitendurchmesser über der Mitte und sind im übrigen die genaue Umkehrung der eirunden Formen.

Die nicht in diese 4 Gruppen passenden Sonderformen sind ohne weiteres verständlich: verkehrt-herzförmig, nierenförmig, sichelförmig, viereckig, dreieckig usw.

Gliederung des Blattes: Es gibt einfache und zusammengesetzte Blattformen.
Bei einfachen Blättern trägt der Stiel nur eine einzige Spreite, bei zusammengesetzten Blättern mindestens zwei bis viele Spreiten an einem

gemeinsamen Stiel. Die Spreiten zusammengesetzter Blätter heißen Blättchen.

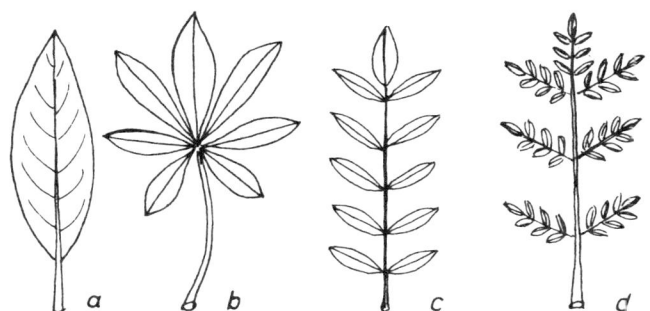

Gliederung des Blattes: a einfach (= ungeteilt); b–d zusammengesetzt, und zwar b gefingert, c unpaarig gefiedert, d doppelt unpaarig gefiedert

Die Spreite einfacher Blätter ist
fiederspaltig, wenn die Einschnitte nicht bis zur Mitte der Spreitenhälfte gehen;
fiederteilig, wenn sie bis zur Mitte der Spreitenhälfte gehen;
fiederschnittig, wenn sie bis auf die Mittelrippe gehen.
Zusammengesetzte Blätter sind
gefingert (oder handteilig), wenn die Blättchen alle von einem gemeinsamen Punkt ausgehen;
gefiedert, wenn die Blättchen alle an einer gemeinsamen Spinde. sitzen; hierbei nennt man Formen mit einem einzelnen Endblättchen unpaarig gefiedert, ohne dieses paarig gefiedert.

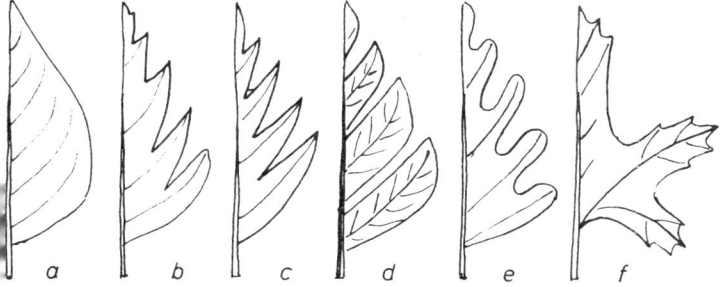

Gliederung der Spreite: a einfach (= ungeteilt), b fiederspaltig, c fiederteilig, d fiederschnittig, e gebuchtet, f gelappt

Blattrand: Er ist entweder ganzrandig (ohne Einschnitte) oder er hat
Einschnitte unterschiedlicher Tiefe oder ist gewimpert (mit feinen abstehenden Haaren am Rand). Man unterscheidet folgende Randformen:
gesägt; Zähne und Einschnitte spitzwinklig;
gezähnt; Zähne spitz, Einschnitte mit runder Basis;
gekerbt; Zähne abgerundet, Einschnitte spitz.
Ohne weiteres verständlich ist ein dorniger, gekrauster oder gelappter Rand.

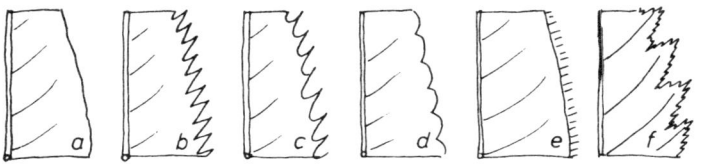

Blattrand: a ganzrandig, b gesägt, c gezähnt, d gekerbt, e gewimpert, f doppelt
gesägt

Blattspitze: Sie ist spitz, wenn sie sich unter einem rechten Winkel unterbringen läßt, ohne die Schenkel zu berühren;
stumpf, wenn sich ein rechter Winkel unter der Spitze unterbringen läßt.
Weiterhin kann sie fein zugespitzt, stachelspitz oder geschwänzt sein,
letzteres, wenn die Spitze sehr lang und schmal ausgezogen ist.

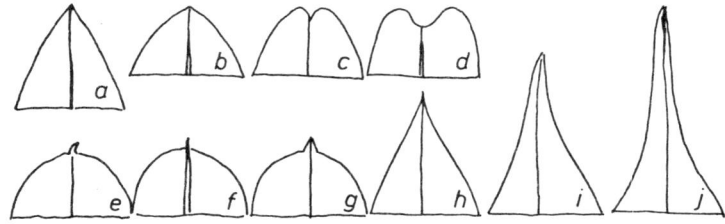

Blattspitze: a spitz, b stumpf, c ausgerandet, d eingedrückt, e fein zugespitzt, f
stachelspitz, g stachelspitzig, h feinspitz, i lang zugespitzt, j geschwänzt

Blattbasis: Spitz oder stumpf haben die gleiche Bedeutung wie oben; rund,
keilförmig, herzförmig sind ohne weiteres verständlich; geöhrt ist ähnlich
herzförmig, aber beide Spreitenhälften sind länger ausgezogen und stehen
seitwärts ab;
gestutzt bedeutet soviel wie quer abgeschnitten;

Judasbaum – *Cercis siliquastrum*
(Text S. 44)

unsymmetrisch sind die Blätter, wenn die beiden Spreitenhälften sich nicht decken (Ulmen, Linden).

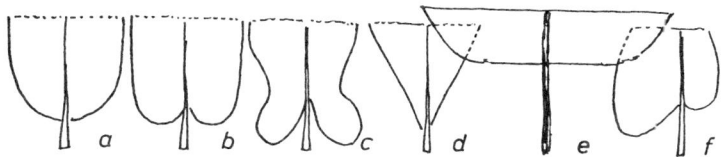

Blattbasis: a abgerundet oder rund, b herzförmig, c geöhrt, d keilförmig, e abgestutzt, f schief

Nebenblätter sind kleine blattartige Gebilde zu beiden Seiten der Blattbasis, oft auch dem Stiel angewachsen, mitunter verdornend (Robinie).

Blüte

Obwohl bei den hier behandelten Baumarten die Blüten für die Bestimmung meist nur untergeordnete Bedeutung haben, müssen doch die wichtigsten hierher gehörenden Begriffe erläutert werden.

Eine vollständige Blüte enthält Kelch, Blumenkrone, Staubblätter und Stempel.

Staubblüten oder männliche Blüten enthalten keinen Stempel;

Stempelblüten oder weibliche Blüten enthalten keine Staubblätter;

Zwitterblüten enthalten beide, Staubblätter und Stempel.

Einhäusig sind Bäume mit getrennt stehenden männlichen und weiblichen Blüten, die jedoch auf der gleichen Pflanze vorkommen (bei Birken, Eichen, Erlen, Haseln, Walnüssen).

Zweihäusig sind Bäume, bei denen die Einzelpflanzen entweder nur rein männliche oder rein weibliche Blüten tragen (Weiden, Pappeln).

Polygam oder vielehig sind solche Bäume, bei denen sowohl eingeschlechtige wie auch zwittrige Blüten auf ein und derselben Pflanze vorkommen (Ahorn, Ulmen, Eschen).

Anordnung der Blüten entweder einzeln und dabei endständig (als Abschluß eines Triebes) oder seiten- oder achselständig

oder in Blütenständen, von denen bei den behandelten Bäumen hauptsächlich folgende Formen auftreten:

* Seitenachsen nicht verzweigt:

Ähre: Hauptachse verlängert, Einzelblüten alle sitzend;

Kätzchen: wie die Ähre, doch hängend, später als Ganzes abfallend;

Traube: Hauptachse verlängert, Einzelblüten ziemlich gleich lang gestielt, meist nach allen Seiten abstehend;

Doldentraube: Hauptachse durchgehend, Blütenstiele verschieden lang, die ältesten am längsten, alle Blüten in einer Ebene;
Dolde: Hauptachse verkürzt, alle Einzelblüten gestielt und von einem Punkt strahlig ausgehend;

** Seitenachsen verzweigt:
Rispe: Hauptachse verlängert, Nebenachsen in Form von Trauben in verschiedener Höhe.

*** Mehrere auseinander hervorgehende Achsen:
Trugdolde: Achsen mit mehr als 2 Zweigen, Hauptachse mit einer Blüte abschließend.

Frucht

Nuß: Hülle dick und hart, holzig, nicht mit dem Samen verwachsen; Frucht mitunter noch von einem besonderen Fruchtbecher umschlossen (Eichen, Buche, Kastanie).

Flügelfrucht: kleine, einsamige Frucht in lederartiger, dünner Schale, von einem Hautsaum umgeben (Ulme, Esche, Götterbaum). – Hierher gehören nicht die Ahornfrüchte!

Balgfrucht: aus einem Fruchtblatt entstanden, mit einer Längsspalte aufspringend.

Hülse: aus einem Fruchtblatt entstanden, an beiden Längsseiten aufspringend, keine Scheidewand vorhanden (alle Schmetterlingsblütler). – Früchte in Form von ,,Schoten" im botanischen Sinne gibt es nicht bei den Bäumen.

Kapsel: aus drei oder mehr Fruchtblättern entstanden.

Spaltfrucht: bei der Reife durch Spaltung in Teilfrüchte zerfallend (Ahorn).

Steinfrucht: Merkmale zwischen denen einer Nuß und einer Beere, d. h. Fruchthülle fleischig oder saftig, Innenwand holzig (Kirschen, Walnuß).

Beere: Schale hautartig oder lederartig, das Innere fleischig- saftig oder breiartig (Sanddorn).

Sammelfrüchte: das sind aus einer Blüte hervorgegangene Früchte, bei denen die Teilfrüchte aber unter Beteiligung anderer Organe so eng verbunden sind, daß die Sammelfrucht (früher auch wohl ,,Scheinfrucht" genannt) als Einheit erscheint. Hierzu rechnen alle Kernobstarten, Apfel, Birne, Mispel, Weißdorn, Vogelbeere usw.

Fruchtstände: nicht aus einer Einzelblüte, sondern aus einem ganzen Blütenstand hervorgehend (Feige, Maulbeere).

Für die Nadelgehölze werden noch weitere Ausdrücke erläutert auf Seite 118.

Erläuterungen zu den Arealkarten

Allgemeines: Die Areale wurden, soweit möglich, den Werken von WALTER, MEUSEL, SCHMUCKER, HOUTZAGERS, RICKLI, NEGULESCU u. a. entnommen. Eine Anzahl von Karten zeigt, auf Grund neuer Forschungsergebnisse, ein anderes Areal als in der älteren Literatur. Diese Karten fußen auf Arbeiten von SOKOLOV, NEGULESCU, BROWICZ, BAUM (Jerusalem) und vor allem P. FUKAREK (Sarajevo), der allein rund 25 Karten aufgrund eigener Untersuchungen berichtigen konnte.

Im allgemeinen sollen die Karten nur das natürliche Vorkommen eines bestimmten Baumes in Europa aufzeigen. Das ist in vielen Fällen jedoch schwierig, denn eine Reihe von Pflanzen ist zwar in einem bestimmten, bekannten Teil Europas ursprünglich zu Haus, durch Kultur aber über ein viel weiteres Gebiet angebaut und nicht selten verwildert. Das ist z. B. der Fall bei der Feige (*Ficus carica*), Johannisbrotbaum (*Ceratonia siliqua*). Andere Bäume stammen aus Übersee, sind aber bei uns so verbreitet, daß man sie überall findet, z. B. die Maulbeere (*Morus alba*), die Robinie (*Robinia pseudoacacia*) und viele Forstbäume. Nur in den seltensten Fällen gibt es Karten über das Areal in Europa, in dem diese Bäume heute angebaut vorkommen.

Kartenbereich: Die Karten umfassen ganz Europa; im Osten bis zu einer Linie entlang dem Fluß Petschora im Norden, dann dem Mittellauf der Wolga folgend, etwa zwischen den beiden Städten Kasan im Norden und Wolgograd (früher Stalingrad) im Süden, weiter hinter dem Schwarzen Meer, durch Armenien bis zum Fluß Euphrat. Im Süden werden in vielen Fällen noch die nordafrikanischen Fortsetzungen der spanischen und italienischen Areale gezeigt bis zur Linie von Rabat im Westen und Tunis im Osten. Island und die nördlichste Spitze Europas erscheinen nur selten auf den Karten mit Markierungen, da dort nur einige wenige Baumarten vorkommen.

Signatur: Lediglich aus graphischen Überlegungen wurden mehrere Arten der Signatur der Areale verwendet; Linien und Punkte dort, wo größere Flächen zu markieren waren, Feinraster oder schwarz ausgefüllte Flächen dort, wo die Areale nur klein sind und sonst nicht genügend deutlich gekennzeichnet werden konnten. In allen Fällen können auf derartig kleinen Karten nur ungefähre Angaben gemacht werden, die gleichwohl eine Vorstellung geben, in welchem Gebiet Europas ein bestimmter Baum beheimatet ist, bzw. in Kultur vorkommt.

Die Arealkarten Nr. 18, 24, 25, 26, 43, 44 wurden nach Originalen von Dr. E. JÄGER, Halle-Saale, für dieses Buch besonders angefertigt.

Bestimmungstabellen

Zu diesen Bestimmungstabellen gehören die Detail-Tafeln, deren Nummer am Kopf jeder Tabelle steht.
Beachten Sie, daß „Blättchen" nicht etwa kleine Blätter sind, sondern Teile eines „zusammengesetzten" Blattes! (Vgl. S. 15)

1. Zusammengesetzte Blätter; Blattstellung gegenständig (Tafel 1)

Blatt-Teilung	Anzahl Blättchen	sonstige Merkmale	=
gefingert	5– 9	Triebe sehr dick, stielrund	Roßkastanie
gefiedert	7–11	Winterknospen schwarz	Gemeine Esche
gefiedert	7	Winterknospen grau	Blumen-Esche
gefiedert	7– 9	Winterknospen braun	Südliche Esche
gefiedert	5– 7	Blätter stark riechend	Holunder
gefiedert	3– 5	Blättchen oft unregelmäßig	Eschen-Ahorn (Taf. 9)

2. Zusammengesetzte Blätter; Blattstellung wechselständig (Tafel 2)

Blatt-Teilung	Anzahl Blättchen	sonstige Merkmale	=
gefiedert	21–31	Jungtriebe fingerdick	Götterbaum
gefiedert	11–21	Baum mehrstämmig	Flügelnuß
gefiedert	15–23	Endblättchen meist fehlend!	Schwarznuß
doppelt gefiedert	zahlreich	sommergrün, klein, Stamm stark dornig	Gleditschie
doppelt gefiedert	sehr zahlreich	immergrün, winzig, silbergrau	Silber-Akazie (Taf. 37)

3. Zusammengesetzte Blätter; Blattstellung wechselständig (Tafel 3)

Blatt-Teilung	Anzahl Blättchen	sonstige Merkmale	=
gefingert	3	Früchte messerartig gekielt	Alpen-Goldregen
gefingert	3	Früchte mit stumpfer Kante	Goldregen
gefiedert	9–15	Früchte rot (Vogelbeeren)	Eberesche
gefiedert	11–21	Früchte 3 cm lange Birnen	Speierling
gefiedert	5– 9	gerieben sehr aromatisch	Walnuß (Taf. 9)

| gefiedert | 9–19 | Zweige sehr dornig | Robinie |
| gefiedert | 6–12 | immergrün; nur im Süden! | Johannisbrotbaum |

Von hier ab alle Pflanzen mit einfachen (= ungeteilten) Blättern!

4. Blätter gegenständig, meist 5lappig (alles Ahorn-Arten) (Tafel 4)

Lappen	Fruchtflügel	sonstige Merkmale	=
stumpf bis spitz	stumpfwinklig	Winterknospen grün	Berg-Ahorn
halbrund, stumpf	rechtwinklig	nur im Süden	Ital. Ahorn
lang und spitz gezähnt	sehr weit	Stiel mit Milchsaft	Spitz-Ahorn
wenige stumpfe Zähne	horizontal	Stiel mit Milchsaft	Feld-Ahorn
sehr tief eingeschnitten	weitwinklig	unten fast weiß	Silber-Ahorn
nur dreilappig	fast parallel	sehr kleinblättrig	Franz. Ahorn
bis fast zur Basis eingeschnitten	bogig abgespreizt	Winterknospen tiefbraun	Griech. Ahorn (Taf. 18)
3eckig, stark zugespitzt	horizontal	Krone fast säulenförmig	Lobels Ahorn (Taf. 18)
Blätter teils eiförmig, teils 3lappig	gespreizt 1–1,5 cm lang	immergrün!	Kreta-Ahorn (Taf. 18)

5. Blätter gegenständig, Spreite verschiedenartig (Tafel 5)

Rand	sonstige wichtige Merkmale	=
(großblättrig, filzig)	Blüten blau, vor den Blättern	Paulownie
(großblättrig, zu 3 beisammen)	Blüten weiß, im Sommer	Trompetenbaum
ganzrandig	herzförmig	Flieder
ganzrandig	gelbe Blüten vor den Blättern	Kornelkirsche
ganzrandig	immergrün, derb, beiderseits silbrig	Ölbaum
ganzrandig	immergrün, lederig, dünn, 2–3 cm lang	Buchsbaum
ganzrandig	immergrün, derb, 3–5 cm lang	Balearen-Buchsbaum (Taf. 32)
ganzrandig	immergrün, derb, spitz, aromatisch	Myrte (Taf. 19)
teils ganzrandig, teils gesägt	eiförmig, 2–5 cm lang, unterseits gelbgrün	Immergrüner Kreuzdorn (Taf. 18)
gezähnt	immergrün, nur im Süden zu finden	Steinlinde
ganzrandig	große rote Blüten im Sommer	Granatapfel

6. Blätter wechselständig, lanzettlich bis länglich (Tafel 6)

Rand	sonstige wichtige Merkmale	=
ganzrandig	beiderseits silberschuppig, glänzend, Früchte orange	Sanddorn
ganzrandig	unten silberweiß, oben dunkelgrün, Früchte silberweiß	Ölweide
fein gekerbt	Früchte kugelig, herb, holzig	Holz-Apfel
gesägt	Früchte süßlich, nicht holzig	Johannis-Apfel
fein gesägt	unterseits filzig, Früchte braun	Mispel
fein gesägt	junge Blätter beiderseits seidig	Weiß-Weide
grob gekerbt	Blätter oben runzelig, elliptisch	Sal-Weide
drüsig gesägt	junge Blätter nicht klebrig; Triebe bei Druck abknackend	Bruch-Weide
drüsig gezähnt	junge Blätter klebrig, Mittelrippe gelb	Lorbeer-Weide
drüsig gesägt	Jungtriebe blau bereift, Innenrinde gelb	Reif-Weide
fein gesägt	Trauerweide mit braunen (nicht gelben) Jungtrieben, meist nur im Süden	Trauer-Weide

7. Blätter wechselständig, meist alle in einer Ebene (Tafel 7)

Rand	sonstige wichtige Merkmale	=
scharf doppelt gesägt	hoher Baum, häufig	Weißbuche
ebenso	Blätter viel kleiner; nur im Süden	Orient-Weißbuche
ebenso	Früchte wie weiße Hopfenblüten	Hopfenbuche
scharf gesägt	Blätter groß, sehr rauh, Basis ungleich	Berg-Ulme
doppelt gesägt	Blätter ellipt.-rundlich, weichhaarig	Flatter-Ulme
ebenso	Blätter klein, unten glatt	Feld-Ulme
scharf gesägt	Jungtriebe dick, dauernd behaart	Engl. Ulme
grob kerbig	Baum meist vielstämmig, in Parks	Zelkove
scharf gesägt	Blätter dick, unten weich behaart	Zürgelbaum
ebenso	Blätter dünn, unten glatt	Abendl. Zürgelbaum
breit und stumpf gesägt	Blätter sehr derb, unten sehr rauh und behaart	Tourneforts Zürgelbaum (Taf. 34)

8. Blätter wechselständig (Birken, Erlen, Haseln) (Tafel 8)

Stamm	sonstige wichtige Merkmale	=
nur an der Basis schwarz	Krone besenförmig-kugelig, junge Triebe weich behaart	Moor-Birke
alte Stämme schwarzborkig	Krone hoch kegelförmig, junge Triebe rauh wie Sandpapier	Sand-Birke
vielstämmig	in unseren Wäldern häufig	Haselnuß

einstämmig	Borke korkig; nur im Süden oder in Parkanlagen	Baum-Hasel
schwarz, rauh	junge Triebe glänzend und klebrig	Schwarz-Erle
grau, glatt	junge Triebe grau, fein behaart	Grau-Erle
kerzengerade	Blätter von unseren Erlen ganz verschieden, daher Früchte beachten	Neapol. Erle

9. Blätter wechselständig (Pappeln) (Tafel 9)

Triebe	Blätter	=
weißfilzig	unten schneeweiß, oben dunkelgrün	Silber-Pappel
graufilzig	unten deutlich grau, nicht weiß	Grau-Pappel
meist drehrund	dreieckig, Basis mit 1–2 Drüsen	Kanad. Pappel
drehrund, doch	dreieckig, lang zugespitzt,	Amerikanische
Langtriebe	Rand dicht gewimpert,	Pappel (Taf. 19)
kantig	Basis mit 2–3 Drüsen	
stets drehrund	rhombisch, ohne Drüsen	Schwarz-Pappel
ebenso	(Äste alle straff aufwärts zeigend)	Pyramid.-Pappel
graugrün	fast kreisrund, bläulichgrün, kahl	Zitter-Pappel
blaugrün	teils kreisrund, teils ei- förmig bis lanzettlich	Charab-Pappel (Taf. 19)

10. Blätter wechselständig (Kirschen, Birnen) (Tafel 10)

Blätter	Früchte	=
wie Süßkirschen- baum	klein, schwarzrot, bittersüß	Vogel-Kirsche
wie Sauer- kirschenbaum	kugelig, schwarzrot, sauer	Sauer-Kirsche
immergrün, derb	in Trauben, schwarz	Portug. Lorbeer- kirsche
stark glänzend, dünn	in Trauben, rot, dann schwarz	Spätbl. Trauben- Kirsche
mattgrün, Triebe dick	erbsengroß, schwarz, bitter	Trauben-Kirsche
fast wie bei der Birne	schwarz, klein, sehr herb	Stein-Weichsel
graufilzig	kugelig, 2–3 cm dick, hart	Mandelblättr. Birne
grau- bis weiß- filzig	kugelig, 3–5 cm dick, spät reif	Schnee-Birne
ganz glatt	birnförmig, 2–3 cm dick, gelb	Holz-Birne

11. Blätter wechselständig (Mehlbeeren, Weißdorn) (Tafel 11)

Früchte	Blätter	=
orange, mehlig	unten dicht weißfilzig, oben grün	Mehlbeere
rot, 12 mm dick	unten graugrün-filzig, oben dunkelgrün	Bastard- Eberesche
orange, eßbar	unten graufilzig, oben glänzend	Schwed. Mehlbeere

braun, 15 mm lang	breit eiförmig, unten graugelb filzig	Breitblättrige Mehlbeere) (Taf. 19)
braun, 15 mm lang	ahornartig aussehend, unten graugrün	Elsbeere
Kelchzipfel zusammengeneigt	Blätter tief gelappt	Eingriffl. Weißdorn
Kelchzipfel aufrecht	Blätter seicht gelappt	Zweigriffl. Weißdorn
apfelartig, 1,5 cm dick	Blätter tief gelappt, unten graugrün, behaart	Azarol-Dorn (Taf. 18)

12. Blätter wechselständig (Buchen, Kastanie, Eichen) (Tafel 12)

Früchte	Blätter	=
dreieckig (Bucheckern)	beiderseits glatt, dünn, mit 5–9 Nervenpaaren	Rot-Buche
ebenso, bis 17 mm lang	meist sehr derb, Rand oft grob gezähnt, 5–12 (meist 9) Nervenpaare	Balkan-Buche (nicht abgebildet)
in kugeliger Stachelhülle	unterseits ganz kahl	Edel-Kastanie
nicht gestielt	nicht geöhrt, gelbe Mittelrippe	Trauben-Eiche
lang gestielt	geöhrt, Form of unregelmäßig	Stiel-Eiche
in filzigem Becher	unterseits hellgrau filzig	Flaum-Eiche
Becher mit Fransenrand	(Triebspitzen mit fadenförmigen bleibenden Knospenschuppen)	Zerr-Eiche
in ganz flachem Becher	im Herbst rot	Rot-Eiche
halb im Becher stehend	obovat, meist 15 cm lang, dick, derb, oben glänzend	Algier-Eiche (Taf. 19)
zu 1/3 im Becher stehend	sehr verschiedenförmig, 3–7 cm lang, unten dicht graufilzig, wintergrün	Portugiesische Eiche (Taf. 20)
über die Hälfte im Becher stehend	länglich, 4–6 cm lang, lederig, oben glänzend, wintergrün	Mazedonische Eiche (Taf. 19)

13. Blätter wechselständig (Eichen-Fortsetzung) (Tafel 13)

Früchte	Blätter	=
zu 2–5, sitzend	sehr groß und regelmäßig, unten behaart	Ungar. Eiche
3–4 cm lang, halb im Becher stehend	oben dunkelgrün, unten graugrün und filzig	Span. Eiche
zu 1–3, klein, spitz	lederig und immergrün, oben glänzend, unten graufilzig	Stein-Eiche
zu 3–4 sitzend	beiderseits flaumig behaart	Pyrenäen-Eiche
1,5–3 cm lang	oben dunkelgrün, unten grauweiß filzig, Stamm mit dickem Kork	Kork-Eiche

14. Blätter wechselständig (Tafel 14)

besonders wichtige Merkmale   =

Blüten „tulpenförmig", weiß, lange vor den Blättern	Magnolie
Blüten im Sommer, Blätter immergrün (im Süden!)	Immergrüne Magnolie
Blüten gelb, im Sommer, Blätter fast viereckig	Tulpenbaum
Früchte brombeerartig, weiß bis schwarz, Blätter außerordentlich verschieden gestaltet	Weiße Maulbeere
Früchte nur schwarz, aromatisch; Blätter sehr groß, ziemlich gleichförmig	Schwarze Maulbeere
Früchte wie große, harte Apfelsinen, mit Milchsaft, Triebe dornig, Blätter lanzettlich	Osagedorn (Taf. 20)
Blätter derb, immergrün, Rand sehr dornig-stechend	Stechpalme

15. Blätter wechselständig (Pflanzen des Südens) (Tafel 15)

besonders wichtige Merkmale   =

Blätter sehr dünn, sternhaarig; Blüten weiß, glockig	Storaxbaum
Blattstiel nicht oder wenig geflügelt; Blütenknospen gerötet, dann weiß; Früchte hellgelb	Zitronenbaum
Blattstiel geflügelt; Blüten innen und außen weiß; Früchte orangefarbig	Apfelsinenbaum
weitere Citrus-Arten	vgl. Taf. 21.
Schmetterlingsblüten rot, direkt am Stamm erscheinend im Mai vor den Blättern	Judasbaum
Blätter derb lederig, gerieben sehr aromatisch	Lorbeer
Früchte wie dicke Tomaten, aber orange und süß	Kakipflaume
Früchte wie kleine Pflaumen, schwarzrot, Zweige mit Arten von Dornen	Jujube (Taf. 18)
Blätter winzig, schuppenförmig, Blüten weiß, in kurzen Trauben	Afrikan. Tamariske (nicht abgebildet)
Blätter länglich-lanzettlich, 10–15 cm lang, Blüten purpurn, groß, in Trauben	Pontische Alpenrose (Taf. 48)
Blätter alle nach Eucalyptus duftend, wenn zerrieben	
a) Rinde grauweiß, abfasernd; Früchte halbkugelig, 8 mm lang; Blätter lanzettlich, 12–22 cm lang, 8–12 mm breit	Rotgummibaum (Taf. 22)
b) Rinde bläulichweiß, lang abfasernd; Früchte halbkugelig bis kegelig, bis 3 cm breit und 2 cm lang; Blätter lanzettlich, 10–30 cm lang, tiefgrün, hängend	Blaugummibaum (Taf. 15)
c) Rinde rauh und faserig bleibend; Früchte krugförmig, 12–15 mm lang; Blätter breit lanzettlich-elliptisch, bis 11 cm lang und 7 cm breit	*Eucalyptus robusta* (Taf. 22)

d) Rinde gelblichweiß, in langen Streifen   Weißer
    ablösend, Früchte kugelig, 8 mm dick;   Gummibaum
    Blätter lanzettlich, blaßgrün, 11–18 cm lang   (Taf. 22)

16. Blätter wechselständig, groß gelappt (Tafel 16)

besonders wichtige Merkmale   =
Früchte kugelig, fast immer zu 2 beisammen; Früchte   Platane
    mindestens 3–4 beisammen; alte Borke
Borke birnbaumartig! sehr selten, ausgenommen im   Morgenländ.
    Süden   Platane
junge Triebe mit Korkleisten; Blätter gerieben mit an-   Amberbaum
    genehmen Duft, Früchte kugelig; Parkbaum
Blätter mit Milchsaft; Triebe weich; Stamm ganz   Feigenbaum
    glatt; Baum trägt zu allen Jahreszeiten Früchte

17. Blätter wechselständig (Linden) (Tafel 17)

besonders wichtige Merkmale   =
Blätter ziemlich klein, unten blaugrün, in den Nerven-   Winter-Linde
    winkeln braun gebärtet
Blätter unten heller blaugrün, kahl, Nervenwinkel   Holländ. Linde
    weiß (nicht braun)
Blätter groß, auf beiden Seiten mit geraden, abstehen-   Sommer-Linde
    den Haaren, unterseits besonders dicht
Blätter groß, oben stark glänzend, kahl,   Kaukasus-Linde
    unten Nervenwinkel weiß behaart   (Taf. 20)
Blätter unten weißfilzig, Stiel kurz; Triebspitzen nicht   Silber-Linde
    hängend
Blätter unten weißfilzig, Stiel lang, länger als die   Hängezweigige
    halbe Blattlänge; Triebspitzen hängend   Silber-Linde

18. Palmen (Tafel 23)

Blätter („Wedel") fächerförmig,   Zwergpalme
    in der Regel mehrstämmig, nur 1–2(–7) m
    hoch; Blätter 50–60 cm breit; Stamm ganz
    mit altem Fasergewebe bedeckt
Einstämmig, 4–12 m hoch, Blätter bis 90   Fächerpalme
    cm breit; Stamm im oberen Teil mit al-
    tem Fasergewebe bedeckt
Einstämmig, 10–12(–24) m hoch, Blätter   Priesterpalme
    bis 1,5 m breit und 1,8 m lang, mit vie-
    len Fasern; Stamm oben mit einem Mantel
    aus trockenen, herabhängenden Blättern
Blätter fiederförmig
    Krone regelmäßig, Blätter dunkelgrün   Kanaren-Dattelpalme
    Krone „zerzaust", Blätter blaugrün   Dattelpalme

19. Nadelgehölze mit sommergrünen Blättern (Tafel 24)

besonders wichtige Merkmale   =

Zweige mit Lang- und Kurztrieben	Lärchen
Nadeln frischgrün, sehr schmal; junge Langtriebe mit gelblicher Rinde; Zapfen eiförmig	Europ. Lärche
Nadeln deutlich blaugrün, breiter; Langtriebe mit orangeroter Rinde; Zapfen rosettenförmig	Japanische Lärche
Nadeln zweizeilig, sehr dünn, hellgrün	
Nadeln wechselständig	Sumpfzypresse
ebenso, aber Nadeln gegenständig	Urwelt-Mammutbaum
Blätter alle fächerförmig	Ginkgobaum

20. Nadelgehölze mit immergrünen schuppenförmigen Blättern (Tafel 25)
(Zypressen, Wacholder und Lebensbäume)

Echte Zypressen (im Süden vorkommend, ebenso auch im milden Gebieten W.-Europas; immer auf vorhandene Zapfen und deren Größe achten, denn hierdurch Verwechslung mit Lebensbäumen und Scheinzypressen vermeidbar).

Wuchs schmal säulenförmig, Benadelung tiefgrün	Echte Zypresse
Wuchs breit, Äste abstehend, Benadelung tiefgrün	Großfrücht. Zypresse
Wuchs breitkegelförmig, Benadelung ausgesprochen blaugrün (nicht mit der Scheinzypresse verwechseln!)	Blaugrüne Zypresse

Wacholder-Arten (vier Arten – x – nur im Süden vorkommend!)

Wuchs säulenförmig oder unregelmäßig; Früchte blau, Nadeln sehr stechend	Gemeiner Wacholder
Wuchs breit kegelförmig, Früchte rotbraun; Nadeln sehr starr und stechend – x –	Spanische Zeder
Wuchs zuerst kegelförmig, später mehr kugelig; Triebe sehr dünn, Nadeln schuppenförmig, Früchte dunkelbraun, bereift – x –	Griechischer Wacholder (Taf. 80)
Wuchs schmal kegelförmig, sehr regelmäßig, Nadeln mit nur 1 weißen Band, Früchte blau – x –	Weihrauch-Wacholder
Wuchs breit kegelförmig, sehr dicht, Früchte rotbraun, Nadeln winzig klein, in 6 Reihen – x –	Rotfrücht. Sadebaum
Wuchs meist strauchig, breit, vielstämmig, nur sehr selten kleiner Baum, Früchte blau, Zweige unangenehm riechend	Sadebaum

Scheinzypresse und Lebensbäume („Zweiglein" alle in einer Ebene, gerieben aromatisch bis streng duftend)

Benadelung mehr oder weniger blaugrün, Früchte erbsengroß, kugelig (nur angepflanzt)	Scheinzypresse
Nadeln oben dunkelgrün, unten hellgrün, ohne weiße Zeichnung, Früchte länglich, nicht kugelig, 8 mm	Abendländ. Lebensbaum
Nadeln oben dunkelgrün, stark glänzend, unten mit weißer Zeichnung, Früchte länglich, 12 mm	Riesen-Lebensbaum

21. Nadelgehölze mit immergrünen, gescheitelten oder bürstenförmig gestellten Blättern (Tafel 26)

besonders wichtige Merkmale	=
Tannen: sehr hohe Bäume; Nadeln teils gescheitelt, teils bürstenförmig, im Querschnitt flach; Zapfen aufrecht stehend, groß	
Jungtriebe behaart, Knospen harzfrei, Nadeln oben dunkelgrün, unten 2 weiße Linien	Weiß-Tanne
Jungtriebe gelbgrün, Knospen kugelig und harzig; Nadeln bis 6 cm lang, graugrün (nicht wild)	Kolorado-Tanne
Jungtriebe olivgrün, Knospen glasig-harzig; Nadeln oben glänzendgrün, unten mit 2 weißen Linien (nicht wild)	Große Küsten-Tanne
Jungtriebe rostbraun behaart, Nadeln blaugrün, am Fuß rechtwinklig abgeknickt (nicht wild)	Pazifische Edel-Tanne
Nadeln alle ringsum den Trieb stehend, starr, ganz stumpf	Spanische Tanne (Taf. 61)
Nadeln ringsum den Trieb stehend, oben dichter, steif, Spitzen scharf	Griechische Tanne (Taf. 80)
Hemlockstannen: Zapfen nur 10–25 mm lang, Bezweigung sehr zierlich, Nadeln unten mit 2 weißen Bändern	
Stamm stets gerade durchgehend, Knospen kugelig (nicht wild)	Westamerik. Hemlockstanne
Stamm sehr oft gegabelt, Knospen eiförmig (nicht wild)	Kanadische Hemlockstanne
Sonstige Nadelgehölze	
Nadeln unregelmäßig gescheitelt, weich, gerieben sehr aromatisch; Zapfen hängend mit weit vorragenden Deckschuppen (nicht wild)	Douglasie
Nadeln blaugrün, zweizeilig, oben blaugrün, unten mit zwei weißen Bändern, junge Triebe rotbraun	Küstensequoia
Nadeln dunkelgrün, unten gelbgrün; Früchte dunkelrot, etwa erbsengroß	Eibe

22. Nadelgehölze mit immergrünen, bürstenförmig oder spiralig gestellten Blättern (Tafel 27)

besonders wichtige Merkmale	
mit Kurz- und Langtrieben; Zapfen eiförmig, bei Reife zerfallend	Zedern
Krone alter Bäume kegelförmig, Gipfeltrieb weit überhängend, Äste waagerecht	Himalaja-Zeder
Krone alter Bäume kegelförmig, Äste immer steil ansteigend	Atlas-Zeder
Nadeln bürstenförmig gestellt	Fichten
Nadeln dünn, steif, stechend, oben dunkelgrün, unten blaugrün	Sitka-Fichte

Nadeln dick, steif, stechend, häufig mehr oder weniger bläulich	Stech-Fichte (Taf. 80)
Nadeln auf allen Seiten grün	Fichte
Nadeln ziemlich weich, Krone sehr schmal, fast säulenförmig	Serbische Fichte
Nadeln stark glänzend, sehr kurz, 6–8 mm lang	Orient-Fichte
Nadeln spiralig: übrige Koniferen der Tafel	
Nadeln dreieckig, 3 cm lang und breit	Chilen. Araukarie
Nadeln ganz weich, hellgrün, gekrümmt	Norfolktanne
Nadeln in 3 Längsreihen spiralig; Rinde der Stämme rotbraun, sehr weich	Mammutbaum

23. Nadelgehölze mit gebündelten Nadeln (Kiefern) (Tafel 28)

Bevor Sie Kiefern-Arten bestimmen, stellen Sie zunächst fest, wieviele Nadeln in einem Bündel sind (2 oder 3 oder 5).

2-nadelig

Krone ausgesprochen schirmförmig	Pinie
Wuchs strauchig-mehrstämmig	Berg-Kiefer, Latsche
Nadeln blaugrün, Rinde rotbraun	Gemeine Kiefer
junge Zweige hellgrau, Zapfen schwarz	Schlangenhaut-Kiefer
Nadeln 15–25 cm lang, Zapfen 15–20 cm lang	Seestrand-Kiefer
Nadeln 4–19 cm lang, dunkelgrün	Schwarz-Kiefer
(zur Bestimmung der verschiedenen Schwarzkiefern vgl. den Schlüssel auf S. 119 ff.)	
Nadeln dunkelgrün, kurz, meist gedreht	Murray-Kiefer

3-nadelig

Krone sehr unregelmäßig, Zapfen viele Jahre an den Zweigen bleibend; nur angebaut vorkommend, besonders in Spanien, Nadeln 10–15 cm lang	Monterey-Kiefer
Krone schmal kegelförmig, Nadeln 20–30 cm lang; nur im Süden	Kanaren-Kiefer (Taf. 80)

5-nadelig

Jungtriebe filzig; Zapfen eiförmig, nicht aufspringend	Zirbel-Kiefer
Jungtriebe glatt, Zapfen walzenförmig, aufspringend	Mazedon. Kiefer
Äste waagerecht abstehend, sehr dünn	Weymouths-Kiefer

Beschreibung der Laubbäume

#□ **Silber-Akazie**; *Acacia dealbata* Link Leguminosae Taf. 37

F Mimosa commun   I Mimosa   E Silver Wattle

MERKMALE: Kleiner Baum, in günstigem Klima jedoch 8–10 (–12) m hoch, sehr raschwüchsig, Krone kegelförmig, Rinde alter Stämme grau bis schwarz, rissig, an jungen Trieben blaugrün, bald schon braun werdend, kantig, zuerst fein silbrig behaart; Blätter immergrün, doppelt gefiedert, 7–12 cm lang, mit 15–21 Fiedern 1. Ordnung, jede mit 30–50 Paaren linealischer, nur 4 mm langer, silbriger Blättchen; Blüten gelb, in Kugelköpfchen, zu großen Rispen vereinigt, duftend, Januar–Februar (dann in großen Mengen in den heimischen Blumengeschäften als ,,Mimosen'' angeboten). Härteste Art; Äste sehr windbrüchig.

VERBREITUNG: SO-Australien, Tasmanien; in S-Europa in großem Umfang naturalisiert an der französischen und italienischen Riviera, auch in SW-England und Irland.

UNTERSCHEIDUNGSHILFE: Die silbergrauen, feingefiederten Blätter und die großen Blütenstände im Januar–Februar.

#□ **Golden Wattle**; *Acacia longifolia* Willd. Leguminosae

F Acacia à longues feuilles   I Gaggia a foglie lunghe   E Sydney Golden Wattle

MERKMALE: Immergrüner, kleiner Baum oder nur hoher Strauch, 5–9 m hoch, Triebe kantig, kahl; Phyllodien blattartig, länglich-lanzettlich, 8–15 cm lang, 1–2 cm breit, gelblichgrün, derb lederig; Blüten hellgelb, in 3–5 cm langen Ähre, März.

VERBREITUNG: SO-Australien, Tasmanien; in S-Europa oft angepflanzt, so in Spanien und Portugal zur Befestigung der Dünen.

UNTERSCHEIDUNGSHILFE: Phyllodien viel schmaler als bei Acacia melanoxylon, gelbgrün, Blüten in Ähren.

#□ **Schwarzholz-Akazie**; *Acacia melanoxylon* R. Br.; Leguminosae

F Blackwood d Australie   I Acacia nera australiana   E Blackwood, Black Wattle

MERKMALE: Immergrüner Baum, in den mildesten Gebieten Europas 10–15 m hoch, Krone zunächst breit kegelförmig, später mehr breitrund, junge Triebe kantig, fein behaart, mit Phyllodien und (wenigstens bei jungen Pflanzen) mit echten Blättern; Phyllodien säbelförmig-lanzettlich, 6–13 cm lang, 2–4 cm breit; echte Blätter (wenn vorhanden) doppelt gefiedert, die einzelnen Blättchen 8 mm lang, länglich; Blüten gelb, kugelig, duftend, zu wenigen beisammen in achselständigen Trauben, April. Holz rotbraun (nicht schwarz!); wertvolles Möbelholz.

VERBREITUNG: SO-Australien, Tasmanien; in SW-Europa oft forstlich angepflanzt und stellenweise eingebürgert; in Spanien und Portugal häufiger Straßenbaum.

UNTERSCHEIDUNGSHILFE: Leicht zu erkennen an den sehr breiten Phyllodien und den kugeligen Blütenköpfchen.

5cm

A Roßkastanie, *Aesculus hippocastanum* (S. 36); B Schwarzer Holunder, *Sambucus nigra* (S. 102); C Blumen-Esche, *Fraxinus ornus* (S. 60); D Gemeine Esche, *Fraxinus excelsior* (S. 60); E Südliche Esche, *Fraxinus angustifolia* (S. 60).

● **Feld-Ahorn, Maßholder;** *Acer campestre* L; Aceraceae Taf. 4 A, 29
F Erable champêtre   I Acero campestre, Oppio   E Common Maple

MERKMALE: Baum bis 15 m, meist viel niedriger, Krone rundlich, Zweige rissig, Rinde oft korkig; Blätter gegenständig, 3–5lappig, die Lappen stumpfeckig, der mittlere Lappen oft wieder 3lappig, oben stumpfgrün, unten behaart, Herbstfärbung gelb; Blattstiele mit Milchsaft (!); Blüten im Mai, mit oder kurz nach der Entfaltung der Blätter, grün, in aufrechten, behaarten Doldentrauben; Früchte mit waagerecht (!!) abstehenden Flügeln.
VERBREITUNG: Europa, Kleinasien; hauptsächlich in Ebenen, Tälern, Hügelland, meist zerstreut; in Gärten und Parks sehr oft zu finden, oft als Hecke. Arealkarte 1.

○ **Griechischer Ahorn;** *Acer heldreichii* Orph. Aceraceae Taf. 18 B
F Erable des Balcans   I Acero dei Balcani   E Heldreich's Maple

MERKMALE: Baum, 15 m oder höher, Krone ziemlich schmal und hoch gewölbt, Rinde glatt, zuletzt fein gefurcht oder mit schwarzen Streifen, junge Triebe graubraun; Blätter tief 5lappig, 8–12 cm breit, an starken Trieben oft doppelt so groß, die 3 mittleren Lappen bis fast zur Basis eingeschnitten und grob gesägt oder etwas gelappt, die beiden unteren Lappen nur halb so tief eingeschnitten, papierdünn, oben dunkelgrün, unten gelbgrün, Nerven fein behaart, zuletzt kahl, Basis herzförmig, Stiel 15 cm lang, rosa; Herbstfärbung gelb; Blüten gelb, in kleinen, aufrechten Dolden-trauben, Mai; Fruchtflügel bogig abgespreizt, 4–5 cm lang.
VERBREITUNG: Balkan; Bergwälder in Griechenland, Bulgarien, S-Serbien; in Jugoslawien auch forstlich angepflanzt. Arealkarte 115.
UNTERSCHEIDUNGSHILFE: Ähnlich dem Berg-Ahorn, aber Blattspreite tief gespalten, Blattknospen dunkelbraun, Blütenstände aufrecht.

○ **Lobels Ahorn;** *Acer lobelii* Ten. Aceraceae Taf. 18 A
F Erable de Lobel   I Acero napolitano   E Lobel's Maple

MERKMALE: Baum, bis 15 m hoch, Krone straff und fast säulenförmig schmal, junge Triebe stark bläulichweiß bereift, später oft weißstreifig; Blätter 5lappig, 10–15 cm breit, die Lappen 3eckig, stark zugespitzt, die 3 oberen Lappen vorwärts zeigend, die beiden viel kleineren an der Basis fast rechtwinklig abstehend, oben hellgrün, glänzend, unten mehr blaugrün, mit kleinen grauen Bärten in den Nervenwinkeln; Blüten gelb, in kleinen aufrechten Doldentrauben, Mai; Fruchtflügel 3 cm lang, fast waagerecht.
VERBREITUNG: M- und S-Italien, Bergwälder am Golf von Neapel. Arealkarte 116.
UNTERSCHEIDUNGSHILFE: Etwas an den Spitz-Ahorn erinnernd, aber Krone säulenförmig, junge Triebe bereift. In den Parks ziemlich selten.

Gleditschie („Christusdorn") – *Gleditsia triacanthos*
junger Baum in einer Baumschule
(Text S. 60)

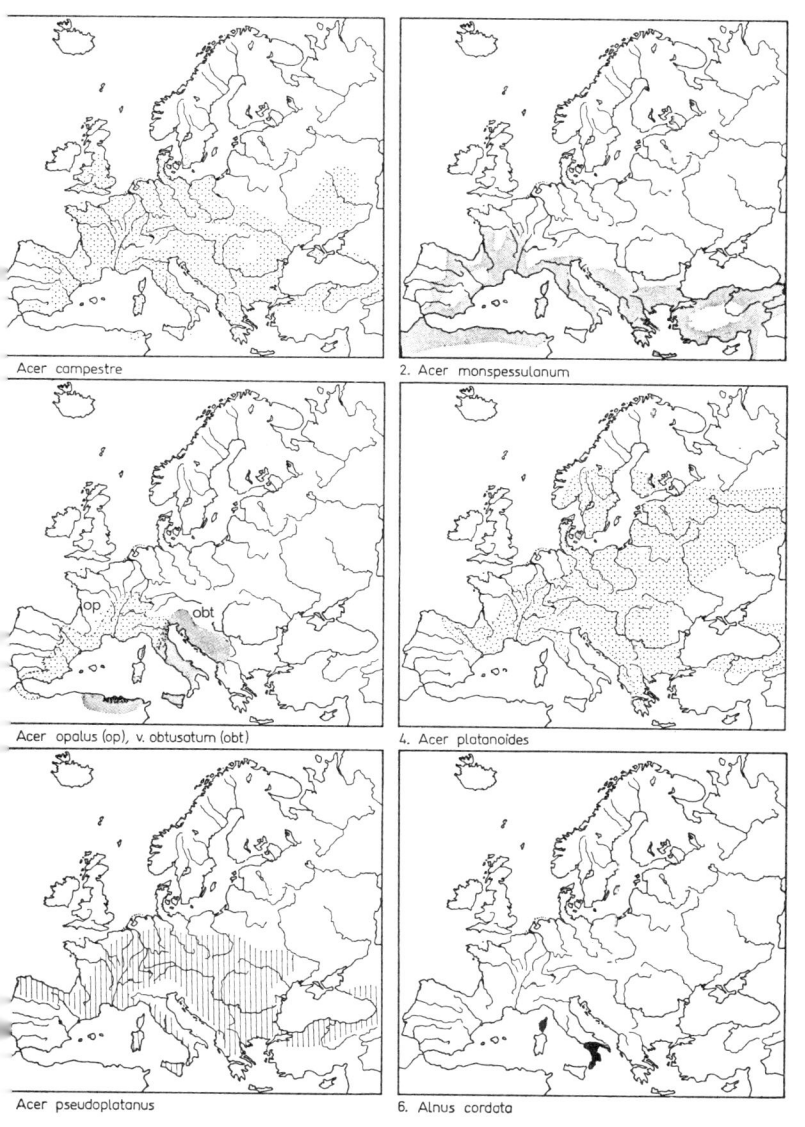

Acer campestre

2. Acer monspessulanum

Acer opalus (op), v. obtusatum (obt)

4. Acer platanoides

Acer pseudoplatanus

6. Alnus cordata

● **Französischer Ahorn;** *Acer monspessulanum* L.; Aceraceae Taf. 4 B, 29
F Erable de Montpellier   I Acero piccolo   E Montpellier Maple

MERKMALE: Kleiner Baum, oft nur großer Strauch, 6–8 m hoch, Stamm oft
krumm, Rinde rissig, grau, Krone rundlich, sehr dicht belaubt, Zweige kahl;
Blätter gegenständig, stumpf dreilappig, klein, 3–4 cm breit, ziemlich derb,
ganzrandig, oben glänzendgrün, unten blaßgrün, ganz kahl, Stiel 3–4 cm
lang; Blüten grünlichgelb, in hängenden Doldentrauben, vor oder mit den
Blättern erscheinend, April; Früchte klein, oft schön rot, Flügel aufrecht, oft
auch sich überdeckend.
VERBREITUNG: Portugal bis Kaukasus, ebenso N-Afrika, im Norden bis
Rhein-, Mosel- und Nahetal. Nicht selten in Parks und Anlagen. Arealkarte
2.

□ **Eschen-Ahorn;** *Acer negundo* L.; Acerceae Taf. 9 A, 29
F Erable négondo   I Acero negundo   E Boxelder

MERKMALE: Hoher Baum, 10–15 m hoch, oft mehrstämmig, Krone breit, die
dünneren Zweige meist überhängend, kahl, meist hellgrün, oft auch bereift;
Blätter gegenständig, gefiedert (!), mit meist 3–5 Blättchen, diese 5–10 cm
lang, eiförmig-länglich, zugespitzt, grob gesägt, Endblättchen meist 3lappig,
unterseits meist dünn behaart; Blüten zweihäusig, im März–April, weibliche
Blüten in langen, hängenden Trauben, männliche Blüten in dichten
Büscheln; Früchte mit spitzwinklig zueinander stehenden Flügeln.
VERBREITUNG: Zwar im östl. und mittl. N-Amerika beheimatet, aber in
Europa sehr häufig angepflanzt, gelegentlich auch verwildert.

○ **Italienischer Ahorn;** *Acer opalus* Mill.; Aceraceae Taf. 4 C
F Erable à feuilles d'obier   I Acero napolitano   E Italian Maple

MERKMALE: Baum 5–12 m hoch, oft nur buschiger Strauch, junge Triebe
unbehaart; Blätter gegenständig, stumpf 5lappig, 6–10 cm breit, derb, oben
dunkelgrün, unten blaugrün, kahl bis mehr oder weniger behaart, Stiel
2–6 cm lang; Blüten gelb, mit den Blättern erscheinend, April, in vielblüti-
gen, hängenden Doldentrauben; Früchte mit rechtwinklig abstehenden Flügeln. – Form der Blätter und Früchte sehr veränderlich.
VERBREITUNG: Vor allem S-Europa; Arealkarte 3; der Stumpfblättrige
Ahorn ist vor allem auf dem Balkan anzutreffen. Arealkarte 3.
UNTERSCHEIDUNGSHILFE: Der Berg-Ahorn hat traubige Blütenstände, die erst
nach der Laubentfaltung erscheinen, außerdem viel größere Blätter. Der
Stumpfblättrige Ahorn *(Acer opalus* var. *obtusatum* [Willd.] Henry) hat
bis 7lappige, breitere Blätter, die auf der Unterseite weich behaart sind.
Taf. 4 D, 29.

● **Spitz-Ahorn;** *Acer platanoides* L.; Aceraceae Taf. 4 E, 30
F Érable plane   I Acero platano   E Norway Maple

MERKMALE: Hoher Baum, bis 30 m hoch, Stamm meist schlank und gerade, Borke alter Stämme schwärzlich, feinrissig, aber niemals in Platten ablösend; Winterknospen rotbraun (!); Blätter gegenständig, 5lappig, 10–18 cm breit, die Lappen scharf zugespitzt, oben lebhaft grün, unten glänzend, im Herbst gelb; junge Blattstiele mit Milchsaft; Blüten gelbgrün, vor dem Laubausbruch, zu vielen in aufrechten Doldentrauben; Früchte mit fast waagerecht abstehenden, 3–5 cm langen Flügeln, Nüßchen flach.
VERBREITUNG: Hauptsächlich in der nördlichen Hälfte Europas, im Süden viel seltener, hier meist in der Ebene, in Tälern oder auf Hügeln. Arealkarte 4. – In den Gärten und Parks zahlreiche Spielarten hiervon.
UNTERSCHEIDUNGSHILFE: Von der Platane leicht zu unterscheiden, welche wechselständige Blätter, abblätternde Rinde und kugelige Früchte hat.

● **Berg-Ahorn;** *Acer pseudoplatanus* L.; Aceraceae Taf. 4 F, 30
F Sycomore   I Acero montano   E Sycamore

MERKMALE: Hoher Baum, bis 40 m, Krone gewölbt, Borke in kleinen Schuppen abblätternd (!!), Winterknospen grün (!); Blätter gegenständig, rundlich, 5lappig, breit, derb, oben dunkelgrün, unten graugrün. Herbstfärbung goldgelb; Blüten gelbgrün, nach den Blättern (!) erscheinend, in 8–12 cm langen, hängenden Trauben (!), Mai; Früchte meist stumpfwinklig gespreizt.
VERBREITUNG: Obwohl in Norddeutschland, Dänemark, England usw. sehr häufig angepflanzt anzutreffen, liegt das Areal dieser Art südlicher, vor allem im Gebirge. Arealkarte 5.
UNTERSCHEIDUNGSHILFE: An Borke, Knospen und Blattform jederzeit leicht von anderen Arten zu unterscheiden.

□ **Silber-Ahorn;** *Acer saccharinum* L. (= *A. dasycarpum* Ehrh.); Aceraceae Taf. 4 G, 30
F Érable argenté   I Acero bianco americano   E Silver Maple

MERKMALE: Hoher Baum, 10–20 m hoch, in seiner Heimat bis 40 m, Zweige oft malerisch überhängend; Jungtriebe kahl, Winterknospen rot; Blätter tief 5lappig, 8–14 cm breit, oben hellgrün, unten silberweiß, Herbstfärbung gelb; Blüten bereits im Februar–März, grünlich, in dichten Büscheln, männliche und weibliche Blüten in getrennten Büscheln; Früchte an 3–5 cm langen Stielen, hängend, die beiden Flügel weitwinklig gespreizt und schon im Juni einzeln abfallend.
VERBREITUNG: In N-Amerika beheimatet, aber in Europa ein weit verbreiteter Park- und Alleebaum.

\# **Kreta-Ahorn;** *Acer sempervirens* L. (= *A. creticum* L.) Aceraceae
Taf. 18 D

F Erable d'orient   E Cretan Maple

MERKMALE: Kleiner Baum, 3–5 (–10) m hoch, Äste sparrig und verdreht, junge
Triebe braun, kahl; Blätter sehr veränderlich, 3nervig, teils eiförmig und
leicht wellenrandig oder kerbig gelappt, teils 3lappig, lederartig, in milden
Gebieten immergrün, 2–5 cm lang, beiderseits frischgrün, unten glänzend,
Stiel 1 cm lang, gelb; Blütenstand 2 cm lang, Blüten hellgelb, mit dem
Ausbruch des Laubes erscheinend; Fruchtflügel gespreizt, 1–1,5 cm lang.

VERBREITUNG: Östliches Mittelmeergebiet; Griechenland, Ägäische Region.

UNTERSCHEIDUNGSHILFE: Blätter sehr klein und derb lederig, mehr oder
weniger immergrün, meist ungelappt; sehr selten in Parks.

○ **Roßkastanie;** *Aesculus hippocastanum* L.; Hippocastanaceae Taf. 1 A, 30

F Marronnier   I Castagne de cavalle   E Horse-chestnut

MERKMALE: Hoher Baum, bis 25 m hoch, Krone sehr dicht, länglichrund,
Zweige kahl, dick die unteren Zweige herabhängend, Winterknospen harzig
(!), Austrieb dick braunwollig; Blätter gegenständig, handförmig geteilt mit
5–7 Blättchen, diese 10–25 cm lang, Rand doppelt gesägt; Blüten in
20–30 cm langen, aufrechten Rispen im Mai–Juni; Früchte 5–6 cm dick,
stachelig, mit 1–2 großen Samen.

VERBREITUNG: Gebirge von N-Griechenland, Albanien, Bulgarien; heute
aber überall in ganz W- und Mittel-Europa angepflanzt. Arealkarte 37.

UNTERSCHEIDUNGSHILFE: Die Echte Kastanie hat ungeteilte, wechselständige
Blätter und eßbare, flache Früchte („Maronen"). – Die Rotblühende
Roßkastanie *(Aesculus carnea* Hayne, = *A. rubicunda* Loisel.) eine
Gartenhybride, kommt wild nicht vor, ist aber als Straßen- und Parkbaum
vor allem in den Städten oft zu finden.

□ **Götterbaum;** *Ailanthus altissima* (Mill.) Swingle (= *A. glandulosa* Desf.);
Simaroubaceae Taf. 2 A, 31, 35

F Ailante   I Ailanto   E Tree of heaven

MERKMALE: Hoher Baum, 10–25 m, wenig verzweigt, Borke längsstreifig, mit
weißen Längsrissen (!), junge Zweige fingerdick und sehr markig, rotbraun,
samtig anfühlend; Blätter wechselständig, gefiedert, 40–60 cm lang, unangenehm
riechend, die Blättchen zu 10–15 Paaren angeordnet, jedes Blättchen
eiförmig-lanzettlich, unten bläulich; Blüten unscheidbar, grünlich, in
10–20 cm langen Rispen, Juni–Juli; Früchte eschenartig geflügelt, Same in
der Mitte, zahlreich, hellbraun, mitunter auch rot, im Herbst.

VERBREITUNG: Heimat China, jedoch in ganz Europa angepflanzt, im Süden
auch verwildert; wegen der Widerstandsfähigkeit gegen Industriegase vor
allem auch in größeren Städten häufig zu finden.

A Götterbaum, *Ailanthus altissima* (S. 36); B Gleditschie, *Gleditsia triacanthos* (S. 62); C Schwarznuß, *Juglans nigra* (S. 64); D Kaukasische Flügelnuß, *Pterocarya fraxinifolia* (S. 84).

○ **Neapolitanische Erle;** *Alnus cordata* (Loisel.) Desf. Betulaceae
Taf. 8 C, 31
F Aune de Corse   I Ontano napolitano   E Italian Alder

MERKMALE: Mittelhoher Baum, 10–15 m hoch, Stamm ganz gerade, junge Triebe mehr oder weniger klebrig, braunrot, etwas kantig; Blätter wechselständig, breitrundlich, am Stielende deutlich herzförmig (!), in der Jugend klebrig, Rand fein gesägt, oben glänzend tiefgrün und kahl, unten heller und auf den Nerven etwas behaart; Fruchtzäpfchen sehr groß, fast 3 cm lang (!), zu 1–3 beisammen und aufrecht stehend.

VERBREITUNG: Nur in Süditalien und auf Korsika; neuerdings aber auch häufiger in Parks in Mittel- und West-Europa zu sehen. Arealkarte 6.

UNTERSCHEIDUNGSHILFE: Durch die langgestielten Knospen als Erle kenntlich; Blätter fast wie beim Birnbaum, doch größer und am Stielende herzförmig; hat die größten Fruchtzäpfchen aller Erlen.

● **Schwarz-Erle** (= Rot-Erle), *Alnus glutinosa* (L.) Gaertn. Betulaceae
Taf. 8 A, 31
F Aune noir, Aunè glutineux   I Ontano nero   E Common Alder

MERKMALE: Hoher, sehr oft mehrstämmiger Baum, bis 25 m hoch, Rinde schwarz bis schwarzbraun, Äste meist abstehend, junge Triebe sehr klebrig; Blätter wechselständig, rundlich oder verkehrt-eirund, an der Spitze abgerundet oder ausgerandet, 4–10 cm lang, mit 5–6 Nervenpaaren, im Herbst sehr lange grün bleibend; Blütenkätzchen Ende März–Anfang April; Fruchtzäpfchen zu 3–5 beisammen, während des Winters an den Bäumen bleibend, 10–13 mm lang.

VERBREITUNG: Nahezu in ganz Europa (vgl. Arealkarte 7), vor allem an den Ufern langsam fließender Gewässer, in Brüchen, Mooren und nassen Wiesen.

UNTERSCHEIDUNGSHILFE: Die Grau-Erle hat graue, glatte Rinde, spitze Blätter, die auf der Unterseite grauweiß sind; außerdem ist die Grau-Erle viel seltener.

● **Grau-Erle** (= Weiß-Erle); *Alnus incana* (L.) Moench. Betulaceae
Taf. 8 B, 31
F Aune blanc   I Alno bianco   E Grey Alder

MERKMALE: Hoher Baum, 10–20 m hoch, Stamm schlank und gerade, mit hellgrauer, glatter Rinde, Krone spitz zulaufend, viel dichter belaubt als bei der Schwarz-Erle, junge Triebe grau behaart; Blätter wechselständig, breit eirund, spitz (!), 4–10 cm lang, mit 8–10 Nervenpaaren, oben dunkelgraugrün, unten mehr oder weniger grauweiß und behaart; Blütenkätzchen länger und schlaffer als bei der Schwarz-Erle, März; Fruchtzäpfchen zu 4–8 beisammen, höchstens 1 cm lang.

VERBREITUNG: Ganz Europa (vgl. Arealkarte 8), sowohl an Fluß- und Bachufern wie auch an trockenen Stellen.

UNTERSCHEIDUNGSHILFE: Vgl. bei der Schwarz-Erle.

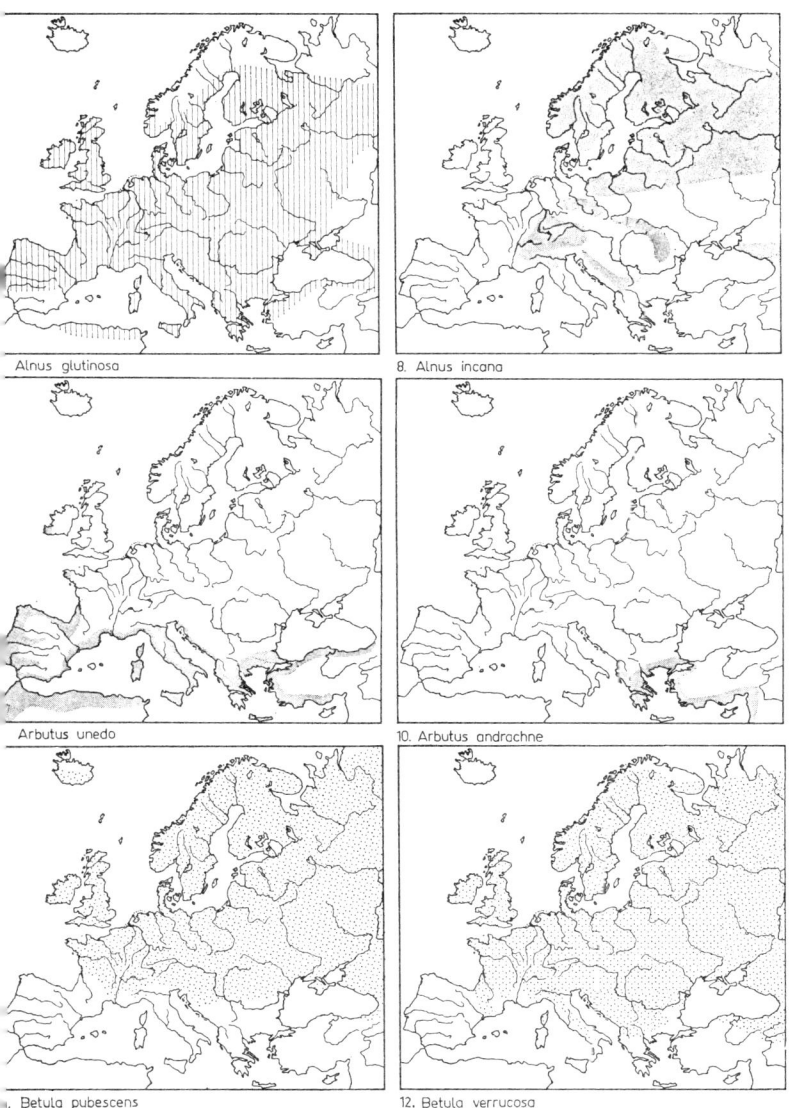

Alnus glutinosa

8. Alnus incana

Arbutus unedo

10. Arbutus andrachne

. Betula pubescens

12. Betula verrucosa

● **Kupfer-Felsenbirne;** *Amelanchier lamarckii* F. G. Schroed.; Rosaceae
Taf. 54 (= *A. canadensis* der Baumschulen)
F Amélanchier   I Pero corvino   E June Berry

MERKMALE: Kleiner Baum, 6–10 m hoch, mit rundlicher Krone, oder
mehrstämmiger, hoher Strauch, meist ohne Ausläufer; Äste abstehend,
junge Triebe seidig behaart; Blätter elliptisch, mit kurzer Spitze, 4–8 cm
lang, 2–5 cm breit, Rand fein gesägt, zur Blütezeit kupfrigrot und fein
behaart, dann noch gefaltet (also noch nicht ausgebreitet!), Herbstfärbung
dunkelgelb bis orangerot; Blüten weiß, zu 6–10 in lockeren Trauben,
April–Mai; Früchte purpurschwarz, süß und saftig, eßbar, mit aufrechten
Kelchzipfeln.

VERBREITUNG: Ursprünglich im östl. Kanada, aber seit mehr als 100 Jahren in
NW-Deutschland und den Niederlanden verwildert und seither wohl in
ganz Deutschland in Gärten und Parks viel angepflanzt. Arealkarte 124.

UNTERSCHEIDUNGSHILFE: Auf die zur Blütezeit noch gefalteten, kupfrigen,
behaarten Blätter achten, die bei den anderen Arten meist grün sind.

＃ **Erdbeerbaum;** *Arbutus unedo* L.; Ericaceae Taf. 10 K, 32
F Arbousier   I Albatro, Corbezzolo   E Strawberry-tree

MERKMALE: Immergrüner (!) Großstrauch oder kleiner Baum, bis 5 m hoch,
gelegentlich auch etwas höher, Rinde rotbraun, feinrissig und rauhschuppig,
junge Triebe drüsig behaart; Blätter wechselständig, elliptisch-länglich,
5–10 cm lang, spitz, gesägt, oben stark glänzend, auf beiden Seiten kahl;
Blüten krugförmig, weiß bis hellrosa, in etwa 5 cm langen und ebenso
breiten, hängenden Rispen, Oktober–Dezember (!); Früchte bis 2 cm dick,
außen sehr körnig, rot, fast erdbeerartig aussehend, eßbar, aber fade im
Geschmack, erst ein Jahr nach der Blüte reifend (daher Blüten und Früchte
zu gleicher Zeit am Baum).

VERBREITUNG: Mittelmeerküsten, SW-Irland, Bretagne; hauptsächlich in
Wäldern und an felsigen Plätzen. Arealkarte 9.

UNTERSCHEIDUNGSHILFE: Der nur in Griechenland und dem Orient wild
vorkommende *Arbutus andrachne* L. hat eine gänzlich andere, rotbraun-ab-
fasernde (!!) Rinde, meist ganzrandige Blätter und weiße Blüten im
März–April (!) in aufrechten (!) Rispen, nur 1 cm dicke, orangerote Früchte.
Arealkarte 122. Taf. 10 L.

● **Moor-Birke;** *Betula pubescens* Ehrh. Betulaceae Taf. 8 F, 32
F Bouleau pubescent   I Betulla pubescente   E Pubescent Birch

MERKMALE: Hoher Baum, 10–20 m hoch, Krone eirund-länglich, dicht
verästelt, Zweige nach oben gerichtet („besenartig"), nie überhängend,
Stamm mit weißer, dünn abrollender Rinde, nur an der Stammbasis alter
Bäume mit schwarzer „Steinborke", junge Zweige filzig-weichhaarig (!!)
ohne Harzpunkte; Blätter wechselständig, eiförmig-elliptisch, mit gerader
Spitze, 3–5 cm lang, beiderseits mehr oder weniger kahl; Fruchtkätzchen bis
3 cm lang.

VERBREITUNG: Ganz N- und Mitteleuropa, einschl. Island; Arealkarte 11.
Kommt vor allem auf feuchten Böden vor.

UNTERSCHEIDUNGSHILFE: An den weichhaarigen Zweigen und dem kalk-
weißen, höchstens bei alten Bäumen schwarzborkigen Stamm zu jeder
Jahreszeit leicht zu erkennen.

A Gemeiner Goldregen, *Laburnum anagyroides* (S. 66); B Alpen-Goldregen, *Laburnum alpinum* (S. 64); C Johannisbrotbaum, *Ceratonia siliqua* (S. 46); D Speierling, *Sorbus domestica* (S. 104); E Gemeine Eberesche, *Sorbus aucuparia*, rechts Blatt von einem Stockausschlag (S. 104); F Robinie, Falsche Akazie, *Robinia pseudoacacia* (S. 98).

● **Sand-Birke** (Weiß-Birke); *Betula verrucosa* Ehrh. (= *B. pendula* Roth); Betulaceae Taf. 8 G, 32

F Bouleau verruqueux   I Betulla bianca   E Silver Birch

MERKMALE: Hoher Baum, bis 20 m hoch, Krone kegelförmig und spitz, jedoch oft auch unregelmäßig, verzweigt, die jüngeren Zweige zierlich überhängend (!), Stamm zuerst glänzend weiß, später allmählich in eine schwarze ,,Steinborke" sich verwandelnd, Jungtriebe sehr rauh von Harzausscheidungen (!! wie grobes Sandpapier anfühlend); Blätter dreieckig, fein zugespitzt, 3–7 cm lang; Fruchtzäpfchen bis 3 cm lang.

VERBREITUNG: Etwa wie die Moor-Birke, geht jedoch weiter nach Süden; Arealkarte 12. Wächst vor allem in trockeneren Lagen, auf Sand.

UNTERSCHEIDUNGSHILFE: An den sehr rauhen Zweigen und glänzend-weißen, im Alter schwarzen Stämmen leicht von der Moor-Birke zu unterscheiden.

● **Balearen-Buchsbaum**; *Buxus balearica* Lam.; Buxaceae Taf. 32

F Buis de Mahon   I Bosso gentile   E Balearic Box

MERKMALE: Nur in seiner Heimat kleiner Baum, Wuchs aufrecht, alte Rinde etwas rötlich, Zweige fast kahl; Blätter immergrün, eilänglich, schon derb lederig, 3–5 cm lang, 1–2 cm breit, an der Spitze etwas eingekerbt, dunkelgrün, aber nicht glänzend, unten hellgrün, die Blattpaare mit etwa 1 cm Abstand voneinander stehend.

VERBREITUNG: SO-Spanien, Balearen, Sardinien; außerhalb ihrer Heimat in frostfreien Gebieten ziemlich selten.

UNTERSCHEIDUNGSHILFE: Der gewöhnliche Buchsbaum hat stark glänzende, kleinere Blätter, die viel dichter gedrängt stehen.

○ **Buchsbaum**; *Buxus sempervirens* L. Buxceae Taf. 5 D

F Buis   I Bosso   E Box, Box-wood

MERKMALE: Immergrüner (!) hoher Strauch oder kleiner Baum, selten über 8 m hoch (im Naturreservat Chosta am Schwarzen Meer jedoch gelegentlich bis 16 m!), Zweige kantig, olivgrün, dicht beblättert; Blätter gegenständig, eirund bis eilänglich 1,5–3 cm lang, lederartig, beiderseits glänzendgrün, doch oberseits dunkler; Blüten unscheinbar, gelblich, April–Mai.

VERBREITUNG: Zwar ein Baum des Südens (vgl. Arealkarte 13), aber in ganz Europa, sogar bis weit nach Norwegen und Schweden hinein angebaut und auch dort in Parks noch kleine Bäume bildend, die aber dann wegen des sehr langsamen Wachstums mehrere hundert Jahre alt sind.

● **Weißbuche, Hainbuche;** *Carpinus betulus* L. Corylaceae Taf. 7 G, 33
F Charme, Charmille   I Carpino bianco   E Hornbeam

MERKMALE: Hoher Baum, etwa bis 20 m hoch, gelegentlich auch höher, Krone
unregelmäßig, vielfach fast „besenförmig", im unteren Teil mit waagerecht
abstehenden, im oberen Teil der Krone aufwärts gerichteten Ästen, Stamm
glatt, oft mit grauen Streifen, oft mit Drehwuchs; junge Triebe fein behaart;
Blätter wechselständig, eilänglich, bis 12 cm lang, spitz, scharf doppelt-
gesägt, mit 12–14 Nervenpaaren, Herbstfärbung goldgelb; Blüten kätz-
chenartig, grün, wenig auffällig trotz ihrer großen Zahl, April; männliche
Kätzchen bis 4 cm lang und sehr zahlreich, weibliche Kätzchen nur halb so
lang und weniger zahlreich; Früchte mit 3lappigen Hochblättern, in
zahlreichen, hängenden Ständen, bis tief in den Winter am Baum haftend.
VERBREITUNG: Mittel-Europa bis Persien; Arealkarte 14; oft als Unterholz in
den Wäldern, aber große Bäume nur in freier Lage bildend, z. B. an den
Waldrändern; im Norden des Areals häufiger als im Süden.

\# **Orient-Weißbuche;** *Carpinus orientalis* Mill. (= *C. duinensis* Scop.);
Corylaceae Taf. 7 H, 33
F Charme d'Orient   I Carpinella   E Eastern Hornbeam

MERKMALE: Nur ein Großstrauch, bis etwa 5 m hoch, Stämme aschgrau, glatt,
junge Triebe braunrot, behaart, Verästelung fein und zierlich; Blätter
ei-elliptisch, nur 3–5 cm lang, scharf und doppelt gesägt, mit 13–15
Nervenpaaren, oben kahl, dunkelgrün, unten angedrückt weich behaart;
Blüten ähnlich wie bei Carpinus betulus, doch kleiner; Fruchtkätzchen
3–6 cm lang, die Fruchtdeckblätter jedoch ohne die Seitenlappen und nur
etwa 2 cm lang.
VERBREITUNG: S-Italien, Balkan, Orient; hauptsächlich in den Wäldern der
unteren Bergregionen dieser Gebiete. Arealkarte 15.
UNTERSCHEIDUNGSHILFE: Durch die kleinen Blätter, den mehr strauchigen
Wuchs und das sehr seltene Vorkommen (auch sehr selten in botanischen
Gärten) außerhalb ihres Verbreitungsgebietes gut zu erkennen.

○ **Edel-Kastanie, Echte Kastanie;** *Castanea sativa* Mill. (= *C. vesca*
Gaertn.) Fagaceae Taf. 12 A, 33
F Châtaignier   I Castagno   E Spanish Chestnut

MERKMALE: Hoher Baum mit dem Habitus unserer Eiche, bis 20 m hoch oder
höher, Stamm kurz und dick, Krone oft mit mehreren starken Ästen; junge
Triebe rotbraun, weiß punktiert; Blätter länglich-lanzettlich, 12–20 cm
lang, oben sattgrün und glänzend, unten zuerst filzig, doch bald ganz kahl,
grob gesägt; männliche Blüten in 10 bis 20 cm langen, aufrechten, grünlichen
Kätzchen, weibliche Blüten wenig auffällig, in grünen Knäueln mit roten
Narben, Ende Mai; Früchte kugelig, 5–6 cm dick, sehr stachelig, mit 4
Klappen aufspringend, mit braunen Früchten (Kastanien).
VERBREITUNG: Türkei bis Portugal, jedoch auch schon in der Westschweiz und
Frankreich, aber zum größten Teil wohl verwildert oder angebaut, in
Deutschland bis zur Nord- und Ostsee vereinzelt vorkommend.
UNTERSCHEIDUNGSHILFE: Kann nur wegen ihres Namens mit der „wilden"
Kastanie (Roßkastanie) verwechselt werden; vgl. dort, S. 36.

☐ **Trompetenbaum;** *Catalpa bignonioides* Walt. Bignoniaceae
Taf. 5 A, 33

F Catalpa commun   I Catalpa americana   E Common Catalpa

MERKMALE: Mittelhoher Baum, bei uns selten über 10 m hoch werdend, Stamm kurz, dick, Borke dünn, hellbraun; Jungtriebe ziemlich dick, kahl, mit dickem, weißem Mark; Blätter meist zu 3 in Quirlen (!), spitz herzeiförmig, sehr groß, bis 18 cm lang und breit, im allgemeinen ganzrandig oben dunkelgrün, unten heller und weich behaart, gerieben unangenehm riechend (!!); Blüten in 15–20 cm langen, aufrechten Rispen, weiß, mit purpurnen Flecken und gelben Streifen, Juni–Juli; Früchte walzenförmig, bis 35 cm lang und 8 mm dick.

VERBREITUNG: Kein heimischer Baum, sondern in den südlichen USA beheimatet, doch wegen seiner prachtvollen Blüten in Mittel-, W- und S-Europa sehr oft in den Parks zu finden.

○ **Zürgelbaum** (Triesterholz); *Celtis australis* L. Ulmaceae Taf. 7 I, 34

F Micocoulier de Provence   I Arcidiavolo, Bagolaro   E European Nettle-tree

MERKMALE: Baum bis 25 m hoch mit breiter, kuppelförmiger, oft sehr malerischer Krone, Stamm fast buchenförmig glatt (!!) gerade, junge Triebe weich behaart, dünn, grün, Mark gekammert (!); Blätter wechselständig-zweizeilig, eiförmig-elliptisch, lang zugespitzt bis geschwänzt, 5–15 cm lang, scharf gesägt, oben rauh unten graugrün und weich behaart; Blüten ganz unscheinbar, Ende Mai; Früchte kugelig, etwa 1 cm dick, dunkelrot, Steinfrucht mit süßlichem Fleisch, Juli bis August reif, Stiel etwa 3 cm lang.

VERBREITUNG: Süd-Europa, Mittelmeergebiet; vgl. Arealkarte 17. In Deutschland nur sehr selten und nur in sehr milden Gebieten hin und wieder angepflanzt.

UNTERSCHEIDUNGSHILFE: Vor allem auf den buchenartig glatten Stamm und die dicht und weich behaarten Jungtriebe achten, welche andere Arten in unserem Gebiet nicht haben.

☐ **Abendländischer Zürgelbaum;** *Celtis occidentalis* L. Ulmaceae Abb.
Taf. 7 K, 34

F Micocoulier occidentale   I Bagolaro occidentale   E Hackberry

MERKMALE: Mittelhoher Baum, selten über 20 m hoch, Krone breit, Äste etwas überhängend, Borke grau, wulstig, tief gefurcht (!!), junge Triebe mehr oder weniger behaart, weiß punktiert (!); Blätter wechselständig, schief spitz-eiförmig, 5–12 cm lang, meist bis zur Mitte des Randes scharf gesägt, dünn, oben glänzendgrün und glatt, unten Nerven etwas behaart, Herbstfärbung gelb; Blüten unscheinbar, grünlich; Früchte kugelig, orangebraun bis dunkelpurpurn, 7–10 mm dick, Stiel 10–15 mm lang.

VERBREITUNG: In N-Amerika beheimatet, in Europa (auch in Deutschland) nur Park- oder (seltener) Straßenbaum, winterhart.

UNTERSCHEIDUNGSHILFE: Von der glattrindigen C. australis leicht durch die gefurchte Rinde und die dünnen Blätter zu unterscheiden. Die übrigen Celtis-Arten sind bei uns sehr selten zu finden.

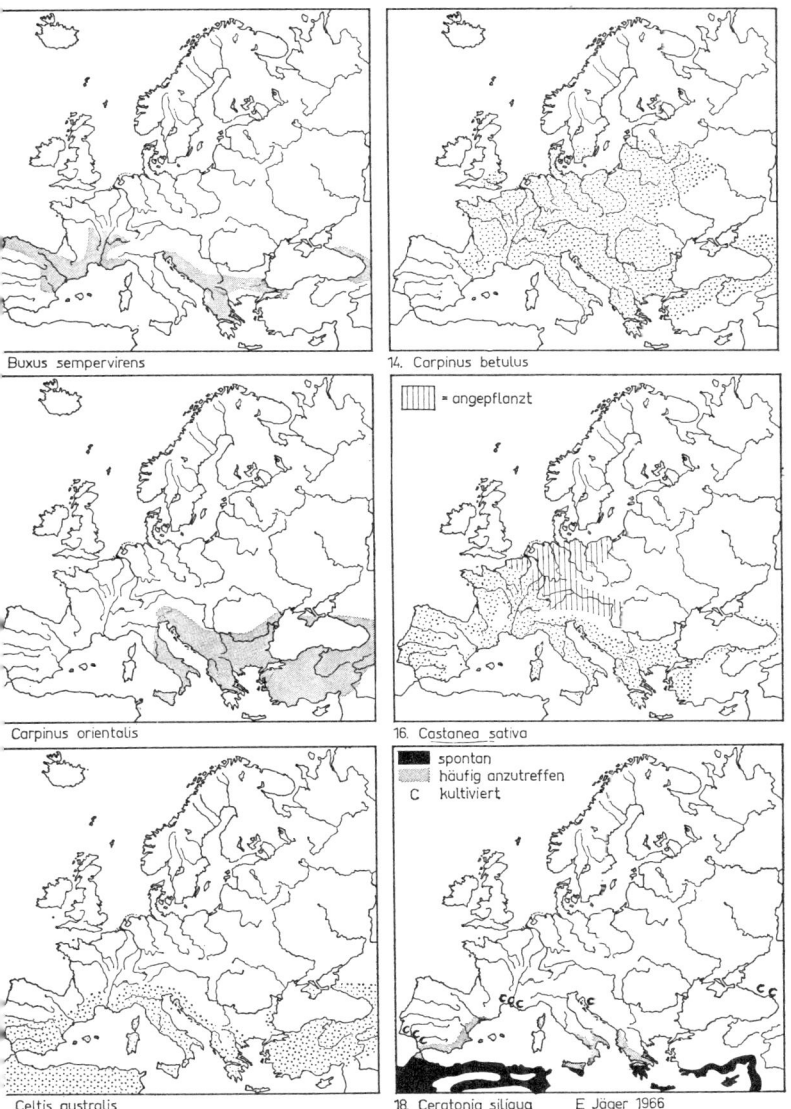

Buxus sempervirens

14. Carpinus betulus

Carpinus orientalis

16. Castanea sativa

|||| = angepflanzt

■ spontan
░ häufig anzutreffen
C kultiviert

Celtis australis

18. Ceratonia siliqua   E Jäger 1966

\# **Tourneforts Zürgelbaum;** *Celtis tournefortii* Lam.; Ulmaceae Taf. 34
F Micocoulier de Tournefort   I Minicùccu giarnu
                                               (nur in Sizilien)

MERKMALE: Baum, 6–10 m hoch, Rinde feinrissig, grau, Krone eirund, Triebe
ziemlich dick, rotbraun, mehr oder weniger sparrig; Blätter ei-rhombisch,
spitz oder zugespitzt, 5–7 cm lang, 2–4 cm breit, sehr derb, Rand mit
breiten und ziemlich stumpfen Zähnen, Basis rund bis leicht herzförmig,
unterseits sehr rauh und etwas behaart, bläulichgrün oder graugrün; Früchte
etwas kreiselförmig, 8 mm dick, gelbbraun, Stein mit 4 Furchen; Stiel 1 cm.
VERBREITUNG: SO-Europa, Sizilien, Balkan, Krim. Arealkarte 117.
UNTERSCHEIDUNGSHILFE: Die stumpf und grob gezähnten, unten behaarten
Blätter und die gelben, dicken Früchte mit gefurchtem Stein; bei *C.
australis* scharf gesägte Blätter, schwarzbraune Früchte und mit stark
runzeligem Stein.

\# **Johannisbrotbaum;** *Ceratonia siliqua* L. Leguminosae Taf. 3 C
F Caroubier   I Carrubio   E Carob-tree, St. Johns-bread

MERKMALE: Immergrüner, walnußartiger, kleiner Baum, in den Plantagen
Spaniens usw. meist nicht über 4 m hoch und mit ebenso breiter Krone;
Blätter wechselständig, gefiedert, derb lederartig, 10–20 cm lang, mit 6–12
eirunden, 3–7 cm langen Blättchen; Blütenstände wenig ansehnlich,
Mai–September, meist rötlichgrün; Früchte 10 bis 20 cm lange, dicke,
schwarzbraune Hülsen (,,Johannisbrot"), Fruchtfleisch süß; Samen flach,
braun (wurden früher von Juwelieren und Apothekern als kleine Gewichte –
Karate – benutzt). Die Früchte des wild vorkommenden Baumes dienen als
Viehfutter, die der Plantagenbäume werden gegessen.
VERBREITUNG: Östliches Mittelmeergebiet; Arealkarte 18.

○ **Judasbaum;** *Cercis siliquastrum* L. Leguminosae Taf. 15 B, 34, Farbtaf. I
F Arbre de Judée, Gainier   I Albero di Giuda, Siliquastro   E Judas-tree

MERKMALE: Baum bis etwa 10 m hoch, meist niedriger, junge Triebe rotbraun;
Blätter wechselständig, ganz kahl, nierenförmig, oft breiter als lang, 5–7 cm
breit, beiderseits mehr oder weniger bläulichgrün, nicht glänzend; Blüten zu
3–6 in Büscheln, vor den Blättern, aus dem alten Holz erscheinend, oft auch
unmittelbar an den dicken Stämmen (!!), purpurrosa, April; Früchte etwa
10–15 cm lange, dünne, braune oder rote Hülsen.
VERBREITUNG: Kleinasien, Balkan, Italien, S-Frankreich; im Mittelmeergebiet
vielfach verwildert und angepflanzt. Arealkarte 19.
UNTERSCHEIDUNGSHILFE: Durch seine nierenförmigen, blaugrünen Blätter und
die im April am Stamm erscheinenden rosa Blüten leicht zu erkennen.

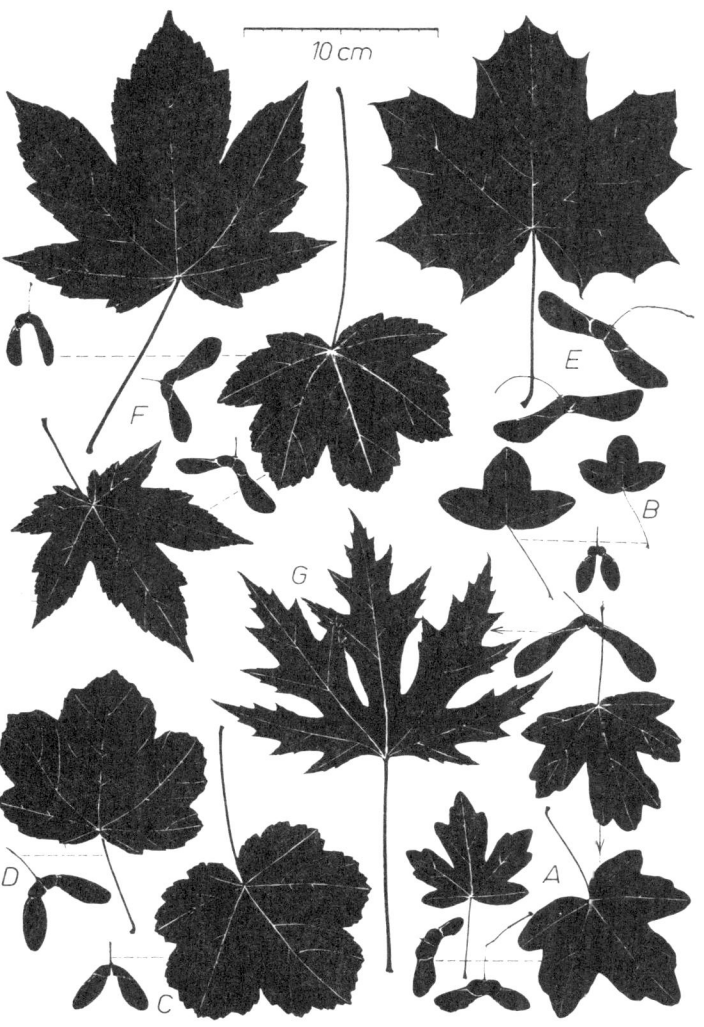

Ahorn-Arten. A Feld-Ahorn, *Acer campestre* (S. 32); B Französ. Ahorn, *Acer monspessulanum* (S. 34); C Italien. Ahorn, *Acer opalus* (S. 34); D Stumpfblättr. Ahorn, *Acer opalus* var. *obtusatum* (S. 34); E Spitz-Ahorn, *Acer platanoides* (S. 35); F Berg-Ahorn, *Acer pseudoplatanus* (S. 35); G Silber-Ahorn, *Acer saccharinum* (S. 35).

✳ Zwergpalme; *Chamaerops humilis* L.; Palmaceae Taf. 23 A

F Palmier nain   I Palma nana   E Dwarf Fan Palm

MERKMALE: Palme mit vielen, meist 1–2 m hohen Stämmen oder als alte Pflanze einstämmig und dann 3–5 (–7) m hoch (so z. B. bei Gibraltar); Stamm mit den Resten der alten Blattscheiden bedeckt; Blätter endständig, steif, Spreite fast kreisrund, 50–60 cm lang, grau- oder bläulichgrün, bis zur Basis in zahlreiche Segmente geteilt, Stiel 50–100 cm lang, dornig; Blüten gelb, Früchte rötlich, olivenartig aussehend.

VERBREITUNG: Mittelmeerregion von Spanien und N-Afrika bis Balearen und Sizilien. Arealkarte 121.

✳☐ Bitter-Orange, Pomeranze; *Citrus aurantium* L.; Rutaceae Taf. 21

F Oranger amère, Bigaradier   I Arancio amaro   E Seville or Bitter Orange

MERKMALE: Kleiner, rundkroniger, regelmäßig verzweigter Baum, junge Triebe zuerst kantig, aber später drehrund, mit langen, jedoch stumpfen, biegsamen Dornen; Blätter breit elliptisch, 7–10 cm lang, spitz, Stiel breit geflügelt, aber zum Trieb hin schmaler werdend (im Umriß obovat); Blüten weiß, auch in der Knospe, einzeln oder in Büscheln achselständig, stark duftend; Frucht kugelig, an beiden Enden etwas abgeflacht, 6–7,5 cm breit, reif orange, mit dicker, runzeliger Schale; Fruchtfleisch sehr sauer.

VERBREITUNG: Malaysien und O-Afrika, aber heute im ganzen Mittelmeergebiet angepflanzt; als Straßenbaum sehr oft zu sehen, dessen saure Früchte dort von niemand gepflückt werden.

UNTERSCHEIDUNGSHILFE: Früchte orangerot, mit sehr festsitzender Schale und saurem Fruchtfleisch; Blattstiel breit geflügelt.

✳☐ Tangerine; *Citrus deliciosa* Ten. Rutaceae

F Tangerine   I Mandarino   E Tangerine

MERKMALE: Kleiner, breitkroniger Baum, Triebe dünn und dornig; Blätter breit eiförmig, bis 4 cm lang, Stiel ganz schmal geflügelt; Blüten einzeln oder in kleinen, achselständigen Büscheln; Frucht flachkugelig, 5–7,5 cm breit, Schale dünn und sehr leicht ablösbar, reif orangerot; Fruchtfleisch süß; Samen innen grün.

VERBREITUNG: beheimatet in SO-Asien, heute jedoch im Mittelmeerraum angebaut, besonders in Spanien. (Die im Handel angebotenen Früchte kommen jedoch meist aus Südafrika.)

UNTERSCHEIDUNGSHILFE: Früchte orangerot, Schale sehr dünn, Fruchtfleisch süß.

Rot-Eiche – *Quercus rubra*, zur Zeit der Herbstfärbung
(Text S. 92)

FARBTAFEL III

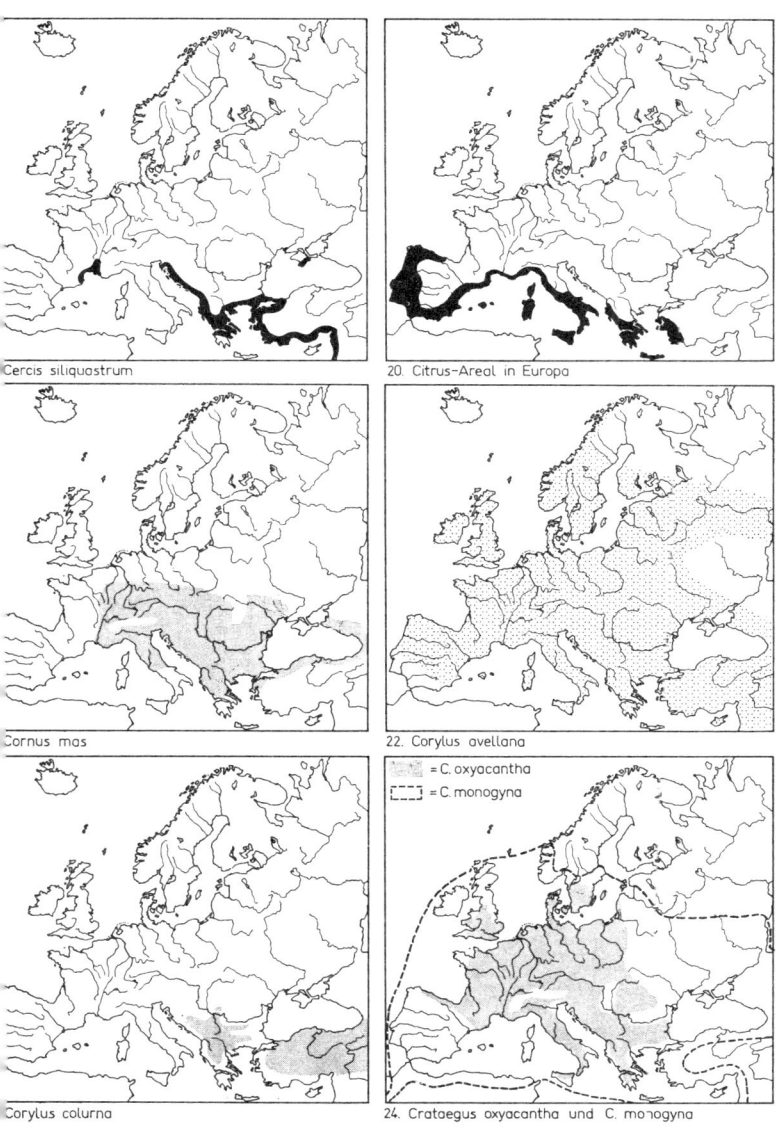

Cercis siliquastrum

20. Citrus-Areal in Europa

Cornus mas

22. Corylus avellana

Corylus colurna

▨ = C. oxyacantha
▢ = C. monogyna

24. Crataegus oxyacantha und C. monogyna

✳ **Zitronenbaum;** *Citrus limon* Burm. f.; Rutaceae Taf. 15 F

F Citronnier I Limone E Lemon-tree

MERKMALE: Immergrüner kleiner Baum mit unregelmäßiger Verzweigung und kurzen, dicken, steifen Dornen; Blätter länglich-eiförmig, zugespitzt, 5–10 cm lang, Rand kerbig-gesägt, hellgrün, Stiel entweder nicht oder nur ganz schmal geflügelt, von der Spreite gegliedert; Blüten ziemlich groß, in der Knospe mehr oder weniger gerötet (!), später weiß, einzeln oder zu mehreren in den Blattachseln, Blütezeit oft durch Kulturmaßnahmen beeinflußt, im Spätsommer bis Winter; Früchte die bekannten Zitronen, während des ganzen Jahres reifend.

VERBREITUNG: Ursprünglich in Asien beheimatet; heute im ganzen Mittelmeerraum angebaut, vor allem in Sizilien, S-Italien, weniger häufig in Spanien und Griechenland. Arealkarte 20.

UNTERSCHEIDUNGSHILFE: So bekannt, daß er nicht verwechselt werden kann.

✳□ **Riesen-Zitrone, Pampelmuse;** *Citrus maxima* (Burm.) Merr.; Rutaceae Taf. 21 (= *Citrus grandis* (L.) Osbeck)

I Pomelo, Pummelo E Shaddock, Pomelo

MERKMALE: Großer, rundkroniger Baum, regelmäßig verzweigt, nur wenig bedornt; Dornen dünn, stumpf, biegsam, junge Triebe behaart; Blätter groß, eiförmig-elliptisch, spitz, Basis rund, oben dunkelgrün, unten behaart, Stiel breit geflügelt und im Umriß mehr oder weniger herzförmig; Blüten achselständig, einzeln oder in kleinen Büscheln, weiß; Frucht sehr groß, kugelig bis breit birnförmig, 10–15 cm dick, bis 3 kg schwer werdend; Schale sehr dick, reif hell zitronengelb.

VERBREITUNG: Ursprünglich aus Polynesien; heute im Mittelmeerraum nur noch wenig angebaut.

VERBREITUNG: Die sehr großen Früchte, die behaarten Jungtriebe und die breit geflügelten Blattstiele.

✳□ **Zitronat-Zitrone;** *Citrus medica* L.; Rutaceae Taf. 21

F Cédratier, Citronnier I Cedro, Cedrato E Citron

MERKMALE: Kleiner Baum oder nur Strauch, 4–5 m hoch, Äste lang, mit kurzen, dicken, steifen Dornen; Blätter länglich, 10–18 cm lang, stumpf, gesägt oder gekerbt, Stiel nicht geflügelt; Blüten groß, in der Knospe und später auch außen gerötet; Früchte sehr groß, 1–2 kg schwer, Schale sehr dick, runzelig, reif hellgelb, Fleisch weiß, sauer.

VERBREITUNG: Ursprünglich Vorderasien oder Süd-Arabien; heute angebaut im Mittelmeerraum, besonders Sizilien, Kalabrien, Korsika, Korfu und Kreta.

UNTERSCHEIDUNGSHILFE: Die großen Blätter mit sehr kurzem Stiel, die rötlichen Blüten, die Früchte mit sehr dicker, duftender Schale und saurem Fleisch.

#□ Grapefruit; *Citrus paradisi* Macf.; Rutaceae
F Grapefruit, Pamplemousse   I Pompelmo   E Grapefruit

MERKMALE: Rundkroniger, dorniger Baum, Triebe kantig, kahl; Blätter breit
elliptisch, 10–15 cm lang, spitz, an der Basis rund bis etwas herzförmig,
Mittelrippe unten kahl; Stiel oft bis 15 mm breit geflügelt, im Umriß
verkehrt-herzförmig; Blüten in achselständigen Büscheln oder endständigen
Trauben, weiß; Frucht flachkugelig bis leicht birnförmig, 8–12 cm breit, je
nach Kultursorte gelb bis etwas orange, Schale dünn, Fruchtfleisch hellgelb
bis rötlich, sehr saftig.
VERBREITUNG: Ursprünglich China; im Mittelmeerraum besonders in Spanien,
Zypern und Israel.
UNTERSCHEIDUNGSHILFE: Fruchtfleisch hellgelb bis rötlich, sehr saftig, Schale
dünn (!).

 # Orangenbaum, Apfelsinenbaum; *Citrus sinensis* (L.) Osbeck; Rutaceae
Taf. 15 E, 21, 35
F Oranger   I Arancio   E Orange-tree

MERKMALE: Immergrüner, rundkroniger Baum, 5–8 m hoch, Zweige ohne
oder mit wenigen, dünnen, stumpfen, biegsamen Dornen; Blätter eilänglich,
mittelgroß, spitz, Basis rund, sehr dunkelgrün, Stiel schmal geflügelt; Blüten
ziemlich klein, innen und außen weiß (!), Winter; Früchte je nach Sorte
unterschiedlich groß, mehr oder weniger orangerot, mit dünner Schale und
süßem Fleisch.
VERBREITUNG: Ursprünglich in S-China beheimatet, heute im Mittelmeerraum
vor allem in Spanien angebaut, ferner S-Italien, Sizilien. Arealkarte 20.
UNTERSCHEIDUNGSHILFE: Die Bitter-Orange *(Citrus aurantium* L.), die im
Mittelmeerraum nicht selten auch als Zierbaum angepflanzt ist, kann man an
ihren flacheren Früchten und sehr saurem Fruchtfleisch leicht unterscheiden.

● Kornelkirsche; *Cornus mas* L.; Cornaceae Taf. 5 B, 36
F Cornouillier mâle   I Crognolo   E Corneliar cherry

MERKMALE: Strauch oder kleiner, bis 5 m hoher Baum, dicht bezweigt, Krone
rundlich und locker, junge Triebe grünlich, behaart, später kahl; Blätter
gegenständig, spitz eiförmig-elliptisch, 4–10 cm lang, oben glänzend,
beiderseits etwas behaart, unten besonders in den Nervenwinkeln; 3–5
Nervenpaare; Blüten klein, goldgelb, mit gelben Tragblättern, am alten
Holz, Februar-April; Früchte rot, länglich, 2 cm lang, eßbar, sauer.
VERBREITUNG: Mittel- u. S-Europa bis Kaukasus; trockene Laubwälder und
Gebüsche, Unterholz; in den Gärten sehr häufig als Heckenstrauch.
Arealkarte 21.
UNTERSCHEIDUNGSHILFE: Durch seine sehr frühe Blütezeit leicht zu erkennen,
ferner durch die schmalen, oben glänzenden Blätter und die großen roten
Früchte.

● **Haselnuß;** *Corylus avellana* L.; Corylaceae Taf. 8 E, 36
F Noisetier, Coudrier   I Nocciolo, Avellano   E European Hazel

MERKMALE: Hoher, vielstämmiger Strauch, mitunter 5–7 m hoher Baum, Stämme mehr oder weniger silbergrau, junge Triebe drüsig behaart; Blätter wechselständig, rundlich-breit eiförmig, mit kurzer Spitze, 5–10 cm lang, doppelt gesägt, mit 6–7 Nervenpaaren, beiderseits mehr oder weniger lang behaart, vor allem in der Jugend; männliche Blütenkätzchen 3–6 cm lang, gelb, Februar–April; weibliche Blüten unscheinbar, rot; Früchte die bekannten Haselnüsse, zu 1–4 beisammen, Reife Sept.–Okt.; Becherhülle kürzer als die Nuß, Lappen der Hülle gezähnt.

VERBREITUNG: Europa, in lichten Wäldern oder an Waldrändern. Arealkarte 22.

UNTERSCHEIDUNGSHILFE: Im Winter an den bereits fertig ausgebildeten Kätzchen zu erkennen; die ebenfalls kätzchentragenden Birken haben weiße Rinde; im Herbst durch Haselnüsse, während der übrigen Zeit durch die großen, meist behaarten, dünnen Blätter.

○ **Baum-Hasel;** *Corylus colurna* L.; Corylaceae Taf. 8 D, 30
F Noisetier en arbre   I Nocciolo mediterraneo   E Turkish Hazel

MERKMALE: Baum bis über 20 m hoch, mit schlankem, geradem Stamm und grauweißer, korkiger Rinde, Krone kegelförmig mit ansteigenden Ästen, junge Triebe drüsig behaart; Blätter breit-eiförmig, an der Spreitenbasis herzförmig, 8–12 cm lang, doppelt gesägt, oben dunkelgrün, unten heller und behaart; männliche Kätzchen bis 12 cm lang, Februar–März; Früchte in ballförmigen Knäueln, Hüllen tief zerschlitzt, Nüsse flach und sehr dickschalig, bis 2 cm lang, eßbar.

VERBREITUNG: SO-Europa bis Kleinasien. In Deutschland nicht selten als Park- und Straßenbaum. Arealkarte 23.

UNTERSCHEIDUNGSHILFE: Von der Haselnuß durch den stets baumartigen Wuchs und die korkige Rinde gut zu unterscheiden, ferner durch die größeren Blätter.

\# **Azarol-Dorn;** *Crataegus azarolus* L.; Rosaceae Taf. 18 E, 40
F Azérolier   I Azzeruolo   E Azarole

MERKMALE: Kleiner Baum oder hoher Strauch, 4–6 (–8) m, Wuchs sehr langsam, Triebe ganz ohne oder mit nur wenigen Dornen; Blätter ei-rhombisch, 3–7 cm lang, tief 3–5lappig, zuerst beiderseits behaart, zuletzt oben glänzendgrün, unten graugrün und behaart; Blüten weiß, in filzigen Doldentrauben, Mai; Früchte kugelig, bis 2 cm dick, ziegelrot bis orangerot, gelb oder fast weiß, Geschmack apfelartig.

VERBREITUNG: S-Europa (örtlich eingebürgert), wild auf Kreta; N-Afrika.

UNTERSCHEIDUNGSHILFE: Angepflanzte Bäume sind in Form und Größe sehr unterschiedlich; die Früchte sind meist rot oder orange und werden gegessen.

A Trompetenbaum, *Catalpa bignonioides* (S. 44); B Kornelkirsche, *Cornus mas* (S. 51); C Paulownie, *Paulownia tomentosa*, kleines Blatt (S. 74); D Buchsbaum, *Buxus sempervirens* (S. 44); E Granatapfel, *Punica granatum* (S. 86); F Baum-Heide, *Erica arborea* (S. 55); G Flieder, *Syringa vulgaris* (S. 108); H Gemeine Steinlinde, *Phillyrea latifolia* (S. 74); I Ölbaum, *Olea europaea*, Kulturpflanze! (S. 72); K Tamariske, *Tamarix gallica* (S. 110).

● **Gemeiner (Zweigriffeliger) Weißdorn**; *Crataegus laevigata* (Poir.) DC.
Rosaceae Taf. 11 F (= *C. oxyacantha* L.)
F Aubépine   I Biancospino   E Midland Hawthorn

MERKMALE: Meist nur Großstrauch, aber mitunter Baum 4–6 m hoch, im
   Aussehen sonst wie der Eingriffelige Weißdorn, Dornen etwa 2 cm lang;
   Blätter im Umriß eiförmig mit keilförmigem Grund, 2–5 cm lang, jederseits
   3–5lappig (also nicht eingeschnitten!), oben glänzendgrün; Blüten zu 8–10 in
   Doldentrauben, weiß, Mai–Juni, unangenehm riechend; Griffel stets 2–3
   (!!); Früchte rundlich-eiförmig, hochrot, 1 cm lang, mit 2–3 Steinen, die
   Kelchzipfel auf der Frucht aufrecht stehend (!).
VERBREITUNG: Europa, N-Afrika, jedoch im Süden seltener als die andere Art.
   – In Deutschland sehr häufig als Heckenstrauch, aber stets beide Arten
   gemischt vorkommend.
UNTERSCHEIDUNGSHILFE: Blätter nur gelappt, nicht tief eingeschnitten; Blüten
   mit 2–3 Griffeln, Früchte mit aufrechtstehenden Kelchzipfeln (bei der
   anderen Art zusammengeneigt!).

● **Eingriffeliger Weißdorn**; *Crataegus monogyna* Jacq.; Rosaceae Taf. 11 E
F Epine blanche   I Biancospino   E Common Hawthorn, May tree

MERKMALE: Zwar meist nur großer Strauch, doch auch alte Bäume nicht selten,
   diese 5–8 m hoch, Krone länglich-rund, Zweige kahl, mit etwa 2 cm langen
   Dornen; Blätter wechselständig, im Umriß eiförmig, an jeder Seite mit 3–7
   tiefen Einschnitten (!); Blüten weiß, in Doldentrauben, etwas unangenehm
   riechend, zwei Wochen später als der Gemeine Weißdorn; mit nur 1 Griffel
   (!); Früchte länglich-eiförmig, dunkelrot mit 1 Stein, Sept.–Okt.
VERBREITUNG: Europa bis Mittelmeergebiet; Hecken, Gebüsche, Waldränder,
   in der Ebene und im Mittelgebirge. Arealkarte 24.
UNTERSCHEIDUNGSHILFE: Tiefgelappte Blätter und Blüten mit nur 1 Griffel;
   Früchte mit nur 1 Stein.

⧺ **Kakipflaume**; *Diospyros kaki* L. Ebenaceae Taf. 15 C, 37
F Kaki   I Kaki   E Kaki, Chinese Persimmon

MERKMALE: Sommergrüner Baum, 6–12 m hoch, Krone ziemlich dicht, rund,
   junge Zweige bräunlich behaart; Blätter ei-elliptisch, 6–13 cm lang, oben
   dunkelgrün und glänzend, unten behaart; Blüten gelblich-weiß, doch
   unansehnlich, 3 cm breit, Juni; Früchte wie große Tomaten, doch orange bis
   gelbbraun, etwas bereift, kurz gestielt, mit großem, bleibendem Kelch;
   Fleisch orange, faserig, sehr süß und wohlschmeckend, mit schwarzen
   Samen, reif von Aug.–Nov.
UNTERSCHEIDUNGSHILFE: Beheimatet in China und Japan, aber im Mittelmeergebiet als Fruchtbaum nicht selten angepflanzt (nicht wild!).

○ **Ölweide;** *Elaeagnus angustifolia* L. Elaeagnaceae Taf. 6 B, 35, 37
F Chalef   I Olivo di Boemia   E Russian Olive

MERKMALE: Sommergrüner Baum oder nur hoher Strauch, bis 7 m hoch,
Zweige silbrig, oft dornig und stehend, junge Triebe silbrig beschuppt (!);
Blätter wechselständig, lanzettlich bis länglich, 4–8 cm lang, oben
stumpfgrün, unten silbrig beschuppt (!); Stiel 5–8 mm lang; Blüten
unscheinbar, gelblich-silbrig, röhrig, 1 cm lang, zu 1–3 an den unteren
Zweigenden, duftend, Juni; Früchte länglich, gelb, silberschuppig, mehlig,
süß.

VERBREITUNG: Eigentlich in W- und Mittel-Asien beheimatet, aber im ganzen
Mittelmeergebiet verbreitet, in Deutschland oft in Parks und Gärten, doch
hier weniger oft baumartig. Arealkarte 26.

UNTERSCHEIDUNGSHILFE: An der silbrigen Belaubung, den dornigen Zweigen
und silbrigen Früchten gut zu erkennen.

⌗ **Baum-Heide;** *Erica arborea* L. Ericaceae Taf. 5 F, 36
F Bruyère en arbre   I Erica, Scopa da ciocco   E Tree Heath

MERKMALE: Kleiner, immergrüner, fast nadelholzartig aussehender Baum,
3–5 m hoch, häufiger jedoch nur ein Strauch bis 3 m, junge Triebe behaart;
Blätter nadelförmig, in Quirlen zu 3, nur 3–4 mm lang; Blüten an kleinen
Seitentrieben, in rispenartigen Ständen von 20 bis 40 cm Länge, März–April,
die einzelnen Blätter glockig, etwa 4 mm lang, grauweiß, duftend.

VERBREITUNG: S-Europa, auf steinigen Böden in lichtem Gebüsch, oft als
Unterholz immergrüner Eichenwälder. Arealkarte 27.

UNTERSCHEIDUNGSHILFE: Einzige baumartig werdende Heide-Art Europas,
deshalb kaum zu verwechseln.

⌗□ **Rotgummibaum;** *Eucalyptus camalduensis* Dehnh.; Myrtaceae Taf. 22 A,
40 (= *Eucalyptus rostrata* Schlecht.)
F Eucalyptus rouge   I Eucalitto rostrato   E Red River Gum

MERKMALE: Breiter, bis 15 m hoher Baum, Rinde glatt, grauweiß, ablösend;
Jugendblätter schmal bis breit lanzettlich, 6–9 cm lang, 2,5–4 cm breit,
blaugrün; Altersblätter lanzettlich, 12–22 cm lang, 8–15 mm breit, dünn,
lang zugespitzt; Blüten zu 5–10 in Dolden; Früchte halbkugelig, 7–8 mm
lang.

VERBREITUNG: Australien, aber im Mittelmeerraum angepflanzt.

UNTERSCHEIDUNGSHILFE: Die grauweiße Rinde und die kleinen, halbkugeligen
Früchte.

＃ Blaugummibaum; *Eucalyptus globulus* Labill. Myrtaceae Taf. 15 A, 37
F Eucalyptus   I Eucalitto blu   E Blue Gum

MERKMALE: Immergrüner Baum, in seiner Heimat bis 60 m, in Europa nur
selten höher als 30 m, Krone sehr locker, Zweige dünn belaubt, Rinde grau,
in langen Streifen abfasernd, darunter Stamm glatt und bläulichgrau; Blätter
sehr junger Bäume gegenständig (!), sitzend, blaugrün, bei älteren Bäumen
jedoch wechselständig, lanzettlich, dunkelgrün, 10–30 cm lang und hängend; Blüten zu 1–3, sitzend, weiß, Juni–November.
VERBREITUNG: Ursprünglich in SO-Tasmanien (Australien) zu Hause, aber in
S-Europa bereits in größerem Maße forstlich angebaut und daher nicht
selten. Länder mit Eucalyptus-Anbau in Europa siehe Arealkarte 28.
UNTERSCHEIDUNGSHILFE: Ganze Pflanze stark nach „Eucalyptus" duftend,
wenn gerieben.

＃□ Eucalyptus robusta; *Eucalyptus robusta* Sm.; Myrtaceae Taf. 22 C
F Eucalyptus robuste   I Eucalitto robusto   E Swamp Mahogany

MERKMALE: Mittelhoher Baum mit rauher, faseriger, bleibender Rinde; Blätter
wechselständig, Jugendblätter breit lanzettlich bis mehr elliptisch, bis 11 cm
lang und 7 cm breit, Altersblätter breit lanzettlich, 10–18 cm lang, 4–8 cm
breit, lang zugespitzt; Blüten zu 5–10 beisammen in Dolden; Frucht
krugförmig, 12–15 mm lang.
VERBREITUNG: O-Australien; angepflanzt besonders in S-Frankreich, Italien,
Sardinien, Spanien, Portugal.
UNTERSCHEIDUNGSHILFE: Die rauhe, faserige, bleibende Rinde und die
krugförmigen Früchte.

＃□ Weißer Gummibaum; *Eucalyptus viminalis* Labill.; Myrtaceae Taf. 22 B
F Gommier blanc   I Eucalitto bianco   E Ribbon Gum

MERKMALE: Großer Baum, Rinde im untersten Stammteil borkig bleibend,
darüber gelblichweiß und in langen Streifen ablösend, oft lose von den Ästen
herabhängend; Blätter wechselständig, Jugendblätter sitzend, eiförmig,
mehr oder weniger stengelumfassend, 5–10 cm lang, 1,5–3 cm breit,
hellgrün; Altersblätter lanzettlich, lang zugespitzt, 11–18 cm lang, 1,5–2 cm
breit, blaßgrün; Blüten zu 3 in Dolden, Früchte kugelig, 7–8 mm dick.
VERBREITUNG: SO-Australien, Tasmanien; in Europa angepflanzt in S-Frankreich, Spanien, Sizilien, Korsika, Rumänien, Irland, Schottland.
UNTERSCHEIDUNGSHILFE: Die Rinde scheidet ein „Manna" aus, das in
Australien von den Eingeborenen gegessen wird; sitzende Früchte zu 3
beisammen.

25. Diospyros kaki (Kulturgrenze in Europa)

26. Elaeagnus angustifolia
= spontan
k u l t i v i e r t
subspontan
s u b s p o n t a n

27. Erica arborea

28. Europäische Länder mit Eucalyptus-Anbau

29. Fagus silvatica

30. Fagus orientalis

○ **Balkan-Buche;** *Fagus moesiaca* (Maly) Czezott.; Fagaceae
Diese Buche gibt es vor allem dort, wo die Verbreitungsgebiete der heimischen Rot-Buche und der Orient-Buche *(Fagus orientalis)* sich überdecken.
MERKMALE: Hoher Baum; Blätter groß bis mittelgroß, dünn bis derb lederig, eirund bis obovat oder breit lanzettlich, meist in der Mitte am breitesten, ganzrandig bis mehr oder weniger grob gezähnt, mit 5–12 (meist 9) Nervenpaaren, Basis meist breitkeilig; meist lang gestielt, Stiel seidig behaart; Früchte (Bucheckern) 11–17 mm lang; Anhängsel der Fruchtbecher länger und weicher als bei der Rot-Buche.
VERBREITUNG: Zentraler und westlicher Balkan, besonders im Gebirge (Velebits, Biokova, Orjev und Lovcen in Jugoslawien) bis fast zur Adria-Küste.
UNTERSCHEIDUNGSHILFE: Die Blätter mit 5–12 Nervenpaaren, meist derb und oft am Rand grob gezähnt.

● **Rot-Buche;** *Fagus silvatica* L. Fagaceae Taf. 12 G, 38
F Hêtre, Fayard   I Faggio   E Beech

MERKMALE: Heimischer Baum, bis 30 m hoch, Borke glatt, grau, Krone hoch gewölbt; Winterknospen sehr lang und spitz, braun; Blätter wechselständig, elliptisch, 5–10 cm lang, oben frischgrün, unten heller, im Herbst gelb bis hellbraun, mit 5–9 Nervenpaaren; Früchte die bekannten Bucheckern.
UNTERSCHEIDUNGSHILFE: Die Rot-Buche hat grüne (!) Blätter, jedoch rötliches Holz; die Blut-Buche, eine Gartenform, hat dunkelrote Blätter; die Weißbuche (vergl. S. 43) hat viel schmälere Blätter mit 12–14 Nervenpaaren, gestreifte Rinde und weißes Holz.
VERBREITUNG: Mitteleuropa bis Kaukasus; in Bulgarien tritt schon die Orientalische Buche *(Fagus orientalis* Lipsky) auf. Die Übergangsform zwischen beiden Arten, die in Jugoslawien vorkommt, wird als *Fagus moesiaca* (Maly) Czeczott bezeichnet. Arealkarte 29 und 30.

⧉ **Feige;** *Ficus carica* L. Moraceae Taf. 16 B, 35, 38
F Figuier commun   I Fico   E Fig-tree

MERKMALE: Sommergrüner, kleiner Baum oder Strauch, Zweige dick, glatt, Rinde grau, Krone eiförmig oder auch halbkugelig, vielästig; Blätter wechselständig, handförmig 3–5lappig, 10–20 cm lang und breit, tiefgrün, oben rauh, unten weich behaart; Früchte die bekannten Feigen, grünlich, bräunlich oder violett, zumeist 3mal jährlich fruchtend. – Wildwachsende Feigen sind entweder männlich oder weiblich; zur Fruchtbildung wird von einer Gallwespe der Blütenstaub der männlichen Bäume (in dessen Blütenbecher die Gallwespe ihre Eier ablegt) auf die weiblichen Bäume übertragen. Bei den Kulturfeigen ist die Mitwirkung der Wespe nicht mehr erforderlich.
VERBREITUNG: Ursprünglich nur im östlichen Mittelmeergebiet, doch heute von den Kanarischen Inseln bis Syrien und Persien angebaut und verwildert, angebaut vor allem in Italien, Türkei, Griechenland, Algier. Arealkarte 31. – Jederzeit leicht zu erkennen.

A Mispel, *Mespilus germanica* (S. 70); B Ölweide, *Elaeagnus augustifolia* (S. 55); C Sanddorn, *Hippophae rhamnoides* (S. 62); D Holz-Apfel, *Malus silvestris* (S. 68); E Johannis-Apfel, *Malus pumila* (S. 68); F Reif-Weide, *Salix daphnoides* (S. 100); G Bruch-Weide, *Salix fragilis* (S. 100); H Weiß-Weide, *Salix alba* (S. 99); I Lorbeer-Weide, *Salix pentandra* (S. 82); K Sal-Weide, *Salix caprea* (S. 81); L Trauer-Weide, *Salix babylonica* (S. 100); M Trauer(weiß)-Weide, *Salix alba „Tristis"* (S. 99).

○ **Südliche Esche;** *Fraxinus angustifolia* Vahl Oleaceae Taf. 1 E, 39
(= *F. oxycarpa* Willd.)
F Frêne de Sud   I Frassino del sud   F Southern Ash

MERKMALE: Baum bis 25 m hoch, junge Triebe kahl, Winterknospen dunkelbraun, Blätter gefiedert, 15–20 cm lang, mit 7–13 Blättchen, diese sitzend,
länglich-lanzettlich, 3–7 cm lang, zugespitzt, Basis keilförmig, Rand entfernt und scharf gesägt, oben tiefgrün, unten heller und kahl oder etwas
behaart, Blattspindel mit oberseits geschlossener, nur an den Knospen
geöffneter Furche; Blüten in kleinen Trauben; Früchte elliptisch-länglich bis
oblanzettlich, 3–4 cm lang, Basis abgerundet.
VERBREITUNG: S-Europa, N-Afrika. Arealkarte 34 (als. *Frax. oxycarpa*).
UNTERSCHEIDUNGSHILFE: Winterknospen rotbraun; Blättchen länglich-lanzettlich, viel schmaler und kleiner als bei der heimischen Esche.

● **Gemeine Esche;** *Fraxinus excelsior* L. Oleaceae Taf. 1 D, 38
F Frêne commun   I Frassino   E Common Ash

MERKMALE: Hoher Baum, bis 40 m, Stamm gerade, oft bis zur höchsten Spitze
gehend, Rinde feinrissig, grau, Zweige graugrün, kahl, Winterknospen
schwarz (!); Blätter gegenständig, 25–30 cm lang, unpaarig gefiedert, mit
7–11 eiförmig-länglichen Blättchen, diese bis 10 cm lang, gesägt, oben
dunkelgrün, unten heller, meist kahl, im Austrieb entweder grün oder auch
violettbraun, im Herbst gelb; Blüten unscheinbar, in rispenartigen Büscheln,
mit dunkelroten bis violetten Staubbeuteln, April–Mai. Früchte lanzettlich,
geflügelt, bis 4 cm lang.
UNTERSCHEIDUNGSHILFE: Die Südliche Esche hat rotbraune Winterknospen;
andere europäische Bäume mit Fiederblättern haben weder Flügelfrüchte
noch gegenständige Blätter.
VERBREITUNG: Ganz Europa, Kaukasus, meist auf frischen Böden, Auewäldern, Niederungen, Ebenen, meist einzeln oder verstreut vorkommend.
Arealkarte 32.

○ **Blumen-Esche;** *Fraxinus ornus* L.; Oleaceae Taf. 1 C, 38
F Frêne à fleurs   I Orno, Ornello   E Flowering Ash

MERKMALE: Kleiner Baum, kaum höher als 6–8 m, Krone ziemlich kugelig,
dicht, Zweige grau, glatt, Winterknospen graufilzig (!); Blätter gegenständig,
15–20 cm lang, mit meist 7–11 Fiederblättchen, diese eiförmig-länglich,
3–7 cm lang, das Endblättchen obovat, unregelmäßig gesägt, oben dunkelgrün, unten heller; Blüten erst nach völliger Entfaltung der Blätter, in dichten
endständigen 10 cm langen und breiten Rispen, weiß, duftend, Mai–Juni,
Flügelfrüchte schmal, nur 2,5 cm lang.
UNTERSCHEIDUNGSHILFE: Gegenständige Blätter, weiße duftende Blüten nach
völliger Laubentfaltung; nur in S-Europa wild.
VERBREITUNG: S-Europa, Kleinasien, sonnige, trockene Hänge vor
Bergwäldern, auch bestandbildend. In Mittel-Europa verbreiteter Parkbaum.

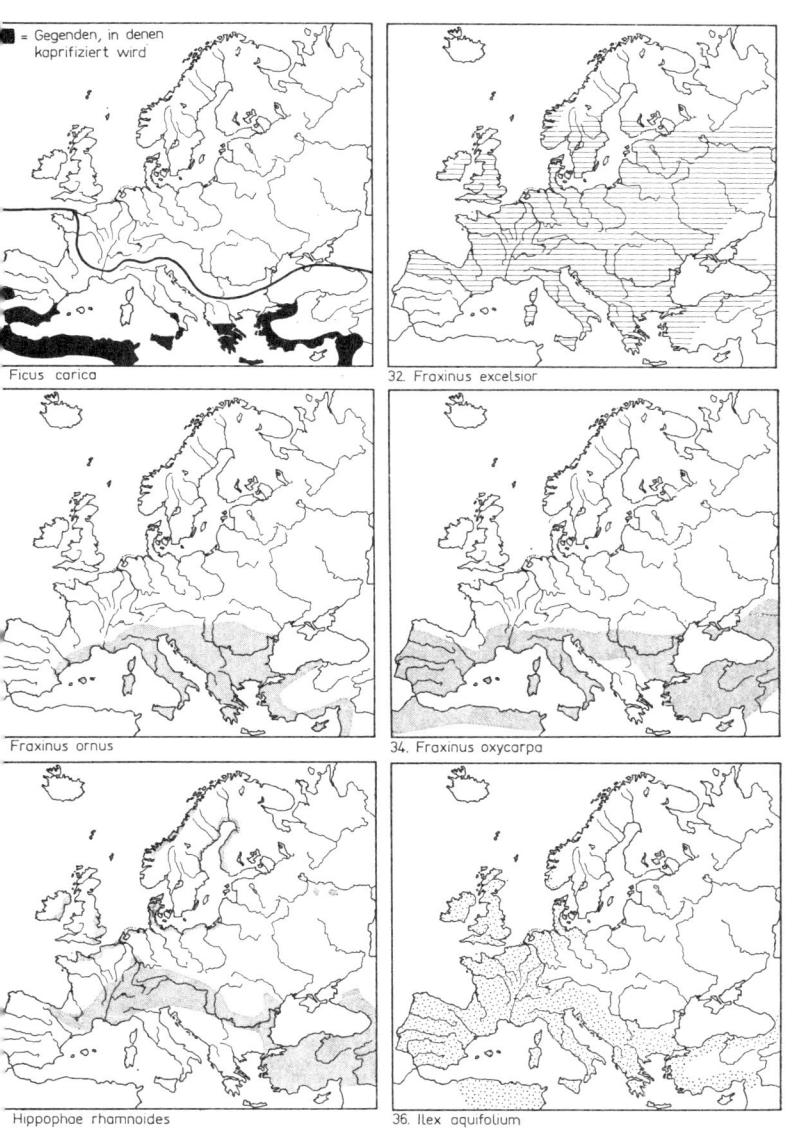

= Gegenden, in denen
kaprifiziert wird

Ficus carica

32. Fraxinus excelsior

Fraxinus ornus

34. Fraxinus oxycarpa

Hippophae rhamnoides

36. Ilex aquifolium

☐ **Gleditschie** („**Christusdorn**"); *Gleditsia triacanthos* L. Leguminosae
Taf. 2 B, 39; Farbtafel II
F Févier   I Spino di Giuda   E Honeylocust

MERKMALE: Sommergrüner Baum, bis 20 m hoch, Stamm gerade, Äste schön
verteilt, Rinde glatt, mit mehr oder weniger zahlreichen, verzweigten
rotbraunen, 3–8 cm langen Dornen (!!); Blätter wechselständig einfach oder
doppelt gefiedert, die einzelnen Blättchen eilänglich, 2–3 cm lang, hellgrün,
im Herbst goldgelb; Blüten grünlich, in 5–7 cm langen Trauben, Juni–Juli;
Früchte sichelförmig gekrümmt, oft auch spiralig gedreht, braun, 20–30 cm
lang (!).
VERBREITUNG: Heimat N-Amerika, jedoch in Mittel- und S-Europa häufiger
Park- und Straßenbaum, seltener verwildert vorkommend.
UNTERSCHEIDUNGSHILFE: Meist doppelt gefiedert, sehr zierliche und hellgrüne
Blätter, Stamm mit sehr langen Dornen; Früchte sehr lang und spiralig
gedreht.

● **Sanddorn**; *Hippophae rhamnoides* L. Elaeagnaceae Taf. 6 C, 39
F Argousier   I Olivello spinoso   E Sea Buckthorn

MERKMALE: Sommergrüner, kleiner Baum, bis 5 m, selten höher, oft nur
Strauch, Wuchs sehr sparrig, Zweige dornig, junge Triebe silbergrau
beschuppt, an der Basis der Pflanzen oft Wurzelausläufer; Blätter sehr
schmal, lineallanzettlich, 5–7 cm lang, an jungen Pflanzen auch länger,
beiderseits metallisch silbrig glänzend; Blüten unscheinbar, zweihäusig (!),
braun, März–April, vor den Blättern; Früchte eirundlich, 6–8 mm lang,
orange, sehr sauer, eßbar (sehr vitaminreich!), reifend im August.
VERBREITUNG: Europa bis Kaukasus, von der Ebene bis ins Hochgebirge
gehend, vor allem an den Küsten und im Hochgebirge am Ufer der größeren
Flüsse. Arealkarte 35.
UNTERSCHEIDUNGSHILFE: Silbergrau belaubte, sehr sparrige und dornige
Sträucher oder kleine Bäume, teilweise ohne Früchte (männlich!) oder sehr
reich mit Früchten besetzt (weiblich!).

● **Stechpalme, Hülse;** *Ilex aquifolium* L. Aquifoliaceae Taf. 14 C, 39
F Houx   I Agrifoglio   E Holly

MERKMALE: Immergrüner kleiner Baum, bei uns selten höher als 8 m, meist
nur großer Strauch, Krone kegelförmig, Stamm glatt, grau, junge Triebe
grün, kahl; Blätter wechselständig, derb ledrig, eiförmig bis lanzettlich
Rand wellig und dornig, doch an sehr alten Pflanzen mehr oder weniger
ganzrandig; Blüten zweihäusig, klein, weiß, achselständig, Mai–Juni;
Früchte kugelig, erbsengroß, hochrot, von September bis März an der
Pflanze haftend.
VERBREITUNG: W-, Mittel- und S-Europa, Kleinasien, Wälder, Gebüsch, auf
frischen Böden. Arealkarte 36.
UNTERSCHEIDUNGSHILFE: Durch die grobgezähnten, dornigen Blätter nicht zu
verwechseln, vor allem nicht im Fruchtschmuck. – In den Gärten auch
Pflanzen mit abweichend geformten Blättern.

5 cm

A Flatter-Ulme, *Ulmus laevis* (S. 115); B Berg-Ulme, *Ulmus glabra* (S. 114); C Englische Ulme, *Ulmus procera* (S. 115); D Feld-Ulme, *Ulmus minor* (= *U. plotii* Druce) (S. 115); E Zelkove, *Zelkova carpinifolia* (S. 116); F Hopfenbuche, *Ostrya carpinifolia*, mit Frucht (S. 72); G Weißbuche, *Carpinus betulus*, mit 2 Früchten (S. 43); H Orient-Weißbuche, *Carpinus orientalis* (S. 43); I Zürgelbaum, *Celtis australis* (S. 44); K Abendländ. Zürgelbaum, *Celtis occidentalis* (S. 44).

☐ **Schwarznuß;** *Juglans nigra* L Juglandaceae Taf. 2 C, 40
F Noyer noir   I Noce nero americano   E Black Walnut

MERKMALE: Baum bis 50 m, mit starkem, geradem Stamm, runder Krone und
starken Ästen, Borke tiefrissig, junge Triebe behaart; Blätter gefiedert,
wechselständig, mit strengem Geruch, 30–60 cm lang; mit 15–23 Blättchen,
diese eiförmig bis lanzettlich, 6–12 cm lang, unregelmäßig gesägt, oben kahl
und etwas glänzend, unten behaart und drüsig (!); Blüten unscheinbar;
Früchte kugelig, 4–5 cm dick, meist zu 2–3 beisammen, Schale rauh und sehr
dick; Nuß etwa 3 cm dick, grob gefurcht, sehr dickschalig.

VERBREITUNG: N-Amerika; bei uns als Parkbaum nicht selten, mitunter in sehr
großen Exemplaren; gelegentlich auch forstlich angepflanzt.

UNTERSCHEIDUNGSHILFE: Längs angeschnittene Jungtriebe zeigen schokola-
denbraunes Mark (!); Blätter mit sehr vielen Fiedern, streng aromatisch
riechend, Endblättchen fast immer fehlend (!!); Früchte kugelig mit sehr
harten Nüssen.

○ **Walnußbaum;** *Juglans regia* L. Juglandaceae Taf. 9 B, 40
F Noyer commun   I Noce comune   E Walnut

MERKMALE: Bis 30 m hoher Baum, doch meist nicht über 10–12 m hoch und
breit, Krone kugelig, locker ausladend, Stamm mit silbergrauer, erst im
hohen Alter rissiger Borke, junge Triebe grün, kahl; Blätter unpaarig
gefiedert, aromatisch, 20–30 cm lang, mit 5–9 elliptischen, fast ganzrandigen, 6–12 cm langen Blättchen, kahl; männliche Blütenkätzchen etwa 10 cm
lang, Mai, weibliche Blüten sehr klein, rot; Früchte die bekannten Walnüsse,
4–5 cm lang, dünnschalig.

VERBREITUNG: Beheimatet im Balkan, doch von dort aus schon früh nach W-
und Mittel-Europa verbreitet. Bei uns nur angebaut; verwildert nur in S- und
SO-Europa. Arealkarte 37.

UNTERSCHEIDUNGSHILFE: Dürfte kaum zu verwechseln sein.

○ **Alpen-Goldregen;** *Laburnum alpinum* (Mill.) Bercht. u. Presl Leguminosae
Taf. 3 B
F Cytise des Alpes   I Laburno di monte   E Scotch Laburnum

MERKMALE: Sommergrüner Großstrauch oder kleiner Baum, nur selten über
5 m hoch, aufrecht, Äste übergebogen, Triebe ganz kahl, gelblichgrün (!),
Blätter 3zählig, die Fiederblättchen elliptisch-länglich, 4 bis 7 cm lang,
hellgrün, ziemlich kahl, nur Mittelnerv unterseits behaart; Blüten in dichten
(!); 20–30 cm langen, hängenden Trauben, kahl, duftend (!), die einzelnen
Blüten 2 cm lang, gelb, Juni; Fruchthülsen bis 6 cm lang, mehrsamig,
messerartig gekielt (!).

VERBREITUNG: S-Europa, Alpen. Arealkarte 38. – In den Gärten nicht so
häufig.

UNTERSCHEIDUNGSHILFE: Dicke, kahle, gelbgrüne Jahrestriebe; lange hellgelbe, duftende Blüten; messerartig gekielte Fruchthülsen. – Nicht zu
verwechseln mit der in den Parks und Gärten noch häufigeren Laburnum
watereri ,Vossii' mit bis 40 cm langen Blütentrauben und Fruchthülsen mit
nur 1–2 Samen (!!).

Schmucktanne – *Araucaria araucana*,
häufig in Parks von Süd- und West-Europa
(Text S. 122)

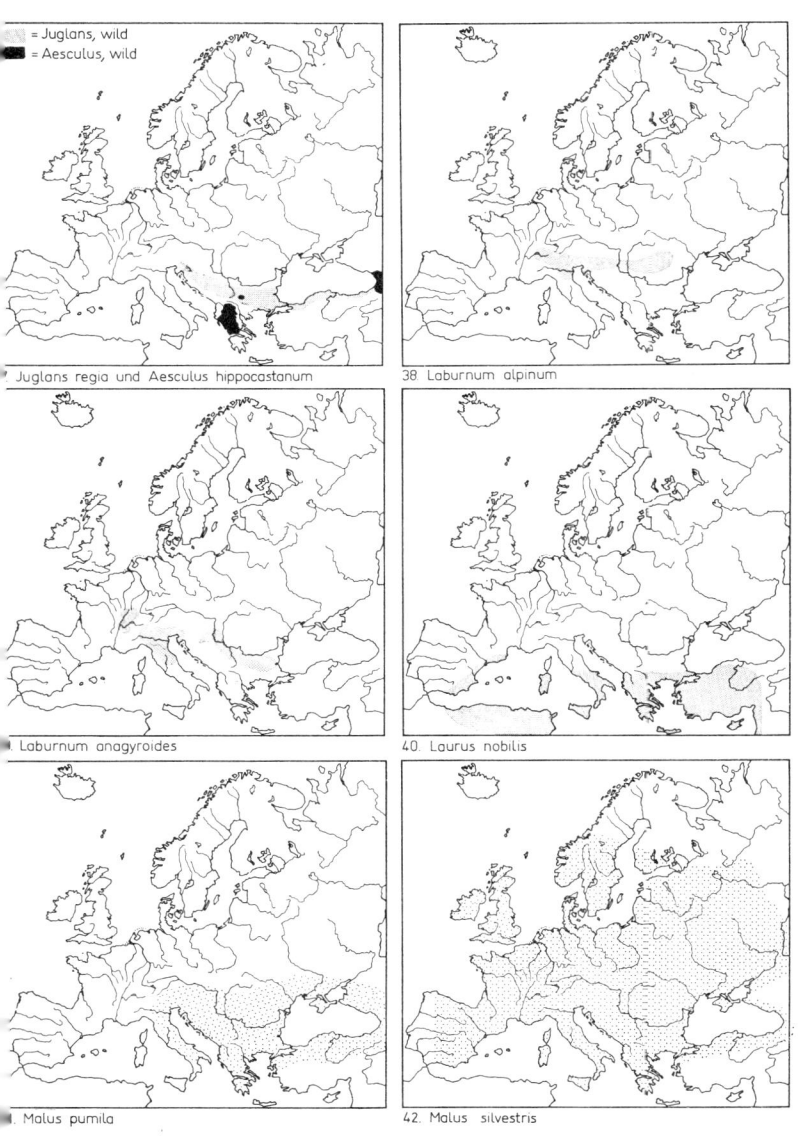

= Juglans, wild
= Aesculus, wild

37. Juglans regia und Aesculus hippocastanum

38. Laburnum alpinum

39. Laburnum anagyroides

40. Laurus nobilis

41. Malus pumila

42. Malus silvestris

○ **Gemeiner Goldregen;** *Laburnum anagyroides* Med. Leguminosae Taf. 3 A, 41, Farbtafel V

F Faux ébénier, Laburne   I Laburno, Maggiociondolo   E Golden Rain

MERKMALE: Sommergrüner kleiner Baum, mitunter bis 9 m hoch, Triebe mehr rutenförmig, graugrün und angedrückt behaart (!); Blätter 3zählig, Blättchen elliptisch-länglich, 3–8 cm lang, unten graugrün und anliegend behaart (!); Blüten in lockeren, 10–15 cm langen, hängenden Trauben, behaart, nicht duftend, Mai–Juni; die einzelnen Blüten ziemlich dunkelgelb; Hülsen bis 8 cm lang, schmal, mit vielen Samen, obere Naht scharf, doch nur schmal (!) und nicht messerartig.

VERBREITUNG: S-Frankreich bis Rumänien, auch in S-Deutschland; in den Gärten viel häufiger als der Alpen-Goldregen. Arealkarte 39.

UNTERSCHEIDUNGSHILFE: Wuchs höher als beim Alpen-Goldregen, Zweige dünner, behaart; Blütentrauben viel kürzer, Blüten dunkler, ohne Duft.

✶ **Lorbeer;** *Laurus nobilis* L. Lauraceae Taf. 15 G, 41

F Laurier à sauce   I Lauro, Alloro   E Sweet Bay, Laurel

MERKMALE: Immergrüner, aromatischer Strauch oder Baum, in seiner Heimat Großstrauch oder auch kleiner Baum, doch nur selten höher als 6–8 m, Krone mehr oder weniger kegelförmig, dicht beblättert, junge Triebe mit schwarzroter Rinde, kahl; Blätter schmal elliptisch, nach beiden Enden spitz, 5–10 cm lang, Rand wellig, oben glänzend dunkelgrün angenehm aromatisch; Blüten klein, grünlichgelb, in achselständigen Büscheln, März; Früchte kugelig, schwarz, glänzend.

VERBREITUNG: Im ganzen Mittelmeergebiet zu finden, doch ursprünglich in Kleinasien beheimatet. Sehr häufig in südlichen Parks angepflanzt und dort baumartig. Arealkarte 40.

UNTERSCHEIDUNGSHILFE: Am typischen Lorbeerduft leicht kenntlich.

□ **Amberbaum;** *Liquidambar styraciflua* L. Hamamelidaceae Taf. 16 A, 41

F Copalme   I Nocino d'America   E Sweetgum

MERKMALE: Sommergrüner, hoher Baum, in seiner Heimat bis 45 m hoch, in Europa nur selten höher als 10 m, Zweige rotbraun, meist mit Korkleisten (!) Krone ziemlich kegelförmig, Hauptäste waagerecht; Blätter handförmig gelappt, mit 5–7 Lappen, 12–15 cm breit, die Lappen dreieckig, fein gesägt, oben glänzendgrün, unten heller, kahl, Herbstfärbung oft prachtvoll karmin; Blüten sehr klein, grünlich, in 2 cm dicken Kugelköpfchen, März–Mai.

VERBREITUNG: Nord-Amerika, südliches Illinois bis O-Texas; in Europa als Parkbaum weit verbreitet, auch in Deutschland.

UNTERSCHEIDUNGSHILFE: Blätter fast „sternförmig", gerieben angenehm duftend, wechselständig (bei Ahorn gegenständig) und junge Triebe mit Korkleisten.

☐ **Tulpenbaum;** *Liriodendron tulipifera* L. Magnoliaceae Taf. 14 D, 41
F Tulpier   I Tulipifero americano   E Tulip Tree

MERKMALE: Großer, pappelartiger Baum, in seiner Heimat 40 m hoch oder
höher, in Europa etwas niedriger, Krone ausgebreitet oder kegelförmig,
Stämme mit tiefrissiger Borke, junge Triebe leicht bereift (!), Blätter im
Umriß fast 4eckig, 4–10 cm lang und breit, an jeder Seite mit 1–2 Lappen,
oben dunkelgrün, unten heller bis bläulich, das jüngste Blatt stets von den
Nebenblättern tütenförmig eingeschlossen (!); Blüten tulpenförmig, grün-
lichgelb (!) mit orange, 4–5 cm lang, nur an älteren Bäumen zu finden,
Mai–Juni; Früchte fast wie Koniferenzapfen aussehend, 6–8 cm lang.
VERBREITUNG: Nord-Amerika, Massachusetts bis Wisconsin, südlich bis
Florida und Mississippi; in unseren Parks sehr häufiger Baum.
UNTERSCHEIDUNGSHILFE: Nicht mit Magnolien zu verwechseln, die im
Volksmunde „Tulpenbaum" genannt werden und weiße oder rosa Blüten
haben, völlig andere Blätter und Früchte und nie die Größe des Tulpenbau-
mes erreichen.

☐ **Osagedorn;** *Maclura pomifera* (Raf.) Schneid.; Moraceae Taf. 20 A
(= *M. aurantiaca* Nutt.)
F Oranger des osages, Bois d'arc   I Maclura   E Osage Orange, Bowwood

MERKMALE: Sommergrüner, hoher Baum mit lockerer Krone, Zweige olivgrün,
dornig; Blätter mit Milchsaft, wechselständig, eiförmig, zugespitzt, 5–12 cm
lang, ganzrandig, oben glänzend; Blüten 2häusig, unscheinbar, in kurzen
Köpfchen oder kleinen Ähren; Frucht kugelig, 8–14 cm dick, hart,
apfelsinenartig aussehend, gelborange, nicht eßbar.
VERBREITUNG: Heimat N-Amerika, in S-Europa aber oft als Hecke gepflanzt
und eingebürgert, so in Italien, Rumänien, auf der Krim; forstlich
angepflanzt in Jugoslawien.
UNTERSCHEIDUNGSHILFE: Die dornigen Zweige, Blätter mit Milchsaft und die
apfelsinenartigen, harten, stark runzeligen Früchte.

#☐ **Immergrüne Magnolie;** *Magnolia grandiflora* L. Magnoliaceae
Taf. 14 B, 42
F Magnolia d'Amerique   I Magnolia americana   E Bull-bay, Southern Magnolia

MERKMALE: Immergrüner, schmaler Baum, bis 25 m hoch, oft vom Boden aus
schön kegelförmig, junge Triebe und Knospen braunfilzig; Blätter spitz
elliptisch, 12–20 cm lang, oben glänzend dunkelgrün, unten meist (nicht
immer!) zimtbraun, derb lederig, im 2. Jahr abfallend; Blüten einzeln
duftend, bis 20 cm breit, rahmweiß, mit 6 Blütenblättern, Mai–August,
duftend; Früchte zapfenartig, bis 10 cm lang, braun.
VERBREITUNG: Südöstl. Nord-Amerika; in den milderen Gegenden Europas
überall in Parks und Gärten zu finden, im Mittelmeergebiet sehr oft als hohe
Bäume; in Deutschland nicht winterfest.
UNTERSCHEIDUNGSHILFE: An den sehr großen, stark glänzenden, unterseits
meist zimtbraunen Blättern und riesigen weißen Blüten gut zu erkennen.

○ **Magnolie;** *Magnolia soulangiana* Soul.-Bod. Magnoliaceae Taf. 14 A, 42
F Magnolia   I Magnolia   E Magnolia

MERKMALE: Sommergrüner, mehrstämmiger Großstrauch oder kleiner Baum, bis 5 m hoch und breit, gelegentlich auch größer, untere Zweige horizontal ausgebreitet; Blätter obovat bis mehr elliptisch, 10–15 cm lang, unterseits mehr oder weniger behaart; Blüten aufrecht, glockig, vor den Blättern erscheinend (!!), weiß bis rosa, etwa 10–15 cm lang, März–Mai, überreich blühend.
VERBREITUNG: Gartenpflanze, wild nicht vorkommend, künstlich erzogen aus einer Kreuzung von *Magnolia denudata* × *m. liliiflora*. Außerordentlich verbreitet in Gärten und Parks in ganz Europa, ausgenommen den kalten Gebieten.
UNTERSCHEIDUNGSHILFE: Dies ist die großblumige, meist überreich blühende Magnolie unserer Gärten und Parks, vom Volksmund fälschlich als „Tulpenbaum" bezeichnet. Gärtnerisch werden eine Reihe von Formen unterschieden. Blüten vor den Blättern (!).

○ **Johannis-Apfel;** *Malus pumila* Mill. Rosaceae Taf. 6 E, 42
F Pommier Commun   I Melo comune   E Crab-apple

MERKMALE: Sommergrüner, kurzstämmiger Baum, 5–7 m hoch, gelegentlich auch höher, ziemlich locker beastet, Zweige in der Regel dornenlos (!), junge Triebe etwas filzig; Blätter elliptisch bis eiförmig, 4–10 cm lang, kerbig gesägt, beiderseits behaart, oberseits später kahl; Blüten weiß, außen rosa überlaufen, April; Früchte kugelig, 2–6 cm dick, reif gelbgrün, süßlich (!), nicht holzig, schon im Juli reif (Johanni = 24. Juni).
VERBREITUNG: Europa (verwildert?), Kleinasien, besonders Kaukasus. Areal-karte 41.
UNTERSCHEIDUNGSHILFE: Wild-Apfel mit großen Blättern und unbedornten Zweigen, im Aussehen sehr an unsere Obstäpfel erinnernd.

● **Holz-Apfel; Wild-Apfel;** *Malus silvestris* (L.) Mill. Rosaceae Taf. 6 D, 42
F Pommier sauvage   I Melo selvatico   E Wild Crab

MERKMALE: Baum oder nur Strauch, bis 7 m hoch, Kurztriebe mehr oder minder verdornend (!!), Laubknospen wollig; Blätter mehr eirundlich, kerbig gesägt, 4–8 cm lang, fast kahl oder nur schwach behaart; Blüten rosaweiß, Blütenstiele kahl, April–Mai; Früchte kugelig, gelbgrün mit roter Backe, herbsauer und holzig, Stiel kürzer als die Frucht, spät reifend.
VERBREITUNG: Europa bis Vorderasien (Süd- und Ost-Grenze noch nicht genau bekannt) in Wäldern und Gebüschen. Arealkarte 42.
UNTERSCHEIDUNGSHILFE: Dichtkroniger Baum, dornig bezweigt, Blätter klein, kaum behaart; Früchte sehr herb und holzig.

A Schwarz-Erle, *Alnus glutinosa* (S. 38); B Weiß-Erle, *Alnus incana* (S. 38); C Neapolitanische Erle, *Alnus cordata* (S. 38); D Baum-Hasel, *Corylus colurna* (S. 52); E Haselnuß-Strauch, *Corylus avellana* (S. 52); F Moor-Birke, *Betula pubescens* (S. 40); G Sand-Birke, *Betula verrucosa* (S. 42).

● **Mispel;** *Mespilus germanica* L. Rosaceae Taf. 6 A, 43
F Néflier   I Nespolo   E Medlar

MERKMALE: Kleiner Baum oder nur Strauch, 2–5 m hoch und breit, Borke
  abblätternd (ähnlich wie beim Apfelbaum), junge Rinde grau, glänzend;
  Zweige beim wilden oder verwilderten Baum mit einzelnen geraden Dornen
  (bei Kulturpflanzen meist ohne Dornen!); Blätter wechselständig, länglich-
  lanzettlich, 6–12 cm lang, unterseits filzig, Rand drüsig und fein gesägt,
  Herbstfärbung gelb und rotbaun, Stiel ganz kurz; Blüten zu 1–2, weiß,
  4–5 cm breit, Mai–Juni; Frucht kreiselförmig, zuerst braungrün, später
  braun, mit 5 großen, bleibenden, blattartigen Kelchzipfeln, 1–3 cm dick,
  eßbar.
VERBREITUNG: SO-Europa, Kaukasus; im größten Teil Europas (ausgenommen
  im höheren Norden), verwildert oder kultiviert. Die Bezeichnung „germanica" ist irreführend, denn der Baum ist nicht in Deutschland beheimatet.
  Arealkarte 43.
UNTERSCHEIDUNGSHILFE: Aussehen weißdornartig, aber schmale, unten filzige
  Blätter, spät erscheinende Blüten und die kreiselförmigen, nach Frosteinwir-
  kung eßbaren, süßen Früchte.

☐ **Weißer Maulbeerbaum;** *Morus alba* L. Moraceae Taf. 14 F, 43
F Mûrier blanc   I Moro, Gelso   E White Mulberry

MERKMALE: Mittelgroßer Baum, 7–10 m hoch oder höher, Stamm graubraun,
  Krone locker, rundlich, sparrig verästelt; junge Triebe kahl oder behaart,
  grau bis graugelb; Blätter breiteiförmig, 6–12 cm lang, sehr verschiedenartig
  gelappt, grob gekerbt, Basis herzförmig, hellgrün; Blüten unscheinbar, ein-
  oder zweihäusig, Mai; Früchte wie lange schmale Brombeeren, weiß bis
  dunkelrot oder schwarz, an 1–2,5 cm langem Stiel, süß-fade, eßbar, im Juni
  reif.
VERBREITUNG: In ganz Europa, ausgenommen in den kälteren Gebieten, in
  Kultur, jedoch im Gebiet von N-Indien und Zentralasien beheimatet.
  Angebaut als Futterpflanze für Seidenraupen. Arealkarte 44.
UNTERSCHEIDUNGSHILFE: Gut erkennbar an den äußerst verschiedenartig
  gelappten Blättern und den brombeerartigen Früchten.

☐ **Schwarzer Maulbeerbaum;** *Morus nigra* L. Moraceae Taf. 14 E, 43
F Mûrier noir   I Gelso nero   E Black Mulberry

MERKMALE: Baum bis 10 m hoch, Krone sehr dicht (!) und rund, Stamm mit
  rauher, kleinschuppiger Borke, junge Triebe behaart, zuletzt braun; Blätter
  fast wie große Lindenblätter aussehend, aber derber, tiefgrün, breiteiförmig,
  spitz, Rand grob gesägt, nicht oder fast nie gelappt (!), unten weich behaart
  (!); Blüten ein- oder zweihäusig; Früchte brombeerartig, eilänglich, 1–3 cm
  lang, tiefrot, zuletzt schwarz, würzig süß.
VERBREITUNG: Beheimatet in Kleinasien, aber im wärmeren Europa überall
  angebaut, vor allem in den südlichen Ländern, in Deutschland nur im
  Weinklima gelegentlich zu finden.
UNTERSCHEIDUNGSHILFE: Krone sehr dicht und fein verästelt, Blätter sehr
  groß, kaum gelappt, tiefgrün, unten weich behaart, Früchte angenehm
  schmeckend.

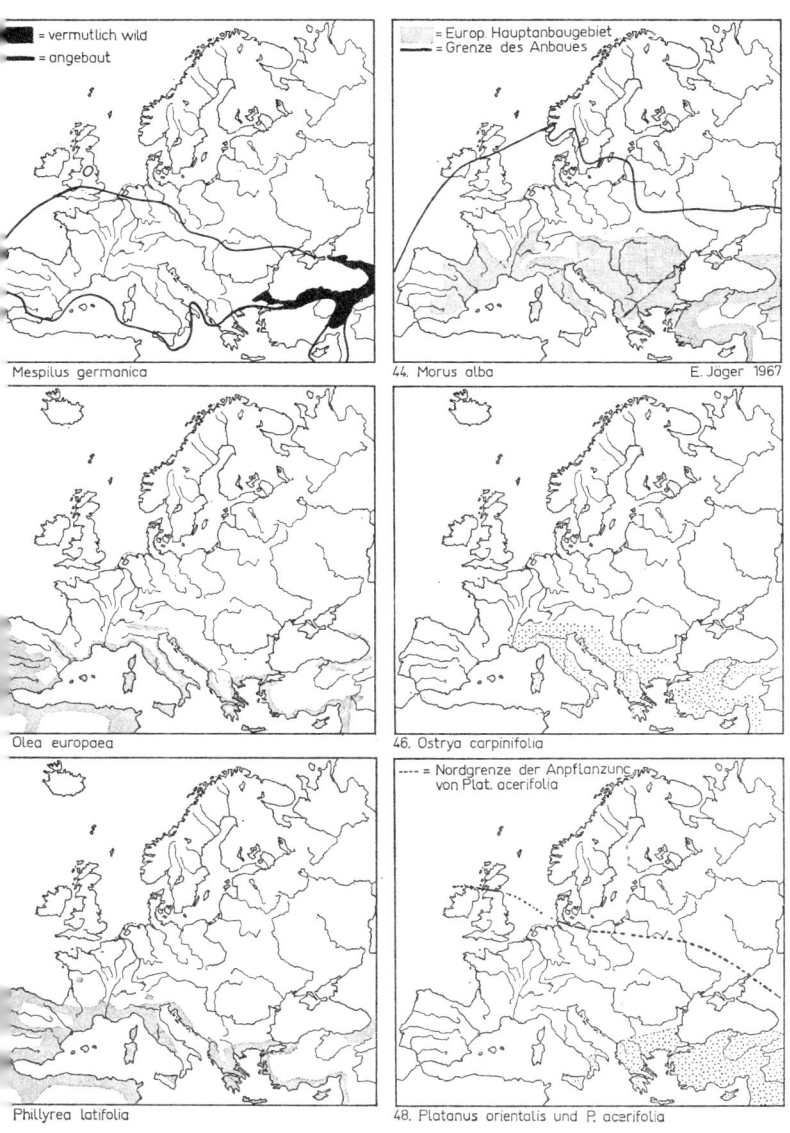

= vermutlich wild
= angebaut

Mespilus germanica

= Europ. Hauptanbaugebiet
= Grenze des Anbaues

44. Morus alba   E. Jäger 1967

Olea europaea

46. Ostrya carpinifolia

Phillyrea latifolia

---- = Nordgrenze der Anpflanzung
von Plat. acerifolia

48. Platanus orientalis und P. acerifolia

 # Myrte; *Myrtus communis* L.; Myrtaceae Taf. 19 A
F Myrte   I Mirto   E Common Myrtle

MERKMALE: In der Regel vielstämmiger Strauch, 3–5 m hoch, mitunter kleiner
    Baum; Blätter immergrün, gegenständig, eilanzettlich, spitz, ganzrandig, bis
    5 cm lang, derb lederig, zerrieben sehr aromatisch duftend; Blüten einzeln in
    den Blattachseln, weiß, bis 3 cm breit, mit 5 fast kreisrunden Blütenblättern,
    duftend; Frucht eine fast kugelige, blauschwarze, 7–10 mm dicke Beere.
VERBREITUNG: SW-Europa bis Klein-Asien, im Mittelmeerraum weit verbrei-
    tet, meist kalkfliehend. Arealkarte 126.
UNTERSCHEIDUNGSHILFE: An den sehr aromatischen Blättern kaum zu
    verwechseln. – Die ssp. *tarentina* (L.) Arcangeli, unsere sog. ,,Braut-
    Myrte", hat nur 2 cm lange, sehr dicht stehende Blätter, wird bis 2 m hoch;
    wild vorkommend vor allem in der Nähe der Küsten von O-Spanien bis
    W-Jugoslawien und auf Kreta.

 # Ölbaum; *Olea europaea* L. Oleaceae Taf. 5 I, 43; Farbtafel VI
F Olivier   I Olivo   E Olive Tree

MERKMALE: Immergrüner kleiner Baum, meist nicht über 5–6 m hoch und
    breit, sehr langsam wachsend und alt werdend (bis 2000 Jahre alte Pflanzen
    bekannt!); Stämme der Kulturpflanzen kurz und dick, vielfach sehr
    unregelmäßig, rissig und mit Löchern; Blätter gegenständig, lanzettlich,
    silbergrau auf beiden Seiten, derb lederig; Blüten klein, gelblich, duftend,
    Juni–August; Früchte die bekannten Oliven, Gestalt pflaumenförmig bis
    kugelig, reif schwarzblau, mit Stein. – Diese Merkmale gelten für die
    Kulturpflanzen, während die wilden Ölbäume viel seltener zu finden sind,
    dornige Zweige, kleinere Blätter und Blüten haben.
VERBREITUNG: Wahrscheinlich aus dem östlichen Mittelmeergebiet oder
    Kleinasien stammend, aber heute im ganzen Mittelmeergebiet angebaut.
    Arealkarte 45.
UNTERSCHEIDUNGSHILFE: Nur im Mittelmeergebiet vorkommender, fast
    weidenartig aussehender Baum mit kurzem, dickem Stamm; kaum zu
    verwechseln.

○ Hopfenbuche; *Ostrya carpinifolia* Scop. Corylaceae Taf. 7 F, 44
F Charme houblon   I Carpino nero   E Hop-Hornbeam

MERKMALE: Baum mit eirunder Krone, 10–15 m hoch, Borke graubraun, junge
    Triebe zuerst behaart, später glänzend und braun; Blätter wechselständig,
    spitz-eilänglich mit runder Basis, 4–10 cm lang, scharf und doppelt gesägt,
    unten behaart, mit 11–15 Nervenpaaren; männliche Blüten in 8–10 cm
    langen, gelbbraunen Kätzchen, April; Früchte entfernt an Hopfenblüten
    erinnernd, weißlich grün, 3–6 cm lang.
VERBREITUNG: S- und SO-Europa, vor allem in Berg- und subalpinen Wäldern,
    in Deutschland in Parks weniger oft zu finden, dann aber zur Blüte- und
    Fruchtzeit leicht zu erkennen. Arealkarte 46.
UNTERSCHEIDUNGSHILFE: Baum ähnlich der Weißbuche, aber Blätter mehr
    eiförmig, unten weich behaart, männliche Blüten schon im Herbst gebildet,
    in Kätzchen.

TAFEL 9

A Eschen-Ahorn, *Acer negundo* (S. 34); B Walnußbaum, *Juglans regia* (S. 64); *Pappeln:* C Zitter-Pappel, *Populus tremula* (S. 82); D Pyramiden-Pappel, *Populus nigra* ‚Italica' (S. 82); E Silber-Pappel, *Populus alba* (S. 78); F Grau-Pappel, *Populus canescens* (S. 78); G Schwarz-Pappel, *Populus nigra* (S. 89); H Kanadische Pappel, *Populus canadensis* ‚Robusta' (S. 78).

☐ **Paulownie;** *Paulownia tomentosa* (Thunb.) Steud. Scrophulariaceae
Taf. 5 C, 44

F Paulownia   I Paulownia   E Paulownia

MERKMALE: Hoher, breitkroniger, sommergrüner Baum, bis 20 m, junge
Triebe daumendick, an alten Bäumen jedoch nur etwa bleistiftstark, in der
Jugend dicht und weich behaart; Blätter gegenständig, breit eiförmig,
17–30 cm lang und 12–25 cm breit, ganzrandig, Basis herzförmig, lebhaft
grün, unten dicht grauwollig; Blätter an Langtrieben mitunter bis 50 cm
langen, aufrechten, endständigen Rispen, die einzelnen Blüten finger-
hutartig, hellviolett mit gelb, Mai, vor dem Blättern erscheinend; Früchte
3 cm lange Kapseln, oft zur Blütezeit noch am Baum.
VERBREITUNG: Beheimatet in China, aber in den milden Gegenden Europas
überall in Parks und Anlagen zu finden, auch in S- und W-Deutschland
ältere, blühende Bäume.

\# **Gemeine Steinlinde;** *Phillyrea latifolia* L. Oleaceae Taf. 5 H, 44

F Filaria à larges feuilles   I Ilatro, Lillatro filliree   E Phillyrea

MERKMALE: Immergrüner, sparriger, kleiner Baum, 5–9 m hoch, doch meist
nur ein hoher, dichter Strauch, Borke alter Stämme klein gefeldert, junge
Triebe glatt, kahl; Blätter sehr starr, ledrig, eiförmig-elliptisch, 2–6 cm
lang, große Blätter am Rand schärfer, kleinere weniger gesägt, oben
dunkelgrün, glänzend, unten heller, fast sitzend; Blüten unscheinbar,
gelblich, in kleinen achselständigen Büscheln, Mai; Früchte erbsengroß,
blauschwarz.
VERBREITUNG: Mittelmeergebiet; steinige, sonnige Hänge, Felsen, vor allem in
der Macchia, meist auf Kalkboden. Arealkarte 47.
UNTERSCHEIDUNGSHILFE: Entfernt an eine Stechpalme erinnernd, aber Blätter
gegenständig, kleiner, ganz eben, nicht bedornt, Früchte blauschwarz. Trotz
des deutschen Namens keinerlei Ähnlichkeit mit einer Linde.

\# **Kanaren-Dattelpalme;** *Phoenix canariensis* Chabaud Palmaceae
Taf. 23 B, 79

F Palmier des Canaries   I Palma delle Canarie   E Canary Date Palm

MERKMALE: Palme stets einstämmig, bis 15 m hoch, Stamm ziemlich dick, bei
sehr alten Pflanzen bis 80 cm stark; Blattnarben stets breiter als hoch (!);
Blätter („Wedel") zahlreich, in dichtem Schopf stehend, nicht unregelmäßig
und zerzaust aussehend bei *P. dactylifera*, oft gedreht, 4–5 (–6) m lang,
Fiederblättchen dunkelgrün, regelmäßig oder auch paarweise entlang der
Spindel stehend, an der Spitze oft gedreht, sonst in einer Ebene, linealisch,
spitz; Früchte ellipsoid, 2,5 cm lang, gelb bis rötlich.
VERBREITUNG: Kanarische Inseln, doch weit verbreitet im ganzen Mittelmeer-
raum.
UNTERSCHEIDUNGSHILFE: Dunkelgrüne Wedel, regelmäßige Krone, verhältnismäßig dicker Stamm.

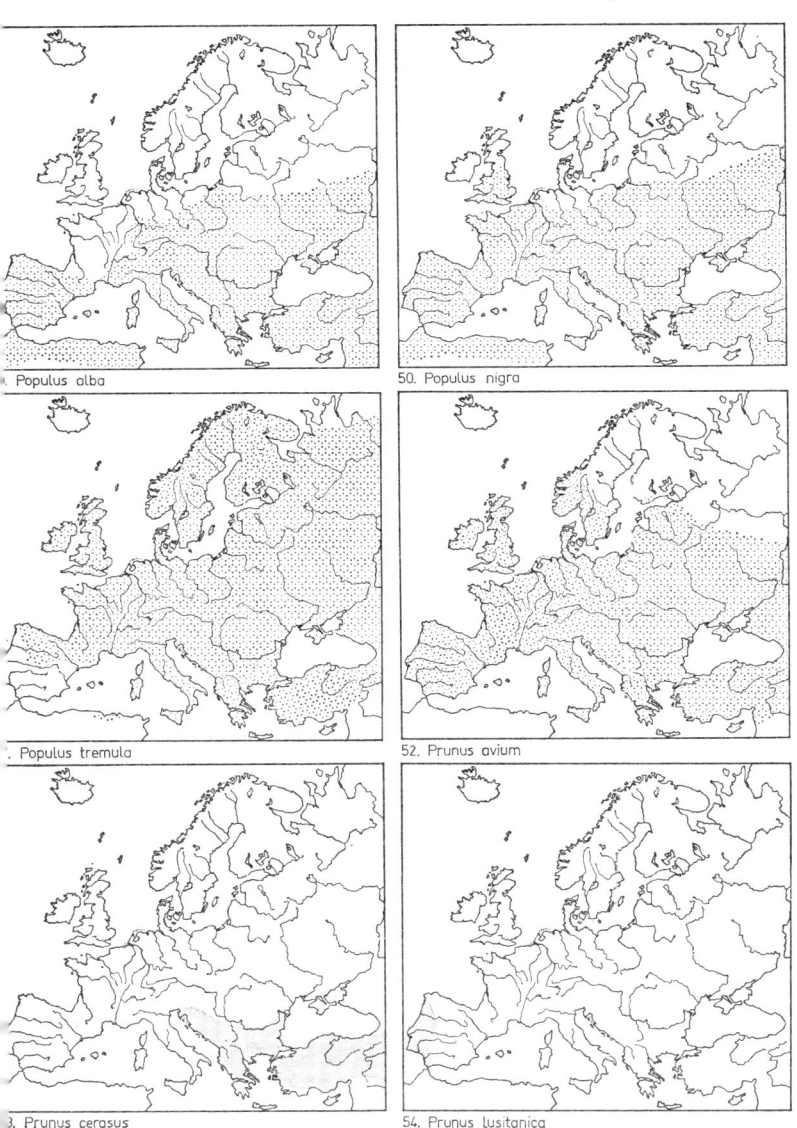

49. Populus alba

50. Populus nigra

51. Populus tremula

52. Prunus avium

53. Prunus cerasus

54. Prunus lusitanica

Dattelpalme; *Phoenix dactylifera* L. Palmaceae Taf. 23 C, 79

F Palmier-dattier   I Palma da datteri   E Date Palm

MERKMALE: Palme einstämmig (wenn beschnitten, sonst mitunter auch mehrstämmig!), bis 30 m hoch, Stamm biegsam, schlank; Blattnarben so hoch oder höher als breit (!), Blätter („Wedel") bogenförmig, bis 4 m lang, die zentralen Wedel aufrecht-ansteigend, die unteren teilweise herabhängend, Fiedern deutlich blaugrau bis bläulich, 30–40 cm lang, in Paaren, Büscheln oder unregelmäßig entlang der Spindel stehend, steif, linealisch, lang zugespitzt; Früchte die bekannten Datteln, 2,5–7 cm lang, je nach Kultursorte gelb, rot bis fast schwarz.

VERBREITUNG: N-Afrika, aber auch im europäischen Teil des Mittelmeerraumes angepflanzt, größter Bestand im Palmenwald bei Elche, Spanien.

UNTERSCHEIDUNGSHILFE: Blaugraue Wedel, Krone meist ziemlich zerzaust aussehend, Stämme schlank.

○ **Platane**; *Platanus acerifolia* (Ait.) Willd. (= *P. hybrida* Brot.). Platanaceae Taf. 16 C, 45

F Platane commun   I Platano comune   E London Plane

MERKMALE: Hoher Baum, bis 35 m hoch, Stamm oft bis zur Spitze durchgehend, Borke jüngerer Bäume in großen Platten abspringend, unter denen die hellgrüne Innenrinde (in südlichen Ländern weißlichgrün) sichtbar wird, an sehr alten Stämmen fast glatte Borke mit nur wenigen, ungleich großen Platten; Blätter wechselständig, 3–5lappig, 12 bis 25 cm breit, Rand buchtig gezähnt, Stiel 3–10 cm lang; Früchte kugelig, 2,5 cm dick, meist zu 2 beisammen, doch mitunter auch nur 1 oder 3. – Form der Blätter sehr veränderlich!

VERBREITUNG: Herkunft unbekannt, doch als eine Kreuzung der Morgenländischen und der Abendländischen Platane angesehen. In ganz Europa heute in großem Umfang angepflanzt. Arealkarte 48.

UNTERSCHEIDUNGSHILFE: dies ist die an den Straßen und in Parks vorkommende Platane; wegen der mitunter sehr unterschiedlichen Blattform sind die stets zu 2 vereinten Früchte das sicherste Merkmal.

Morgenländische Platane; *Platanus orientalis* L. Platanaceae Taf. 16 D, 45

F Platane d'Orient   I Platano orientale   E Oriental Plane

MERKMALE: Ebenfalls hoher Baum, bis 30 m, untere Äste ziemlich waagerecht, Borke ebenfalls in Platten ablösend wie bei der vorigen, aber an sehr alten Stämmen (über 70 cm ∅) sehr rauh und klein gefeldert (!); Blätter tief 5–7lappig, Buchten nicht selten bis fast zum Blattstiel gehend, Lappen viel länger als breit, ganze Spreite 10–30 cm lang und breit, Basis entweder keilförmig oder auch abgestutzt; Früchte zu 3–4 oder mehr beisammen.

VERBREITUNG: SO-Europa bis Kleinasien; auf dem Balkan nicht selten als Einzelbaum auf Marktplätzen usw.

UNTERSCHEIDUNGSHILFE: An sehr alten Stämmen die klein gefelderte, sehr rauhe Borke, an jüngeren die stets zu 3–4 oder mehr vereinigten Kugelfrüchte, sowie die tief gelappten Blätter. Echte Pflanzen sind in den mittel- und westeuropäischen Parks sehr selten.

5cm

A Portugiesische Lorbeer-Kirsche, *Prunus lusitanica* (S. 83); B Vogel-Kirsche, *Prunus avium* (S. 82); C Trauben-Kirsche, *Prunus padus* (S. 84); D Sauer-Kirsche, *Prunus cerasus* (S. 83); E Stein-Weichsel, *Prunus mahaleb* (S. 83); F Spätblühende Trauben-Kirsche, *Prunus serotina* (S. 84); G Holz-Birne, *Pyrus pyraster* (S. 88); H Schnee-Birne, *Pyrus nivalis* (S. 86); I Mandelblättrige Birne, *Pyrus amygdaliformis* (S. 86); K Erdbeerbaum, *Arbutus unedo* (S. 40); L Arbutus *andrachne* (S. 40); M *Arbutus andrachnoides*.

● **Silber-Pappel;** *Populus alba* L. Salicaceae Taf. 9 E, 45

F Aube, Peuplier blanc   I Pioppo bianco   E White Poplar

MERKMALE: Baum bis 30 m hoch, Krone breit und rundlich, Rinde grauweiß, erst an alten Stämmen rauh, junge Triebe und Knospen weißfilzig; Blätter eiförmig und grob gezähnt, jedoch an Langtrieben und Ausläufern 3–5lappig (!), Basis rundlich-herzförmig, oben tiefgrün, unten silberweiß filzig; an Kurztrieben Blätter kleiner, mehr buchtig gezähnt und unten graufilzig, Blattstiele behaart; männliche Blütenkätzchen 5–8 cm lang, März–April.

VERBREITUNG: Von Mittel- und S-Europa bis Mittel-Asien und N-Afrika, sowohl in Auewäldern wie auch auf sehr trockenen Standorten. Ihre ursprüngliche Heimat ist vermutlich der Orient. Arealkarte 49.

UNTERSCHEIDUNGSHILFE: Vor allem die oberseits dunkelgrünen, unten schneeweißen (nicht silbrigen) Blätter, die an Langtrieben handförmig gelappt sind; bei der Grau-Pappel unten grau, nicht weiß.

● **Kanadische Pappel;** *Populus canadensis* Moench; Salicaceae Taf. 9 H, 46

F Peuplier de Virginie   I Pioppo del Canada   E Canadian Poplar

MERKMALE: Unter diesem Namen wurden eine Gruppe von Pappeln zusammengefaßt, die aus einer Kreuzung der heimischen Schwarz-Pappel *(Populus nigra)* und der Amerikanischen Schwarz-Pappel *(Populus deltoidea)* vor etwa 200 Jahren spontan in Frankreich entstanden sind. Forstlich sind diese Pappeln sehr wichtig, deshalb sind sie in großem Umfange in vielen Ländern Europas angepflanzt (Holland, Belgien, Frankreich, Italien, Deutschland, Dänemark). Es werden eine ganze Reihe von ,,Sorten" unterschieden, die aber nur der Spezialist unterscheiden kann (so z. B. ,Robusta' Taf. 46). Allgemeine Merkmale sind hoher Wuchs, 25–30 m hoch, Krone meist breit, Borke tief gefurcht, schwarz, junge Triebe drehrund bis etwas kantig (!), Winterknospen klebrig; Blätter fast dreieckig, lang zugespitzt, 7–10 cm lang, Rand kerbig gesägt, Stiel rötlich, an der Blattbasis ohne oder mit 1–2 Drüsen (sehr wichtiges Merkmal!); männliche Kätzchen bis 7 cm lang.

VERBREITUNG: Von Frankreich aus verbreitet und heute in ganz Europa mehr oder weniger häufig anzutreffen.

UNTERSCHEIDUNGSHILFE: Für den Benutzer des Buches sollte es genügen, wenn er mit der obigen Beschreibung eine Kanadische Pappel ganz allgemein ansprechen kann; die Aufzeigung noch weiterer Merkmale würde nur verwirren.

● **Grau-Pappel;** *Populus canescens* (Ait.) Smith; Salicaceae Taf. 9 F

F Grisard   I Pioppo grigio   E Grey Poplar

MERKMALE: Großer Baum, ähnlich der Silberpappel, aber etwas später austreibend, junge Triebe grau (nicht weiß!!), Blätter der Langtriebe dreieckig-eiförmig, unregelmäßig drüsig gezähnt oder nur gezähnt, bis 10 cm lang, Rand leicht wellig und anfangs leicht gewimpert, oben dunkelgrün, unten locker graufilzig; Blätter der Kurztriebe eirundlich, nicht gewimpert, unten schon bald ziemlich kahl und hellgrün; männliche Kätzchen 6–10 cm lang.

VERBREITUNG: Etwa das gleiche Gebiet wie bei der Silber-Pappel; in Deutschland vor allem in S-Deutschland und dem westl. Holstein.

Elsbeere, *Sorbus torminalis* (S. 106); B Mehlbeerbaum, *Sorbus aria* (S. 102); C Bastard-Eberesche, *Sorbus hybrida* (S. 104); D Schwedische Mehlbeere, *Sorbus intermedia* (S. 106); E Eingriffeliger Weißdorn, *Crataegus monogyna* (S. 54); F Zweigriffeliger Weißdorn, *Crataegus laevigata* (S. 54).

☐ **Amerikanische Pappel;** *Populus deltoides* Marsh. Salicaceae; Taf. 19 E, 46
F Peuplier américain   I Pioppo americano   E Eastern Cottonwood

MERKMALE: Breitkroniger Baum, bis 30 m hoch, Zweige kahl, nur die
Langtriebe kantig, sonst stielrund; Knospen braun, kahl, klebrig; Blätter
3eckig-eiförmig, 7–12 cm lang und breit, lang zugespitzt, Rand grob gekerbt
und dicht gewimpert (!), Basis ganzrandig, leicht herzförmig, kahl,
unterseits hellgrün; Stiel mehr oder weniger gerötet.
VERBREITUNG: Mittlere USA, angepflanzt in W-Europa, teils auch schon
eingebürgert.
UNTERSCHEIDUNGSHILFE: Drehrunde Jungtriebe mit kegelförmigen, klebrigen
Knospen; Blätter 3eckig, mit 2–3 Drüsen an der Basis, Blattrand dicht
gewimpert.

#☐ **Charab-Pappel;** *Populus euphratica* Oliv. Salicaceae Taf. 19 F
F Peuplier charab   I Pioppo Charap   E Charab-Popla

MERKMALE: Schlanker Baum oder nur Strauch, Triebe ohne Endknospe,
Winterknospen behaart, nicht klebrig; Blätter außerordentlich vielgestaltig
(!), teils fast kreisrund oder eiförmig oder nierenförmig, teils lanzettlich oder
linealisch, grob gezähnt oder ganzrandig, beiderseits blaugrün oder grau-
grün, Stiel 1–4 cm lang.
VERBREITUNG: N-Afrika bis Kleinasien, angepflanzt in Spanien, bei Elche.
UNTERSCHEIDUNGSHILFE: Unverwechselbar durch die vielgestaltige blaugrüne
Belaubung.

● **Schwarz-Pappel;** *Populus nigra* L. Salicaceae Taf. 9 G, 46
F Peuplier noir, Liard   I Pioppo nero   E Black Popla

MERKMALE: Hoher Baum, bis 30 m, mit breiter Krone, Stamm oft mit dicken
„Knollen", Äste stark, weitausgebreitet, Borke tief gefurcht, Knospe
rotbraun, klebrig, an der Spitze auswärts gebogen, Blätter rhombisch, lang
zugespitzt (!), 5–10 cm lang, Ecken abgerundet, fein kerbig gesägt, nich
gewimpert (!), unten heller grün, kahl; Blätter der Kurztriebe kleiner un
breiter, an der Basis abgestutzt oder rund; Stiel dünn; Kätzchen 4–10 cm
lang, Blüten mit 20–30 Staubblättern.
VERBREITUNG: N-Afrika, S- und Mittel-Europa, nach Osten bis über de
Jenissei-Fluß. Arealkarte 50. – In Deutschland ziemlich häufig in de
Lech-Auen.
UNTERSCHEIDUNGSHILFE: Zunächst einmal der breit ausladende Wuchs, d
drehrunden Jungtriebe, dann die rhombischen Blätter ohne den bewimper
ten Rand (Lupe!) und die fehlenden Drüsen an der Spreitenbasis.

Gemeiner Goldregen – *Laburnum anagyroides*
(Text S. 64)

● **Sauer-Kirsche;** *Prunus cerasus* L. Rosaceae Taf. 10 D
F Griottier   I Ciliego agerotte, Marasca   E Sour Cherry

MERKMALE: Kleiner Baum, nur selten höher als 5 m, Krone rundlich, locker,
Zweige abstehend, dünn (!) oft überhängend (!), Rinde rötlich braun, etwas
glänzend, junge Triebe dünn, kahl; Stamm oft Ausläufer treibend (!!);
Blätter elliptisch bis eiförmig, flach, ziemlich lederig (!), glänzend, 5–8 cm
lang, fein gesägt, unten nur ganz schwach auf den Nerven behaart; Blüten
mit den Blättern erscheinend, Ende April bis Anfang Mai, in dichten
Büscheln, Krone 2 cm breit, Blütenblätter fast kreisrund; Früchte schwarz-
rot, kugelig, etwas breiter als hoch, sauer.
VERBREITUNG: Wirklich wild vorkommend eigentlich nur in Mazedonien,
Kleinasien und dem Kaukasus, aber in Deutschland vielfach verwildert
(z. B. bei Ostheim an der Rhön), ebenso in Tirol und anderswo. Arealkarte
53.
UNTERSCHEIDUNGSHILFE: Im Aussehen sehr ähnlich der Sauer-Kirsche unserer
Gärten, aber kleinfrüchtig.

\# **Portugiesische Lorbeer-Kirsche;** *Prunus lusitanica* L. Rosaceae
Taf. 10 A, 48
F Laurier du Portugal   I Lauro di Portugalo   E Portugal Laurel

MERKMALE: Immergrüner Baum oder nur Strauch, in seiner Heimat bis 20 m
hoch, in milden Gegenden Europas ebenfalls Baum, Zweige rot, kahl;
Blätter länglich, eiförmig, zugespitzt, 6–12 cm lang, leicht gesägt, oben
dunkelgrün und glänzend, unten heller; Blüten weiß, in 12 bis 15 cm langen
Trauben, Juni; Krone etwa 1 cm breit; Früchte eiförmig, 8 mm lang,
dunkelrot.
VERBREITUNG: Portugal.
UNTERSCHEIDUNGSHILFE: Immergrüner (!) Kirschbaum, ganz verschieden von
der Lorbeerkirsche, außerhalb seiner Heimat nur in Parks und Gärten zu
finden. In Deutschland nur sehr selten, da sehr frostempfindlich. Arealkarte
54.

● **Stein-Weichsel;** *Prunus mahaleb* L. Rosaceae Taf. 10 E
F Bois de Sante-Lucie   I Ciliego canino   E Mahaleb Cherry

MERKMALE: Breiter, rundkroniger Baum, 5–7 m hoch, mitunter auch höher,
Zweige sparrig, überhängend, junge Triebe fein behaart, Stamm mit
längsrissiger Rinde; Blätter kreisrund bis breiteiförmig, 3–6 cm lang, stumpf
bis kurz zugespitzt, fein gesägt, Basis leicht herzförmig bis rund, oben
glänzend, unten Mittelrippe behaart; Blüten weiß, zu 6–10 in Doldentrauben, wohlriechend, Mai; Früchte 6 mm dick, schwarz, sehr herb.
VERBREITUNG: Europa bis Kleinasien, vor allem auf Kalkböden im Weinklima;
felsige und steinige Plätze. Arealkarte 55.
UNTERSCHEIDUNGSHILFE: Habitus sehr breit, Blätter klein, glatt, fast wie bei
einem Birnbaum; Blüten wohlriechend.

● **Trauben-Kirsche;** *Prunus padus* L. Rosaceae Taf. 10 C, 48
F Cerisier à grappes   I Ciliego pado   E Bird-cherry

MERKMALE: Baum bis 15 m hoch, mit dichter Krone, Äste etwas überhängend, junge Zweige anfangs fein behaart, später kahl, Rinde dunkelbraun, innere Rinde unangenehm und stark nach bitteren Mandeln riechend; Blätter elliptisch, mit kurzer Spitze, 6–12 cm lang, scharf gesägt, oben dunkelgrün, unten bläulichgrün, kahl, Stiel grün, in der Regel mit 2 Drüsen (!); Blüten weiß, wohlriechend, bis 1,5 cm breit, zu 15–20 in lockeren, hängenden Trauben, April–Mai, nach den Blättern erscheinend; Blütenblätter doppelt so lang wie die Staubblätter (!), Kelch innen behaart (!); Früchte kugelig, erbsengroß, schwarz, bittersüß.
VERBREITUNG: Europa, in den Alpen bis 1500 m ansteigend; N-Asien. Feuchte oder frische, humose Böden, Waldränder, Flußauen. Arealkarte 56.
UNTERSCHEIDUNGSHILFE: Großer Strauch oder Baum, Blätter groß, dunkelgrün, matt (!), junge Triebe ziemlich dick, angeschnitten sehr stark riechend.

☐ **Spätblühende Trauben-Kirsche;** *Prunus serotina* Ehrh. Rosaceae Taf. 10 F, 48
F Cerisier tardif   I Ciliego americano   E Black Cherry

MERKMALE: Baum bis 35 m, Krone schmal und länglich, Äste ziemlich kurz und abstehend, Rinde dunkelbraun, junge Triebe dünn, kahl, angeschnitten aromatisch (!); Blätter länglich, zugespitzt, 8–13 cm lang, fein kerbig gesägt, sehr glatt (!), oben dunkelgrün und stark glänzend (!!); unten heller und längs der Mittelrippe rostbraun behaart (!!); Blüten weiß, in 10–25 cm langen, schmalen, hängenden Trauben, Ende Mai–Mitte Juni; Früchte eirund, bis 1 cm dick, lange Zeit dunkelrot, zuletzt fast schwarz, mit Kelchresten am Stielende (!), bitter.
VERBREITUNG: Heimat Nordamerika, aber bei uns sowohl forstlich angepflanzt, wie auch in den Parks, in ganz Europa.
UNTERSCHEIDUNGSHILFE: Vor allem die hochglänzenden, sehr glatten Blätter mit der rostbraunen Mittelrippe auf der Unterseite, und die sehr späte Blütezeit.

○ **Kaukasische Flügelnuß;** *Pterocarya fraxinifolia* (Lam.) Spach. Juglandaceae Taf. 2 D, 49
F Ptérocarya, Noyer aux ailes   I Noce ad ali   E Caucasian Wingnut

MERKMALE: In der Regel mehrstämmiger (!!) Baum, 15–20 m, Habitus oft sehr malerisch, Borke schwarzgrau, tief gefurcht, Zweige olivbraun, im Austrieb etwas braun-schilferig, später ganz kahl; Blätter 20–40 cm lang, mit 11–21 Blättchen, diese eilänglich bis länglich-lanzettlich, 8 bis 12 cm lang, zugespitzt, dünn, oben lebhaft grün, unten heller, fast kahl; Fruchtstände 20–45 cm lang, hängend, Früchte mit 2 deutlichen, halbkreisförmigen Flügeln.
VERBREITUNG: Kaukasus bis N-Persien, jedoch in den Parks sehr häufig zu treffen, auch in Deutschland sehr häufig angepflanzt. Arealkarte 57.
UNTERSCHEIDUNGSHILFE: Mehrstämmiger Baum (!), Blätter wechselständig und gefiedert; Fruchtstände bis 45 cm lang (!), jedoch erst an älteren Bäumen zu finden.

A Edel-Kastanie, Marone, *Castanea sativa* (S.43); B Rot-Eiche, *Quercus rubra* (S. 94); C Zerr-Eiche, *Quercus cerris* (S. 88); D Trauben-Eiche, *Quercus petraea* (S. 92); E Stiel-Eiche, *Quercus robur* (S. 94); F Flaum-Eiche, *Quercus pubescens* (S. 92); G Rot-Buche, *Fagus silvatica* (S. 58).

\# **Granatapfel;** *Punica granatum* L. Punicaceae Taf. 5 E
F Grenadier I Melograno E Pomegranate

Merkmale: Sommergrüner, kleiner Baum, 3–5 m hoch, jedoch viel häufiger Strauch bis 2 m, sehr dicht bezweigt; junge Triebe etwas flügelkantig, bei Wildpflanzen oft auch dornig, kahl; Blätter gegenständig oder büschelig, an Langtrieben mitunter auch wechselständig, eilanzettlich, 3–8 cm lang, ganzrandig, hart, hellgrün; Blüten sitzend, trichterförmig mit radförmiger Krone, korallenrot – hochrot, fleischig, Juni–September; Früchte kugelig, 2–12 cm breit, mit bleibendem Kelch, rot, mit zahlreichen Samen, diese von saftigem Fruchtfleisch umgeben, sauer bis süß, je nach Sorte, reif im Herbst.

Verbreitung: SO-Europa, Mittelmeergebiet, wild und kultiviert, sehr häufig. Arealkarte 58.

Unterscheidungshilfe: Leicht kenntlich an seiner frischgrünen Belaubung und den hochroten Blüten, die von fern wie Nelken aussehen.

○ **Mandelblättrige Birne;** *Pyrus amygdaliformis* Vill. Rosaceae Taf. 10 I, 50
F Poirier aux feuilles d'amande E Almond-leaved Pear

Merkmale: Kleiner Baum bis 6 m oder nur hoher Strauch, Zweige ansteigend-sparrig, oft dornig, junge Triebe zuerst dünn und lang behaart, später braun und glatt; Blätter oft in Büscheln, sehr veränderlich, eiförmig bis obovat oder länglich, spitz oder stumpf, 3–7 cm lang, fein gesägt bis ganzrandig, in der Jugend graufilzig, später oben kahl und glänzend grün, unten mehr bläulich; Stiel dünn, 1–3 cm lang; Blüten zu 8–12 in graufilzigen Doldentrauben, Mai, weiß; Früchte kugelig, 2–3 cm dick, gelbbraun, hart.

Verbreitung: S-Europa, Kleinasien, auf steinigen Plätzen. Arealkarte 59.

Unterscheidungshilfe: Sparriger Strauch mit meist länglichen, ganzrandigen bis fein gekerbten Blättern und kugeligen Früchten.

○ **Schnee-Birne;** *Pyrus nivalis* Jacq. Rosaceae Taf. 10 H, 50
F Poirier sauge E Snow Pear

Merkmale: Baum bis 10 m, mitunter höher, Krone kegelförmig, locker, Stamm mit schwärzlicher Borke, Äste ohne Dornen, ausgenommen mitunter die Spitzen der Kurztriebe, junge Triebe dick weißfilzig, ebenso die Knospen; Blätter elliptisch bis obovat, spitz, 5–8 cm lang, Basis keilförmig, ganzrandig oder nur an der Spitze leicht kerbig, in der Jugend weißfilzig, später oben dunkelgrün mit wenigen weißen Haaren, unten mehr oder weniger hellgrau- bis weißfilzig oder auch fast kahl; Herbstfärbung dunkelrot; Blüten bis 3 cm breit, April bis Mai, weiß, zu 6–9 in weißfilzigen Doldentrauben; Früchte gelbgrün, kugelig bis kreiselförmig, 3–5 cm dick, spät reif, herb, langgestielt, erst nach Frost eßbar.

Verbreitung: Von S-Frankreich bis zur Türkei. Arealkarte 60.

Unterscheidungshilfe: Großer Baum mit schneeweißem Austrieb und großen, anfangs weißen Blättern; Zweige fast ohne Dornen.

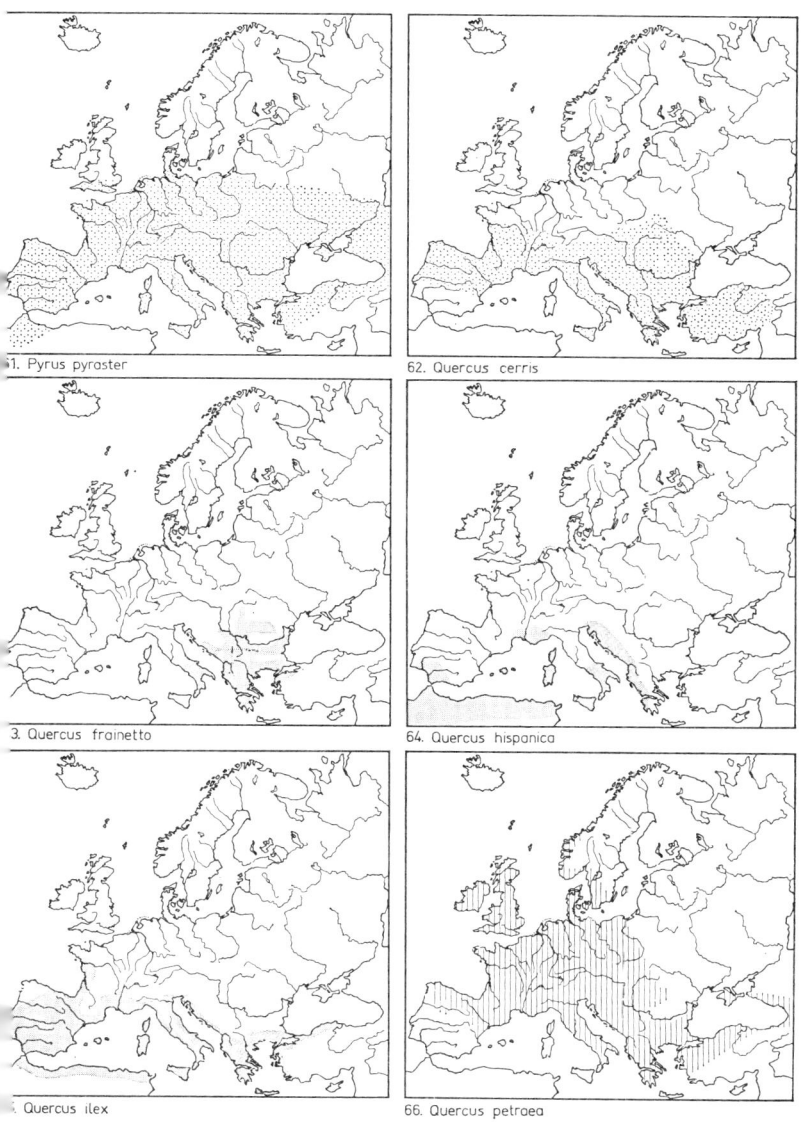

61. Pyrus pyraster

62. Quercus cerris

63. Quercus frainetto

64. Quercus hispanica

65. Quercus ilex

66. Quercus petraea

● **Holz-Birne;** *Pyrus pyraster* Burgsd. Rosaceae Taf. 10 G, 50
F Poirier sauvage   I Perastro   E Wild Pear

MERKMALE: Hoher Baum, 10–15 m hoch, Krone breit kegelförmig, Borke dick, später in kleine Schuppen brechend, Zweige an jungen Bäumen ansteigend, später mehr abstehend, junge Triebe braun, glänzend; Blätter dünn, an Kurztrieben eiförmig, spitz, 3–5 cm lang, unten fein netznervig; Blüten weiß, etwa 2,5 cm breit, in Doldentrauben, April–Mai; Früchte kreiselbis fast birnförmig, 2–3,5 cm dick, zu mehreren beisammen, gelb, reife meist braun gefleckt, gekrönt von dem eingetrocknetem Kelch, Stiel 2–4 cm lang.
VERBREITUNG: Durch ganz Europa, von Portugal bis zum Kaukasus. Arealkarte 61.
UNTERSCHEIDUNGSHILFE: Dies ist die „wilde Holz-Birne" mit meist dornigen Zweigen, meist ganz kahlen (!) Trieben und kleinen, birnförmigen Früchten, die zu mehreren beisammen stehen.

○ **Algier-Eiche;** *Quercus canariensis* Willd. Fagaceae Taf. 19 C, 49
(= *Q. mirbeckii* Durieu)
F Chêne méditerranéen   I Quercia mediterranea   E Mediterranean Oak

MERKMALE: Wintergrüner Baum, 25 (–35) m hoch, junge Triebe kahl und gefurcht, Blätter eilänglich bis obovat, 5–15 (–20) cm lang, Basis leicht herzförmig, dick, derb, ledrig, beiderseits mit 10–12 groben, stumpfen Zähnen, oben glänzend dunkelgrün, unten nur anfangs flockig-filzig, bald kahl, Stiel 1,5–2 cm lang; Früchte zu 1–3 an kleinem Stiel, Eicheln etwa 2,5 cm lang, zur Hälfte im halbkugeligen Becher stehend.
VERBREITUNG: S-Spanien, N-Afrika (nicht wild auf den Kanaren, wie man aus dem Namen annehmen könnte). Arealkarte 120.
UNTERSCHEIDUNGSHILFE: Im milden Klima wintergrüner Baum.

○ **Zerr-Eiche;** *Quercus cerris* L. Fagaceae Taf. 12 C, 50
F Chêne chevelu   I Quercia cerro   E Turkey Oak

MERKMALE: Sommergrüner Baum mit breit kegelförmiger Krone, bis 35 m hoch, Borke schwärzlich, dickwulstig, mit kleinen Feldern, junge Triebe graufilzig, Knospen behaart und von bleibenden, fadenförmigen Schuppen umgeben (!!); Blätter im Umriß länglich, 6–12 cm lang, sehr veränderlich, oft nur grob gezähnt bis fiederspaltig, die Zähne dreieckig und spitz, oben dunkelgrün und anfangs sternhaarig, unten matt hellgrün und behaart, im Herbst gelbbraun; Eicheln zu 1–4 beisammen, fast sitzend, etwa zur Hälfte vom Becher umgeben.
VERBREITUNG: S-Europa bis Kleinasien, in Deutschland nur als Parkbaum angepflanzt, in Österreich und Ungarn nur vereinzelt vorkommend. Arealkarte 62.
UNTERSCHEIDUNGSHILFE: Trotz der sehr verschiedenartigen Blätter gut zu erkennen an den fadenförmig ausgezogenen, langen Schuppen der Endknospen; Fruchtbecher sehr charakteristisch „gefranst".

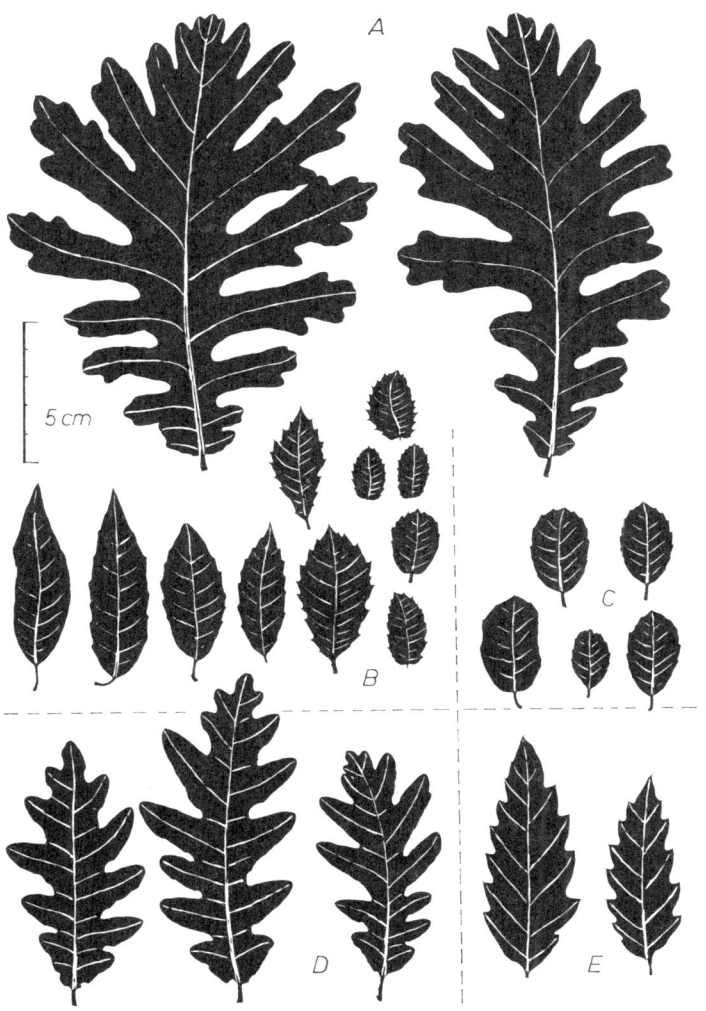

A Ungarische Eiche, *Quercus frainetto* (S. 90); B Stein-Eiche, *Quercus ilex* (S. 92); C Kork-Eiche, *Quercus suber* (S. 96); D Pyrenäen-Eiche, *Quercus pyrenaica* (S. 94); E Spanische Eiche, *Quercus hispanica* (S. 90).

 # Portugiesische Eiche; *Quercus faginea* Lam. Fagaceae Taf. 20 B
F Chêne zéen E Portuguese Oak

MERKMALE: Wintergrüner Baum, in seiner Heimat bis 20 m hoch, oft aber nur strauchig, Borke dick, braun bis grau, in rechteckige Felder geteilt, junge Triebe zuerst grau oder weißlich behaart, Blätter sehr verschiedenförmig, teils ei-elliptisch, teils obovat-länglich, 3–7 cm lang, 1,5–4 cm breit, an der Spitze abgestumpft, Basis herzförmig bis rund, Rand ziemlich regelmäßig gezähnt, oberseits zuerst locker sternhaarig, später kahl und graugrün, unten dicht graufilzig, zuletzt meist ganz kahl, Eicheln meist zu 2 beisammen, etwa 2,5 cm lang, zu etwa ¹/₃ im Becher stehend.

VERBREITUNG: Portugal, Spanien, Balearen. Arealkarte 119.

UNTERSCHEIDUNGSHILFE: Blätter ziemlich klein und verschiedengestaltig, oben graugrün, unten dicht graufilzig; Wuchs oft nur strauchig.

○ Ungarische Eiche; *Quercus frainetto* Ten. (= *Q. conferta* Kit.) Fagaceae Taf. 13 A, 50
F Chêne de Hongrie I Farnetto E Hungarian Oak

MERKMALE: Baum 30 m hoch, mitunter höher, Krone anfangs eiförmig, später mehr kugelig, meist sehr unregelmäßig, junge Triebe zuerst behaart, doch später kahl (!); Blätter obovat bis mehr länglich, 10 bis 18 cm lang, zur Basis verschmälert und geöhrt, an jeder Seite meist mit 7 Lappen, oben behaart, Stiel nur 5–10 mm lang; Früchte zu 2–5 beisammen, Eicheln eilänglich, 2,–2,5 cm lang, zu einem Drittel oder mehr vom halbkugeligem Becher umgeben.

VERBREITUNG: Balkan, Türkei, S-Italien; Hügel, niedrige Berge, warme Lagen. In Deutschland als Parkbaum nicht selten. Arealkarte 63.

UNTERSCHEIDUNGSHILFE: Die großen, sehr regelmäßig gelappten, unterseits behaarten Blätter.

 # Spanische Eiche; *Quercus hispanica* Lam. (= *Q. pseudosuber* Santi) Fagaceae Taf. 13 E
F Chêne espagnol I Quercia spagnuola E Spanish Oak

MERKMALE: Halbimmergrüner Baum, 10–12 m hoch, Borke zwar dick, aber nur wenig korkig („falsche Korkeiche"!), junge Triebe filzig; Blätter ziemlich derb, eilänglich, 4–10 cm lang, spitz, an jeder Seite mit 4–7 kurzen, 3eckigen Zähnen, oben dunkelgrün und spärlich behaart, unten graugrün filzig, Stiel 5–10 mm lang; Eicheln 3 bis 4 cm lang, Becher die Eichel etwa zur Hälfte umschließend, Schuppen lang und zurückgeschlagen.

VERBREITUNG: Eine Kreuzung zwischen der Zerr-Eiche und der Kork-Eiche, im Gebiet der Eltern vorkommend, Spanien, Portugal, S-Frankreich, Italien, Balkan. Arealkarte 64.

UNTERSCHEIDUNGSHILFE: Ähnlich der Kork-Eiche, aber Rinde kaum korkig! Blätter wintergrün, erst im Frühjahr abfallend, unterseits oft fast grauweiß filzig, Eicheln glänzend kastanienbraun.

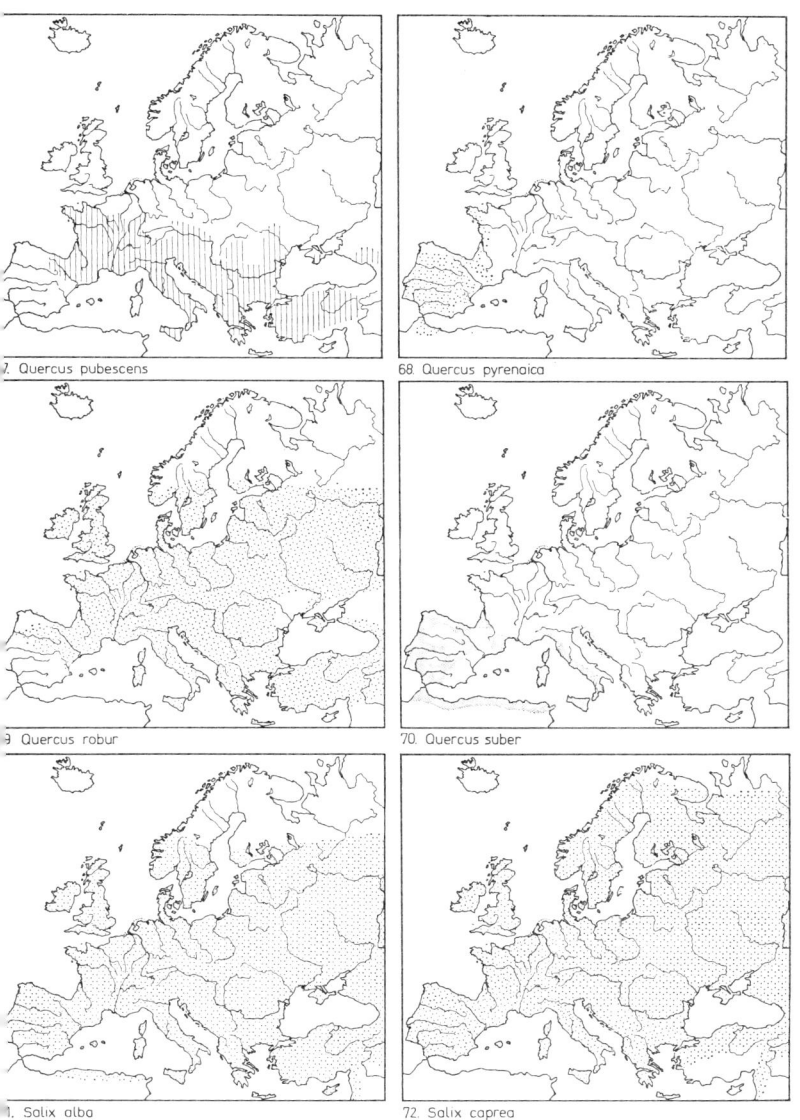

67. Quercus pubescens

68. Quercus pyrenaica

69. Quercus robur

70. Quercus suber

71. Salix alba

72. Salix caprea

 # Stein-Eiche; *Quercus ilex* L. Fagaceae Taf. 13 B, 50

F Chêne vert, Yeuse   I Leccio   E Holm Oak

MERKMALE: Immergrüner (!!), sehr dicht belaubter, großer Baum, bis fast 20 m hoch, oft aber nur großer Strauch, Krone rundlich, Stamm kurz und dick, Borke fast ganz glatt, erst im Alter schuppig, Äste alter Bäume meist hängend, junge Triebe graufilzig; Blätter lederig, in der Form sehr veränderlich, meist elliptisch bis eilanzettlich, 3 bis 7 cm lang, spitz, ganzrandig oder weitläufig gezähnt, in der Jugend locker weißfilzig, doch bald oben dunkelgrün und glänzend, unten graufilzig, Stiel 3–15 mm lang; Eicheln zu 1–3 beisammen, 2 bis 3 cm lang, vom Becher halb umgeben.

VERBREITUNG: Mittelmeergebiet; in England als riesige Parkbäume nicht selten anzutreffen; in Deutschland nicht ausreichend winterhart. Arealkarte 65.

UNTERSCHEIDUNGSHILFE: Kleine lederige Blätter, oben glänzend, unten graufilzig, oft sehr verschiedenartig; Baum sehr dicht belaubt. Sehr häufig vorkommend im Mittelmeergebiet.

● Trauben-Eiche; *Quercus petraea* (Mattuschka) Liebl. (= *Q. sessiliflora* Salisb.) Fagaceae Taf. 12 D, 51

F Chêne rouvre   I Rovere   E Durmast Oak

MERKMALE: Baum bis 45 m hoch, Krone regelmäßig, Stamm meist gerade und bis zum Wipfel durchgehend, Äste gleichmäßig verteilt; Blätter obovat, 8–12 cm lang, regelmäßig kurz und rund gelappt, an der Basis abgestutzt bis breit keilförmig (!), Stiel 1–1,5 cm lang, gelb (!); Früchte zu mehreren, fast sitzend (!!).

VERBREITUNG: Mittel-Europa bis Kleinasien, vor allem im Hügelland, auf Hochebenen, im Vorgebirge; in der Ebene kaum vorkommend. – In Deutschland vor allem im Spessart. Arealkarte 66. – Forstlich sehr wichtiger Baum.

UNTERSCHEIDUNGSHILFE: Schlanker, gerader Stamm, Blätter keilförmig und mit gelber Mittelrippe und Stiel, Früchte sitzend.

● Flaum-Eiche; *Quercus pubescens* Willd. (= *Q. lanuginosa* Thuill.). Fagaceae Taf. 12 F, 51

F Chêne pubescent   I Quercia lanuginosa   E Pubescent Oak

MERKMALE: Sommergrüner Baum, 12–16 m hoch, mitunter höher, Krone breit und dicht, oft breiter als hoch, Zweige weich behaart; Blätter obovat bis elliptisch, jedoch in der Form sehr veränderlich, 5 bis 10 cm lang, rundlich gelappt, an jeder Seite mit 4–8 Lappen, oben stumpf dunkelgrün und meist kahl, unten hellgraugrün und filzig, Stiel 5 bis 10 mm lang; Eicheln eiförmig, 1–2 cm lang, zu 1–4 auf gemeinsamem Stiel sitzend, zu mehr als einem Drittel vom filzigen Becher umgeben.

VERBREITUNG: S-Europa, Mittelmeergebiet, von Spanien bis Kleinasien, vor allem auf trockenen Böden, an Südhängen. In Deutschland nur sehr selten wild vorkommend. Arealkarte 67. – Als Parkbaum ebenfalls nur wenig bei uns verbreitet.

UNTERSCHEIDUNGSHILFE: Mittelhoher, breitkroniger Baum, dicht beastet, Blätter nur mittelgroß, weich behaart, unterseits bleibend graufilzig oder doch wenigstens weich behaart, Stiel ziemlich lang.

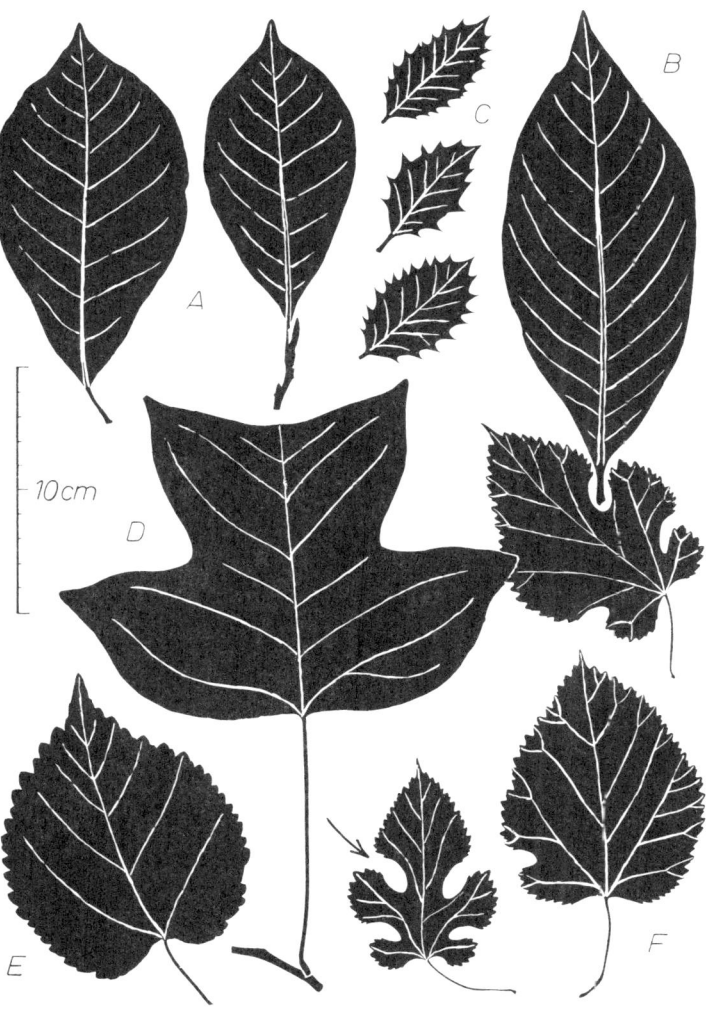

A Magnolie, *Magnolia soulangiana* (S. 68); B Immergrüne Magnolie, *Magnolia grandiflora* (S. 67); C Stechpalme, Hülse, *Ilex aquifolium* (S. 62); D Tulpenbaum, *Liriodendron tulipifera* (S. 67); E Schwarzer Maulbeerbaum, *Morus nigra* (S. 70); F Weißer Maulbeerbaum, *Morus alba* (S. 70).

Pyrenäen-Eiche; *Quercus pyrenaica* Willd. (= *Q. toza* Bosc) Fagaceae
Taf. 13 D

F Chêne tauzin   I Robollo   E Pyrenean Oak

MERKMALE: Sommergrüner Baum, mitunter Ausläufer treibend (!), etwa 10–15 m hoch, oft nur buschiger Strauch, Äste abstehend und gelblich filzig wie die Knospen (!); Blätter obovat bis mehr länglich, 6 bis 15 cm lang, fiederschnittig bis fiederspaltig gelappt, an jeder Seite mit 5–7 gezähnten oder buchtig ausgeschnittenen Lappen, Basis rund bis geöhrt, oben behaart, doch zuletzt ziemlich kahl, dunkelgrün bis graugrün, unten gelblich filzig (!); Früchte in Büscheln zu 3–4, 2 bis 3 cm lang, bis fast zur Hälfte vom halbkugeligen Becher umgeben.
VERBREITUNG: Pyrenäen, S-Frankreich. Arealkarte 68.
UNTERSCHEIDUNGSHILFE: Gelblich-filzige Zweige, Knospen und Blattunterseiten; Blätter tief gelappt und Eicheln an der Spitze flaumig behaart.

Stiel-Eiche; *Quercus robur* L. (= *Q. pedunculata* Ehrh.) Fagaceae
Taf. 12 E, 51

F Chêne pédonculé   I Farnia   E English Oak

MERKMALE: Unregelmäßiger, starkästiger Baum, 20–30 m hoch oder darüber, Stamm nicht durchgehend (!), oder doch nur selten bei freiem Stand, Borke dunkelgrau, tiefrissig; junge Triebe kahl; Blätter obovat bis länglich, 5–10 cm lang, unregelmäßig rundlich gelappt, mit jederseits 3–6 Lappen, Basis geöhrt bis herzförmig, Stiel 4–8 mm lang, oben tiefgrün, unten hellblaugrün, kahl; Früchte meist zu mehreren auf 5–12 cm langem Stiel, 2–3 cm lang, zu einem Drittel vom Becher umgeben.
VERBREITUNG: Europa, Kleinasien, waldbildend, vor allem im Flachland; im Gebirge kaum mehr als 1000 m hoch gehend. Arealkarte 69.
UNTERSCHEIDUNGSHILFE: Großer Baum mit starkem Stamm, dieser im allgemeinen nicht bis zur Spitze durchgehend, sondern sich teilend; Blätter an der Basis geöhrt bis herzförmig (!), Früchte auf gemeinsamem langem Stiel (!!).

Rot-Eiche; *Quercus rubra* L. (= *Q. borealis* var. *maxima* [Marsch.] Ashe) Fagaceae Taf. 12 B, 52; Farbtafel III

F Chêne rouge d'Amerique   I Quercia rossa   E Northern Red Oak

MERKMALE: Baum 20–25 m hoch oder darüber, Krone rund, Stamm sehr gerade und glatt, Knospen kahl, bis 8 mm lang; Blätter länglich, 12–22 cm lang, an jeder Seite mit 7–11 bis zur Mitte der Spreitenhälfte gehenden Buchten, die Lappen dreieckig bis eiförmig, mit einigen unregelmäßigen Zähnen, oben stumpf dunkelgrün, unten heller und mehr grau- oder gelblichgrün, kahl, Herbstfärbung orangerot bis scharlach oder auch nur lederbraun; Früchte kurz gestielt, eiförmig, 2 bis 3 cm lang, nur ganz wenig vom flachen Becher umgeben.
VERBREITUNG: Zwar in Nord-Amerika (Nova Scotia bis Georgia) beheimatet, aber in Europa seit über 200 Jahren fest eingebürgert und forstlich angepflanzt, ebenso in Parks und als Straßenbaum zu finden.
UNTERSCHEIDUNGSHILFE: Die bekannteste aller amerikanischen Eichen und die einzige, die bei uns in großem Umfang angepflanzt wird. Kaum zu verwechseln.

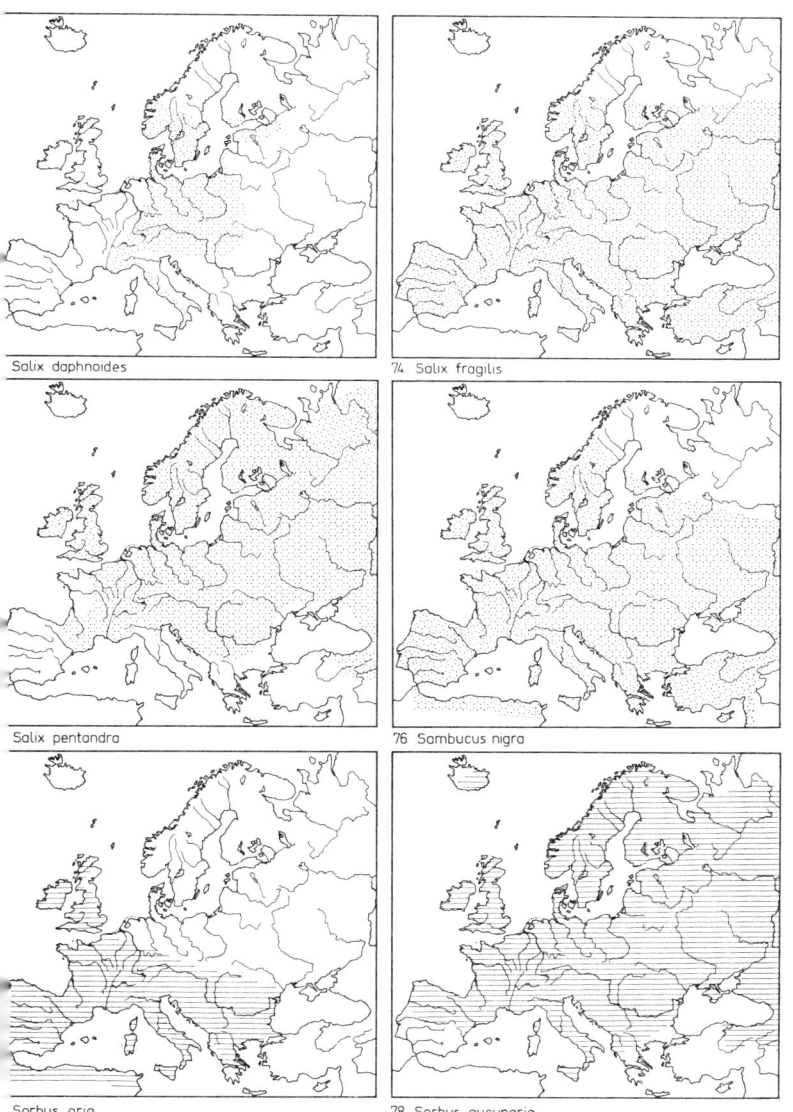

Salix daphnoides

74 Salix fragilis

Salix pentandra

76 Sambucus nigra

Sorbus aria

78. Sorbus aucuparia

Kork-Eiche; *Quercus suber* L. Fagaceae Taf. 13 C, 52; Farbtafel VI
F Chêne liège   I Sughera   E Cork Oak

MERKMALE: Immergrüner (!) Baum, nur 6–10 m, selten höher, Rinde sehr dick und korkig, in den südlichen Ländern leicht zu erkennen an den meist vor kürzerer oder längerer Zeit geschälten Stämmen, die dann während des ersten Jahres nach dem Schälen eine blutrote Färbung zeigen, dann allmählich wieder Kork bilden und nach 7 Jahren wieder geschält werden können; junge Zweige gelbfilzig, Blätter eiförmig bis eilänglich, 3–7 cm lang, Basis meist rund, an jeder Seite mit 4–5 kurzen Zähnen, oben glänzend dunkelgrün, unten grauweiß filzig; Früchte eilänglich, 1,5–3 cm lang.

VERBREITUNG: Mittelmeergebiet, jedoch hauptsächlich in O- und SW-Spanien, S-Portugal, Algier; vereinzelt in Dalmatien. In Deutschland nicht winterhart. Arealkarte 70.

Mazedonische Eiche; *Quercus trojana* Webb Fagaceae Taf. 19 D
F Chêne macédonien   I Fragno   E Macedonian Oak

MERKMALE: Wintergrüner, kleiner Baum, 6–8 m hoch, oft nur aufrechter, großer Strauch, junge Triebe, schilferig, grau bis braun; Blätter länglich, lederig, 4–6 (–9) cm lang, 1,5–2,5 cm breit, oben spitz, an der Basis rund, Rand buchtig gezähnt, die 8–12 Nervenpaare die Spitzen der Zähne etwas überragend, oben glänzend dunkelgrün, unten heller und anfangs sternhaarig oder zuletzt ganz kahl; Eicheln eiförmig, 2,5–3,5 cm lang, bis 2 cm dick, über die Hälfte im Becher stehend, obere Randschuppen lanzettlich und aufrecht, mittlere zurückgeschlagen.

VERBREITUNG: SO-Italien, Jugoslawien, Griechenland, Kleinasien. Arealkarte 118.

UNTERSCHEIDUNGSHILFE: Blätter lederig, klein, schmal, an jeder Seite mit 8–12 Zähnen; Wuchs oft nur strauchig.

Immergrüner Kreuzdorn; *Rhamnus alaternus* L. Rhamnaceae Taf. 18 F
F Alaterne   I Alaterno   E Italian Buckthorn

MERKMALE: Immergrüner, in der Regel 2–3 m hoher Strauch, gelegentlich bis 5 m hoher Baum, junge Triebe fein behaart, Blätter elliptisch bis eiförmig 2–5 cm lang, spitz, Rand entfernt und scharf gesägt oder auch fast ganzrandig, oben dunkelgrün und glänzend, unten gelbgrün, 3–5nervig, Stiel 4–6 mm lang; Blüten winzig, 5zählig, gelbgrün, in kurzen, büscheligen Trauben, März–April; Früchte kugelig, 6 mm dick, schwarz.

VERBREITUNG: Mittelmeergebiet bis Portugal.

UNTERSCHEIDUNGSHILFE: Blätter immergrün, unterseits gelbgrün; Früchte schwarz.

Kork-Eichen – *Quercus suber*, (rote Stämme) und
Ölbäume – *Olea europaea*, (Hintergrund) in Spanien
(Text S. 94 und S. 70)

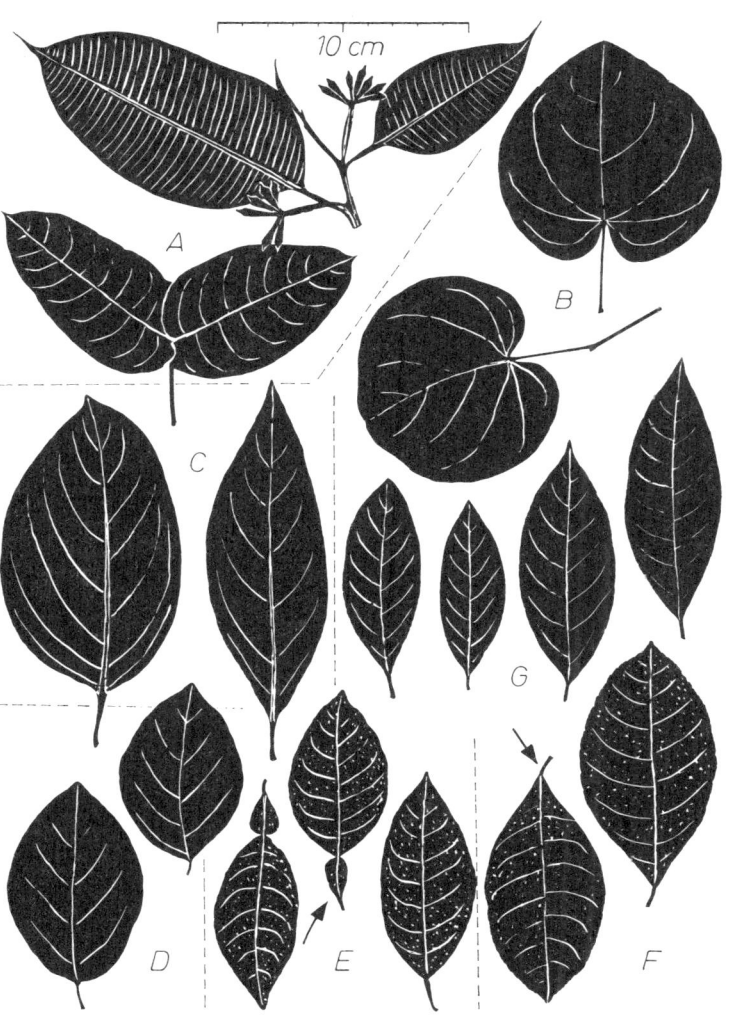

A Blaugummibaum, *Eucalyptus globulus*, unten 2 Jugendblätter, oben Altersblätter und Blütenknospen (S. 56); B Judasbaum, *Cercis siliquastrum* (S. 46); C Kakipflaume, *Diospyros kaki* (S. 54); D Storaxbaum, *Styrax officinalis* (S. 108); E Apfelsinenbaum, *Citrus sinensis* (S. 51); F Zitronenbaum, *Citrus limon* (S. 50); G Lorbeerbaum, *Laurus nobilis* (S. 66).

● **Kreuzdorn;** *Rhamnus catharticus* L. Rhamnaceae Taf. 20 D
F Nerprun purgatif   I Spino cervino   E Common Buckthorn

MERKMALE: Sommergrüner, kleiner Baum, bis 6 m hoch, oder nur baumartiger, sparriger Strauch, Kurztriebe gegenständig und verdornend; Blätter gegenständig, eiförmig-elliptisch 4–7 cm lang, Rand kerbig gesägt, oben stumpfgrün, unten gelbgrün und meist kahl, dünn, mit 3–5 Nervenpaaren; Blüten gelblichgrün, 4zählig, zu 3–5 in achselständigen Büscheln beisammen, Mai–Juni; Früchte erbsengroß, bitter, schwarz.
VERBREITUNG: Fast in ganz Europa, meist auf Kalk. Arealkarte 123.
UNTERSCHEIDUNGSHILFE: Sparriger Wuchs mit vielen gegenständigen, stechenden Kurztrieben.

○ **Pontische Alpenrose;** *Rhododendron ponticum* L. Ericaceae Taf. 48
F Rhododendron de la Mer Noire   I Rododendro purpureo   E Rhododendron

MERKMALE: Immergrüner, hoher Strauch, gelegentlich kleiner, bis 5 m hoher Baum, in der Regel von unten an bezweigt, junge Triebe kahl, Blätter länglich-lanzettlich, 10–15 cm lang, oben spitz, dunkelgrün, unten heller, beiderseits ganz kahl, mit 12–15 Nervenpaaren; Blüten zu 10–15 in Doldentrauben, Krone breit trichterförmig, 4–5 cm breit, mit 5 ziemlich spitzen Saumzipfeln, purpurviolett mit gelbgrünem Fleck, Mai–Juni.
VERBREITUNG: O-Balkan, S-Spanien, Portugal, aber in NW-Europa (Belgien, Holland, Brit. Inseln) verwildert oder eingebürgert. Arealkarte 125.
UNTERSCHEIDUNGSHILFE: Die einzige wild (oder verwildert) vorkommende großblättrige immergrüne Art; Blattspreite flach (nicht löffelförmig gewölbt) wie bei dem in den Gärten häufigen *Rhod. catawbiense.*

□ **Robinie, Falsche Akazie;** *Robinia pseudoacacia* L. Leguminosae Taf. 3 F, 52
F Robinier, Faux-acacia   I Falsa Acacia   E Locust, Robinia

MERKMALE: Baum, bis 25 m hoch, Krone locker, Borke tiefrissig, junge Äste und Triebe stark dornig, olivgrün bis dunkel rotbraun; Blätter wechselständig, gefiedert, 20–30 cm lang, mit 9–19 Blättchen, diese elliptisch, 3–4 cm lang, mitunter länger, oben sattgrün, unten graugrün, im Herbst gelb, kahl; Blüten weiß, 2 cm lang, in dichten, 10 bis 20 cm langen, hängenden Trauben, Juni, duftend; Hülsen bis 10 cm lang, glatt.
VERBREITUNG: Zwar im östlichen und mittleren Nordamerika beheimatet, jedoch in Europa fest eingebürgert und verwildert, so an Bahndämmen, Waldrändern auf leichten Böden.
UNTERSCHEIDUNGSHILFE: Die ,,Akazie" ist ein so allgemein bekannter Baum, daß sie wohl nicht verwechselt werden kann; von Eschen und anderen Bäumen mit gefiederten Blättern ist sie an den sehr dornigen Zweigen und der tief rissigen Borke, sowie den weißen Schmetterlingsblüten gut zu unterscheiden.

● **Weiß-Weide;** *Salix alba* L. Salicaceae Taf. 6 H, 53
F Saule blanc   I Salice bianco   E White Willow

MERKMALE: Raschwüchsiger Baum, 6–25 m hoch, Krone sehr verzweigt, Stamm schlank, Borke längsrissig, jedoch im Alter nicht abblätternd, jüngere Zweige etwas hängend, olivbraun, in der Jugend seidenhaarig; Blätter lanzettlich, 6–10 cm lang, in der Mitte am breitesten, fein gesägt, nach beiden Ende zugespitzt, zuerst beiderseits angedrückt seidig behaart, später oben ziemlich kahl, unten bläulich und seidig, Nebenblätter lanzettlich; Blüten 4–6 cm lang, an beblätterten Stielen, Staubblätter 2, Fruchtknoten sitzend (nur mit Lupe erkennbar), Griffel kurz.
VERBREITUNG: Europa, W- und N-Asien, vor allem in feuchten Niederungen, Auewäldern, feuchten Gebirgstälern. Arealkarte 71.
UNTERSCHEIDUNGSHILFE: Die ,,Kopfweide" unserer Wiesen und Bachränder! Blätter in der Jugend beiderseits mehr oder weniger silbrig.

⌗ **Trauer-Weide;** *Salix babylonica* L. Salicaceae Taf. 6 L, 53
F Saule pleureur   I Salice babilonese   E Weeping Willow

MERKMALE: Baum bis 10 m, Krone breit, Jahrestriebe lang herabhängend, gelbgrün, auf der Oberseite jedoch immer gerötet (!!), nur in der Jugend etwas seidig; Blätter lineal-lanzettlich, 8–16 cm lang, oben dunkelgrün, unten blaugrün und nicht behaart (!!); Blütenkätzchen kurz gestielt und meist gekrümmt, männliche bis 4, weibliche nur bis 2 cm lang.
VERBREITUNG: Mutmaßlich in China und O-Asien beheimatet, doch schon seit etwa 1730 in Europa bekannt, heute hauptsächlich in S- und W-Europa verbreitet und dort die Trauer-Weißweide vertretend.
UNTERSCHEIDUNGSHILFE: Wird sehr leicht verwechselt mit der in Mitteleuropa allgemein angepflanzten Trauerweide, die aber eine Gartenform der Weiß-Weide (*Salix alba* ,Tristis') ist und hellgelbe Jahrestriebe ohne jede Rötung hat. (Taf. 6 M, 53).

● **Sal-Weide;** *Salix caprea* L. Salicaceae Taf. 6 K
F Marsault   I Salice, Salicone   E Goat Willow, Common Willow

MERKMALE: Eigentlich Großstrauch, aber nicht selten baumartig, 5 bis 7 m hoch, Krone rundlich, dicht, Zweige zuerst grau behaart, später kahl und glänzend rotbraun, (bei weiblichen Pflanzen jedoch meist ganz grün), mit sehr dicken Kätzchenknospen; alte Stämme mit hellgrau aufreißender Rinde; Blätter breit elliptisch, bis 10 cm lang, oben runzelig und mattgrün, unten graugrün und mehr oder weniger dicht behaart, Rand gekerbt; Kätzchen fast oder deutlich sitzend, vor den Blättern, weibliche Kätzchen grün, zuletzt bis fast 7 cm lang, männliche Kätzchen bis 4,5 cm lang, sehr dick, Staubbeutel goldgelb.
VERBREITUNG: Ganz Europa bis Kaukasus und Sibirien. Im Gebirge bis etwa 1500 m hoch gehend; an Waldrändern oder auch im Mischwald, auf frischen bis trockneren Böden. Arealkarte 72.
UNTERSCHEIDUNGSHILFE: Vor allem an den glänzenden, kahlen Vorjahrestrieben mit dicken Knospen und unterseits graugrün-behaarten Blättern.

● **Reif-Weide;** *Salix daphnoides* Vill. Salicaceae Taf. 6 F, 52
F Saule daphné   E Violet Willow

MERKMALE: Hoher Baum, 10 (–20) m, Zweige aufrecht bis abstehend, dadurch
Krone entweder schmal oder breit, Stamm gerade, schlank, glatt, innere
Rinde zitronengelb (!), junge Triebe zuerst etwas behaart, später kahl
dunkelrot, blauweiß bereift (!); Blätter länglich bis lanzettlich, 5–10 cm lang,
spitz, fein drüsig gesägt bis fast ganzrandig, derb, in der Jugend behaart,
bald kahl, oben glänzend dunkelgrün, unten blaugrün, Stiel 2–4 mm lang;
Kätzchen klein, bis 3 cm lang, auf kurzen Stielen, März.
VERBREITUNG: N- und Mittel-Europa bis Mittelasien. Arealkarte 73.
UNTERSCHEIDUNGSHILFE: Dunkelrote Jahrestriebe mit blauweißem, abwisch-
barem Reif, Innenrinde zitronengelb; Kätzchen dick, silbrig.

● **Knack-Weide; Bruch-Weide;** *Salix fragilis* L. Salicaceae Taf. 6 G, 54
F Saule fragile   I Salice fragile   E Crack Willow

MERKMALE: Hoher Strauch oder Baum, bis 15 m, Krone ziemlich kugelig,
Äste abstehend (oft fast rechtwinklig), gelblich bis bräunlich, glatt,
glänzend, die ein- bis 3jährigen Triebe bei leichtem Druck meist glatt
abknackend (!); Blätter länglich-lanzettlich, 5–15 cm lang, lang zugespitzt,
drüsig gesägt, Basis keilförmig, oben glänzend dunkelgrün, unten hellgrün
oder bläulich, anfangs seidig behaart, bald ganz kahl; Kätzchen auf
beblätterten, kurzen Seitenzweigen, Spindel behaart, männliche Kätzchen
3–4, weibliche 3–6 cm lang, April.
VERBREITUNG: Heimat nicht ganz sicher bekannt, doch vermutlich aus dem
Orient mit Kulturmaßnahmen eingebracht und dann durch Europa verbreitet, ebenso auch mit anderen Weiden-Arten verbastardiert. Arealkarte 74.
UNTERSCHEIDUNGSHILFE: An den abknackenden Zweigen gut zu erkennen.

● **Lorbeer-Weide;** *Salix pentandra* L. (= *S. laurifolia* Wesm.) Lauraceae
Taf. 6 I
F Saule larier   I Salice-lauro   E Bay-leaved Willow

MERKMALE: Strauch oder Baum, bis 10 m oder höher, dicht belaubt, Krone
rundlich, Stamm im Alter grau und längsrissig, vorjährige Zweige meist wie
braun lackiert (!), an der Ansatzstelle brüchig, junge Triebe zuerst etwas
klebrig (!) ebenso die jungen Blätter (!); Blätter elliptisch-eiförmig, 5–12 cm
lang, kurz zugespitzt, Basis rund bis leicht herzförmig, fein drüsig gezähnt,
oben tiefgrün und glänzend, unten heller, Mittelrippe gelb, kahl, Stiel
6–10 mm lang; männliche Kätzchen goldgelb, 3–5 cm lang, in der Regel mit
5 Staubgefäßen (Lupe!!); weibliche Kätzchen 3–6 cm lang, erst im Mai–Juni,
als letzte Weidenart (!!).
VERBREITUNG: N-Europa bis N-Asien, hauptsächlich in den Niederungen.
Arealkarte 75.
UNTERSCHEIDUNGSHILFE: Die glänzenden, in der Jugend etwas klebrigen
Blätter, die sehr späte Blüte im Mai–Juni und die männlichen Blüten mit 5
(oder mehr) Staubgefäßen (bei der Bruch-Weide nur 2 Staubgefäße).

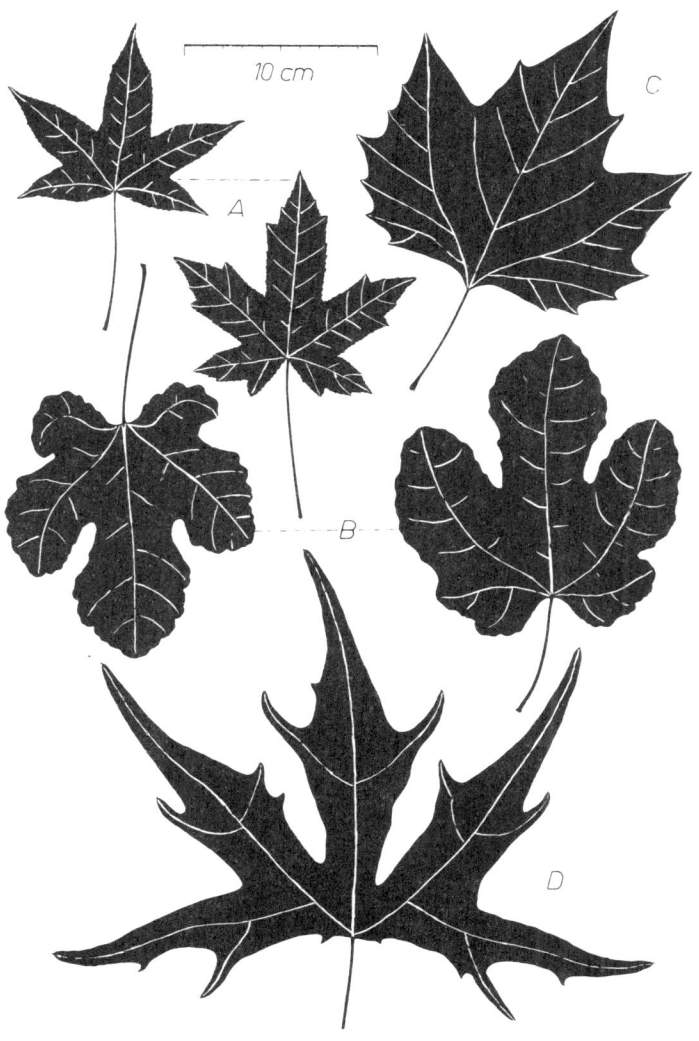

10 cm

A Amberbaum, *Liquidambar styraciflua* (S. 66); B Feigenbaum, *Ficus carica* (S. 58); C Platane, *Platanus acerifolia* (S. 76); D Morgenländ. Platane, *Platanus orientalis* (S. 76).

● **Schwarzer Holunder;** *Sambucus nigra* L. Caprifoliaceae Taf. 1 B, 54
F Sureau noir   I Sambuco   E Black Elder

MERKMALE: Kleiner Baum oder nur großer Strauch, selten höher als 6 m, Borke tief gefurcht, grauweiß und korkig, Zweige grau, mit großen Lentizellen, Mark weiß (!); Blätter gegenständig, gefiedert, meist mit 5 Blättchen, diese meist ei-elliptisch und 10–15 cm lang, oben dunkelgrün, unten heller und etwas behaart, gerieben unangenehm riechend (!!); Blüten gelblichweiß, in 10–20 cm breiten, flachen Ständen, Juni–Juli, duftend; Früchte zuerst rot, später schwarz, 6 bis 8 mm dick, glänzend, Fruchtstiele meist rot.

VERBREITUNG: Europa bis Kaukasus und Kleinasien; auf humosen Böden, oft verwildert, meist in der Nähe von Wohnorten. Areal-karte 76.

UNTERSCHEIDUNGSHILFE: Durch den typischen Geruch zu erkennen, Mark durchschnittener Triebe weiß.

#□ **Pfefferbaum;** *Schinus molle* L. Anacardiaceae Taf. 55
F Mollé poivré, Mollé Pleureur   I Falso pepe

MERKMALE: Immergrüner, rundkroniger Baum, Zweige zierlich überhängend (ähnlich einer Hänge-Weide, aber lockerer bezweigt), Blätter gefiedert, 12–20 cm lang, pfefferartig schmeckend, mit 21–41 lineal-lanzettlichen, 3–5 cm langen, spitzen, gezähnten, kahlen Blättchen; Blüten gelblichweiß, in 2,5–5 cm langen Rispen, April, Früchte erbsengroß, karminrosa.

VERBREITUNG: Mittel- und S-Amerika, jedoch in S-Europa nicht selten als Park- oder Straßenbaum anzutreffen.

UNTERSCHEIDUNGSHILFE: Tracht wie eine Hänge-Weide, aber Blätter gefiedert; rote Früchte.

● **Mehlbeerbaum;** *Sorbus aria* (L.) Crantz. Rosaceae Taf. 11 B
F Alisier blanc   I Sorbo montano   E Whitebeam

MERKMALE: Baum, oft auch vielstämmiger Großstrauch, 6–12 m, Krone breitkegelförmig, Zweige anfangs graufilzig, ebenso die Winterknospen später olivbraun, Stamm glatt, dunkelbraun; Blätter wechselständig, ellip-tisch-eiförmig, 8–12 cm lang, derb, oben sattgrün, unten dicht weißfilzig (!!) mit 10–14 Nervenpaaren, scharf doppelt gesägt; Blüten etwa 1,5 cm breit weiß, in etwa 5 cm breiten, verzweigten, schirmförmigen Trugdolden, Mai Früchte eirundlich, orangerot, mehlig, 10–12 mm dick, Sept.–Okt.

VERBREITUNG: Mittel- und W-Europa, in Deutschland hauptsächlich im Süden Gebirgsgegenden. Arealkarte 77.

UNTERSCHEIDUNGSHILFE: Weißfilzige Jungtriebe und scharfgesägte (nich gelappte!) Blätter; Früchte sehr mehlig.

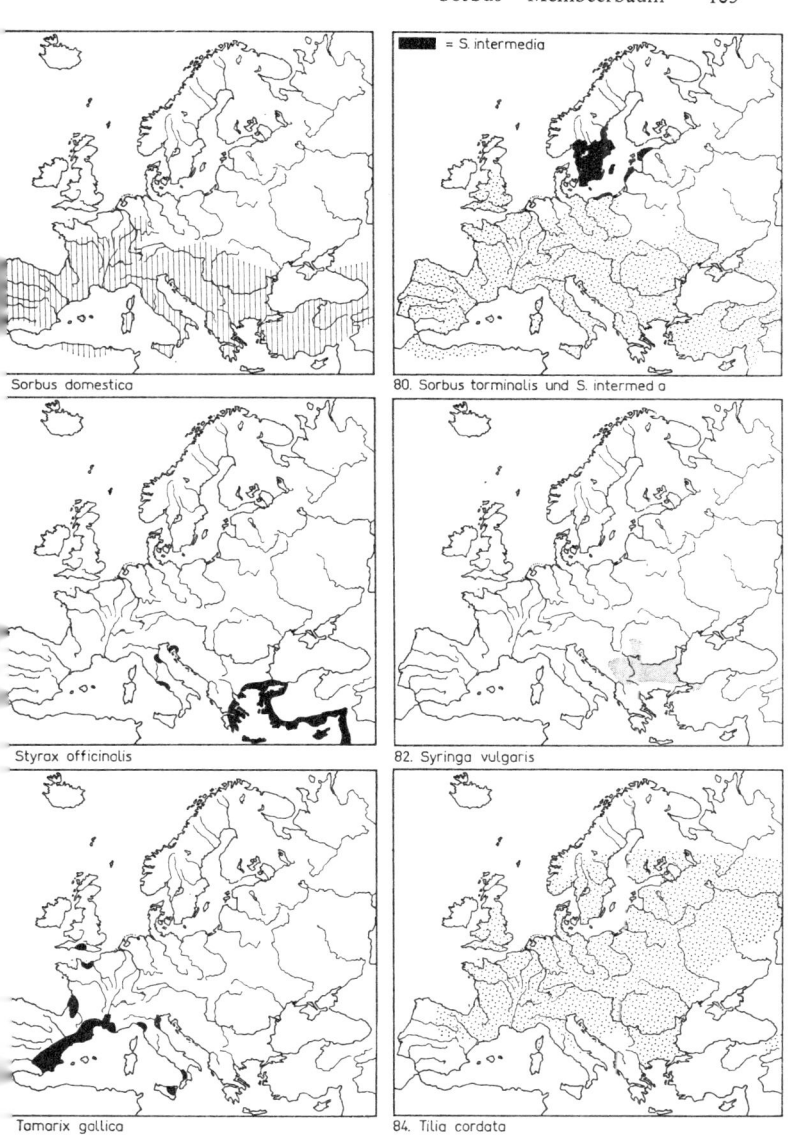

Sorbus domestica

= S. intermedia

80. Sorbus torminalis und S. intermedia

Styrax officinalis

82. Syringa vulgaris

Tamarix gallica

84. Tilia cordata

● **Gemeine Eberesche, Vogelbeere;** *Sorbus aucuparia* L. Rosaceae Taf. 3 E, 54
F Sorbier des oiseleurs   I Sorbo selvatico   E Rowan-tree, Mountain ash

MERKMALE: Baum, 5–15 m hoch, oft vielstämmiger Großstrauch, Stamm lange
  Zeit glatt und grau, später schwärzlich und längsrissig, junge Triebe hellgrau
  und weich behaart, Winterknospen schwarz, filzig, nicht klebrig; Blätter
  wechselständig, gefiedert, bis 20 cm lang, mit 9–15 Blättchen, diese
  länglich-lanzettlich, 5–6 cm lang, spitz, scharf gesägt, oben frischgrün und
  kahl, unten graugrün und wenigstens in der Jugend behaart; Blüten etwa
  1 cm breit, in etwa 15 cm breiten, verzweigten Trugdolden, weiß, Mai;
  Früchte erbsengroß, hochrot, Fruchtstände herabhängend, ab August-
  September in Farbe, herb-bitter.
VERBREITUNG: Nahezu in ganz Europa, verstreut in Wäldern; im nördlichsten
  Europa mit dunkelroter Herbstfärbung. Arealkarte 78.
UNTERSCHEIDUNGSHILFE: Von den echten Eschen zu unterscheiden durch die
  wechselständigen Blätter, roten Früchte und oft mehrstämmig; vom Speier-
  ling verschieden durch die an der Basis unsymmetrischen Blättchen und
  kürzeren Zähne.

● **Speierling;** *Sorbus domestica* L. Rosaceae Taf. 3 D, 55
F Cormier   I Sorbo   E Service-tree

MERKMALE: Baum, bis 20 m hoch, Krone breit kegelförmig, Stamm älterer
  Bäume mit rauher Borke (wie bei einem Birnbaum!!), Zweige bald kahl,
  Winterknospen klebrig (!), glänzend; Blätter gefiedert, mit 11 bis 21
  Blättchen, diese schmal-länglich, 3–8 cm lang, scharf gesägt, oben kahl,
  unten flockig-filzig (!); Blüten 1,5 cm breit, weiß, in 6 bis 10 cm breiten,
  kegelförmigen Doldentrauben, Mai–Juni, Knospen meist gerötet (!); Früch-
  te apfel- oder birnförmig, bis 3 cm lang, gelbgrün bis bräunlich, auf der
  Sonnenseite oft gerötet, herbsauer, bei der Mostbereitung Verwendung
  findend.
VERBREITUNG: Mittel- und S-Europa bis Kleinasien, Waldränder, Gebüsche; in
  S-Deutschland häufig angepflanzt. Arealkarte 79.
UNTERSCHEIDUNGSHILFE: Blätter wie bei der Gemeinen Eberesche, aber
  größer, Basis der Blättchen jedoch symmetrisch (!!), unterseits filzig;
  Früchte entweder birn- oder apfelförmig; Stamm rauh wie bei einem
  Birnbaum (!!).

○ **Bastard-Eberesche;** *Sorbus hybrida* L. Rosaceae Taf. 11 C
MERKMALE: Baum, 10–12 m hoch, ältere Äste waagerecht abstehend (!!), an den
  Spitzen überhängend, junge Triebe und Blattstiele flockig-filzig; Blätter
  eiförmig bis eilänglich, mit 8–10 Nervenpaaren, oben meist breit abgerundet
  (!), stumpf, an der Basis meist mit 1–2 Paar Fiederblättchen, alle Zähne
  zugespitzt, dunkelgrün, unten graugrün, zuletzt derb lederig; Blütenstände
  6–10 cm breit, filzig, Blüten weiß, bis 1,5 cm breit, Mai; Früchte kugelig, rot
  spärlich punktiert, 10 bis 12 mm dick (!).
VERBREITUNG: Wild nur in N-Europa, von SW-Finnland (deshalb auch *Sorbus
  fennica* Fries genannt!) bis Mittel- und S-Norwegen. In W-Deutschland,
  Holland und England selten außerhalb botanischer Gärten.
UNTERSCHEIDUNGSHILFE: Blätter mit 1 bis 2 Paaren freier Fiederchen an der
  Basis!

5 cm

A Winter-Linde, *Tilia cordata* (S. 110); B Hängezweigige Silber-Linde, *Tilia petiolaris* (S. 112); C Holländische Linde, *Tilia europaea* (S. 112); D Silber-Linde, *Tilia tomentosa* (S. 114); E Sommer-Linde, *Tilia platyphylla* (S. 112).

○ **Schwedische Mehlbeere, Oxelbeere;** *Sorbus intermedia* (Ehrh.) Pers.
Rosaceae Taf. 11 D, 55 (= *S. scandica* Fries)
F Alisier blanc du Suède   I Sorbo di Persia   E Swedish Whitebeam

MERKMALE: Baum, 10–12 m hoch, mitunter nur Strauch, junge Triebe zuerst
sehr wollig, bis zum Herbst kahl werdend, Krone eiförmig; Blätter breit
eiförmig, 6–10 cm lang, dünn, stumpf (!), gelappt, unter der Mitte
gelegentlich fiederspaltig, mit 7–9 Nervenpaaren, unregelmäßig gesägt, Basis
breit keilförmig bis rund, oben glänzend, unten graufilzig (nicht weiß!);
Blütenstände 8–10 cm breit, sehr verästelt, weiß, Mai; Früchte ellipsoid,
bis 13 mm dick, etwas länger als breit, orangerot, glänzend, eßbar, mit
aufrechten Kelchblättern (!), Oktober.
VERBREITUNG: N-Europa. – In Deutschland als Alleebaum nicht selten.
Arealkarte 80.
UNTERSCHEIDUNGSHILFE: Baum mit glatter Rinde; Blätter stets mit 4 bis 5 gut
ausgebildeten Lappenpaaren; Früchte länger als breit.

● **Breitblättrige Mehlbeere;** *Sorbus latifolia* Lam.) Pers. Rosaceae Taf. 19 B
F Alisier de Fontainebleau, Elorisier   I Sorbo

MERKMALE: Baum, 6–10 (–18) m hoch, Krone eirund, im Alter mit breiter
Basis, Stamm glatt, grau, Triebe glänzend, olivbraun; Blätter eirund,
7–10 cm lang, fiederartig gelappt und scharf gesägt, oben dunkelgrün und
mattglänzend, unten graugelb filzig (!); Blüten rahmweiß, 1,5 cm breit, in
etwa 10 cm breiten Doldenrispen, Achsen filzig, Griffel meist 2; Früchte
ellipsoid, braun, punktiert, 1,5 cm lang.
VERBREITUNG: Von O-Portugal bis SW-Deutschland; zuerst gefunden vor
1750 im Wald von Fontainebleau, Frankreich.
UNTERSCHEIDUNGSHILFE: Große, unterseits graugelb filzige Blätter, braune,
punktierte Früchte.

● **Elsbeere;** *Sorbus torminalis* (L.) Crantz Rosaceae Taf. 11 A, 55
F Alisier torminal   I Ciavardello, Baccarello   E Wild Servic

MERKMALE: Rundkroniger Baum, 10–15 m hoch oder höher, dicht belaubt
junge Zweige anfangs locker filzig, später kahl und glänzend rotbraun
Blätter wechselständig, breit eiförmig, bis 10 cm lang, tief und spitz gelappt
Basis abgestutzt bis keilförmig, die Lappen sehr spitz, scharf gesägt, oben
frischgrün und etwas glänzend, unten hellgrün und weich behaart, Herbstfär
bung rot; Stiel 2–5 cm lang; Blüten weiß, 12 mm breit, in lockeren, filzigen
bis 12 cm breiten Doldentrauben, Mai–Juni; Früchte ellipsoid, 15 mm lang
braun, heller punktiert, eßbar (wenn teigig geworden).
VERBREITUNG: Europa, ausgenommen N- und NO-Europa, in N-Deutschland
wohl nur angepflanzt. Arealkarte 80.
UNTERSCHEIDUNGSHILFE: Durch die fast ahorn-förmigen Blätter und brauner
Früchte mit Sicherheit zu erkennen; Borke alter Stämme birnbaumartig.

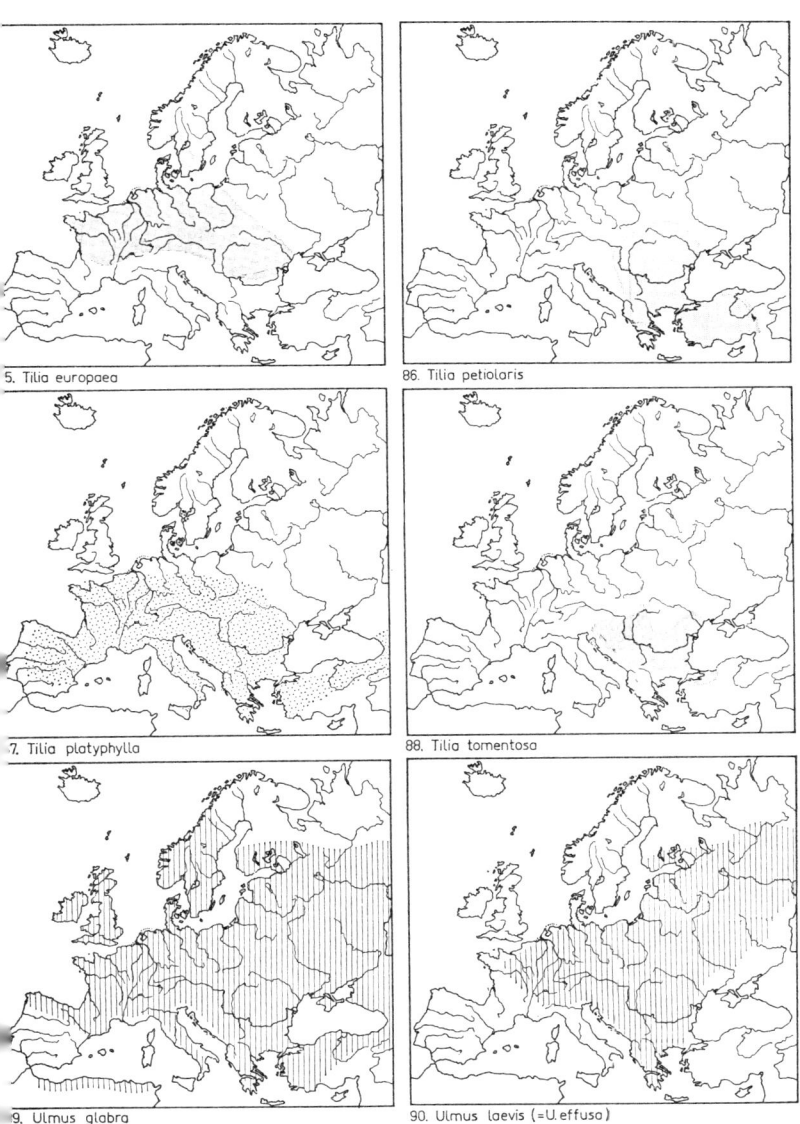

5. Tilia europaea

86. Tilia petiolaris

7. Tilia platyphylla

88. Tilia tomentosa

9. Ulmus glabra

90. Ulmus laevis (=U. effusa)

 # Storaxbaum; *Styrax officinalis* L. Styracaceae Abb. 15 D, 56
F Aliboufflier   E Drug Snowbell

MERKMALE: Sommergrüner kleiner Baum, bis 7 m hoch, oft nur Strauch, junge
Zweige gelblich graugrün und sternhaarig (Lupe!); Blätter eiförmig, 3–5 cm
lang, dünn, stumpf, Basis rund, ganzrandig, in der Jugend sternhaarig;
Blüten weiß, zu 3–6 beisammen in endständigen, hängenden Trauben, die
einzelnen Blüten bis 3 cm breit, außen feinfilzig, duftend, Staubbeutel
goldgelb, Mai; Früchte kugelig, grün, filzig.

VERBREITUNG: SO-Europa, Kleinasien; in Jugoslawien und Italien nur
vereinzelt; in Frankreich im Gapeau-Tal, nördlich von Toulon. Arealkarte
81.

UNTERSCHEIDUNGSHILFE: Im Orient wundervoller Blütenbaum mit glockigen
(Krone mit 5–7 schmalen Petalen), weißen, duftenden Blüten; Blätter
sternhaarig, ganzrandig.

○ Flieder; *Syringa vulgaris* L. Oleaceae Taf. 5 G
F Lilas   I Lilacco comune   E Common Lilac

MERKMALE: Kleiner Baum, nur selten höher als 7 m, meist jedoch großer,
mehrstämmiger Strauch, mit Ausläufern; Stamm und Äste mit graubrauner
Rinde, im Alter mit längsrissiger, abfasernder Borke; Blätter gegenständig,
eiförmig bis breit eiförmig, zugespitzt, 5–12 cm lang, Basis herzförmig,
kahl; Blüten in 10–20 cm langen Rispen, bei Wildpflanzen lila bis weiß,
duftend, Mai.

VERBREITUNG: SO-Europa; felsige, buschige Abhänge oder Unterholz, Waldränder. Arealkarte 82. – In ganz Europa einer der bekanntesten und meist
beliebten Ziersträucher der Gärten und Parks, mit rund 800 gezüchteten
Sorten!

UNTERSCHEIDUNGSHILFE: So bekannt, daß er selbst ohne Blüten nicht
verwechselt werden dürfte.

 # Afrikanische Tamariske; *Tamarix africana* Poir. Tamaricaceae
F Tamaris d'Afrique   I Tamarice maggiore   E African Tamarix

MERKMALE: Baum bis 10 m hoch oder Großstrauch, Rinde schwarz bis
dunkelpurpurn, junge Triebe kahl; Blätter sitzend, 1,5–2,5 mm lang, mit
schmalem Hautsaum; Blüten an den vorjährigen Trieben (!), meist in
einfachen, 3–7 cm langen und 6–9 mm breiten Trauben, weiß (!), Kelch und
Krone 5zählig, Petalen 2,5–3 mm lang, die einzelnen Blüten fast sitzend,
Griffel viel länger als der Fruchtknoten, Staubbeutel stumpf, März–Mai, oft
aber Februar bis August blühend.

VERBREITUNG: SW-Mittelmeergebiet, nach O- bis S-Italien, an Küsten und
Flußufern, auch auf feuchten Kalkböden. Arealkarte 127.

UNTERSCHEIDUNGSHILFE: Triebe nur mit schuppenförmigen Blättern; Blüten
weiß, am vorjährigen Holz.

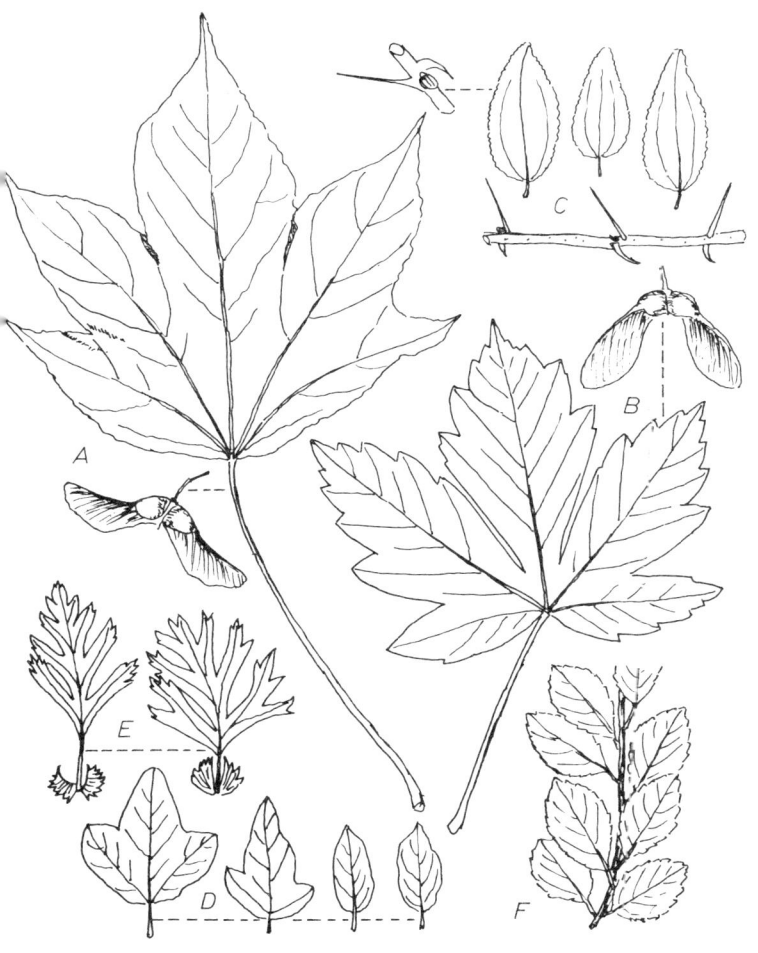

A Lobels Ahorn, *Acer lobelii* (S. 32); B Griechischer Ahorn, *Acer heldreichii* (S. 32); C Judendorn, *Zizi-phus jujuba* (S. 116); D Kreta-Ahorn, *Acer sempervirens* (S. 36); E Azarol-Dorn, *Crataegus azarolus* (S. 52); F Immergrüner Kreuzdorn, *Rhamnus alaternus* (S. 96).

 # Tamariske; *Tamarix gallica* L. (= *T. anglica* Webb.) Tamaricaceae Taf. 5 K, 56

F Tamaris   I Tamarice   E Tamarisk

MERKMALE: Nur selten ein Baum, bis 10 m hoch oder weniger, meist nur ein großer Strauch, Stamm braun, Rinde oft ungleichmäßig und knollig, jüngere Triebe schwärzlichbraun bis tief purpurn; Blätter schuppenförmig, winzig, an längeren Zweigen bis 2 mm lang; Blüten sehr klein, rosa bis weiß, 5zählig, die Filamente der Staubfäden auf den Spitzen der Diskuszipfel stehend (scharfe Lupe erforderlich), in 3–5 cm langen Trauben an grünen Trieben, Juli–September.

VERBREITUNG: S-England, S-Frankreich und Spanien. Arealkarte 83.

UNTERSCHEIDUNGSHILFE: Neben *T. gallica* kommt im gleichen Gebiet verwildert noch *T. chinensis* vor, die meist baumartig wird und auch sehr häufig als Promenadenbaum in den Städten der franz. Atlantikküste (Arcachon usw.) angepflanzt ist. Zweige sehr dünn, Blätter blaugrün; Blüten zartrosa, meist zu größeren, hängenden Rispen vereinigt, August–September.

● Winter-Linde; *Tilia cordata* L. Tiliaceae Taf. 17 A, 57

F Tilleul à petites feuilles   I Tiglio selvatico   E Small-laved Lime

MERKMALE: Stattlicher Baum, bis 30 m hoch, Krone gestreckt bis ausladend, Stamm oft mit knolligen Wucherungen (!), Stamm bei freiem Stand kurz und dick, bis ins hohe Alter ganz glatt, erst dann rissig; junge Triebe meist ganz kahl; Blätter rundlich-herzförmig, kurz zugespitzt, fein und scharf gesägt, 4–7 cm lang und breit, oben sattgrün, unten blaugrün und rotbraun gebärtet (!!); Blüten gelblichweiß, stark duftend, in der 1. Juli-Hälfte, zu 5–9 in hängenden bis aufrechten Trugdolden; Früchte kugelig, 6 mm dick, dünnschalig, entweder ganz ohne oder nur mit schwachen Rippen.

VERBREITUNG: Eigentlich O-Europa, von dort aber verbreitet bis nach S-Skandinavien, England, Atlantische Küste und NO-Spanien, waldbildend jedoch nur in O-Europa, sonst überall häufig angepflanzt; Baum des Flachlandes. Arealkarte 84.

UNTERSCHEIDUNGSHILFE: Stamm mit Knollen; Blätter klein, unterseits blaugrün und in den Nervenwinkeln rotbraun behaart, sonst aber kahl (!!).

 # Kaukasus-Linde; *Tilia dasystyla* Stev. Tiliaceae Taf. 20 C (= *T. rubra* Stev.)

F Filleul du Caucasus   I Tiglio   E Caucasian Lime

MERKMALE: Baum, 20–30 m hoch, Krone breit kegelförmig, Stamm gerade, Jahrestriebe kahl, rot; Blätter derb, eirund, plötzlich zugespitzt, 8–14 cm lang, schief herzförmig, Rand scharf gesägt mit grannigen Zähnen, oben dunkelgrün und stark glänzend, unten heller und mit weißen Haarbüscheln in den Nervenwinkeln; Blüten zu 3–7 in Trugdolden; Früchte eirund, leicht 5rippig, 1 cm lang.

VERBREITUNG: SO-Europa bis Kaukasus und Persien.

UNTERSCHEIDUNGSHILFE: Blätter ziemlich groß, oben stark glänzend, schief eiförmig; Jahrestriebe rot.

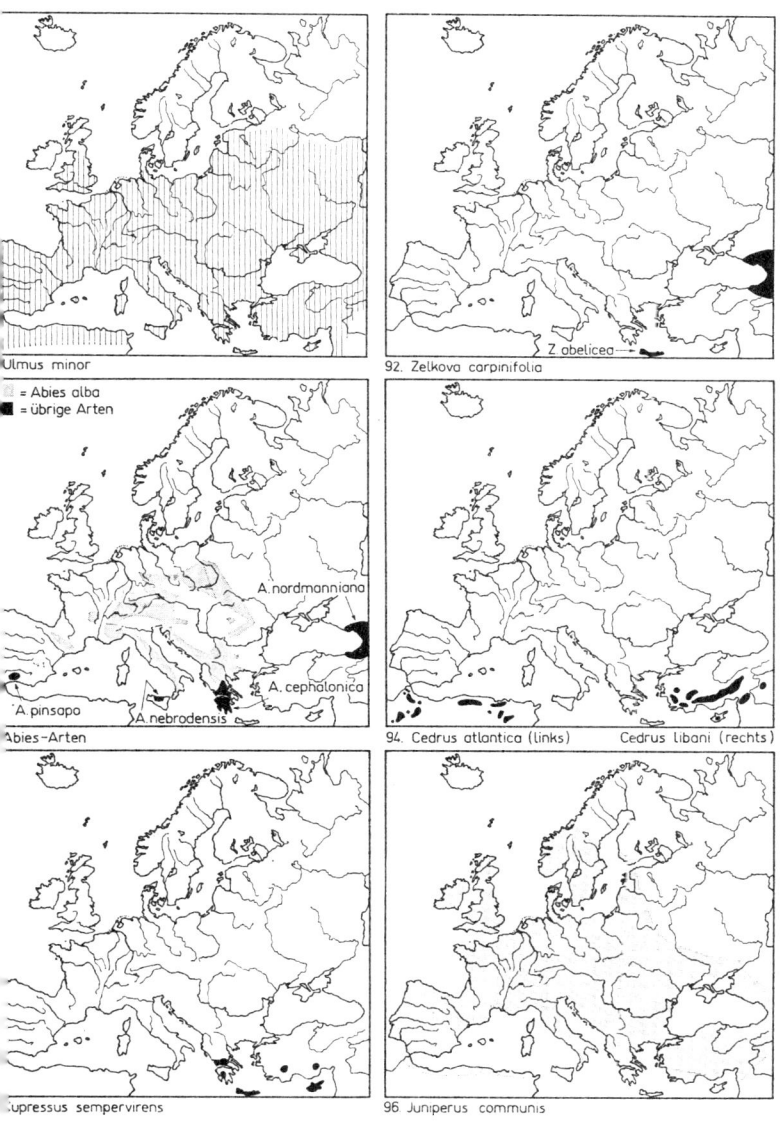

Ulmus minor

= Abies alba
= übrige Arten

Abies-Arten
A. nordmanniana
A. cephalonica
A. pinsapo
A. nebrodensis

Cupressus sempervirens

92. Zelkova carpinifolia
Z. abelicea

94. Cedrus atlantica (links)   Cedrus libani (rechts)

96. Juniperus communis

● **Holländische Linde**; *Tilia europaea* L. (= *T. vulgaris* Hayne) Tiliaceae
Taf. 17 C, 56
F Tilleul de Hollande   I Tiglio olandese   E Common Lime

MERKMALE: Hoher Baum, bis 25 m, mitunter auch höher, Krone breit
eiförmig, untere Zweige im Bogen herabhängend, Stamm mit knolligen
Verdickungen; junge Triebe kahl; Blätter schief herzförmig, kurz zugespitzt,
scharf gesägt, oben dunkelgrün und kahl, unten heller und ebenfalls kahl bis
auf einige weiße Haarbüschel in den Nervenwinkeln (!), Stiel 3–5 cm lang;
Blüten zu 5–10 in 7–8 cm langen, hängenden (!) Trugdolden, Ende
Juni–Anfang Juli, gelblichweiß; Früchte etwa 8 mm dick, fast kugelig,
undeutlich gerippt, filzig, hartschalig.
VERBREITUNG: Diese Linde ist eine Kreuzung zwischen der Winterlinde und der
Sommerlinde und kommt im Gebiet der Eltern vor, jedoch unsicher, ob
tatsächlich wild auftretend. Als Straßen- und Parkbaum weitverbreitet, viel
weiter, als die Arealkarte 85 anzeigt.
UNTERSCHEIDUNGSHILFE: Die knolligen, unregelmäßigen Verdickungen an
alten Stämmen, die unterseits kahlen Blätter mit weißlichen Haaren nur in
den Nervenwinkeln.

□ **Hängezweigige Silber-Linde**; *Tilia petiolaris* DC. Tiliaceae Taf. 17 B, 57
F Tilleul argenté   E Tiglio argento   E Pendent Silver Limetree

MERKMALE: Baum bis 25 m hoch, Krone rundlich, locker, Zweige überhängend (!), vor allem die jungen Triebe, letztere zuerst weißfilzig; Blätter spitz
eirundlich, 7–11 cm lang, regelmäßig und scharf gesägt, Basis schief
herzförmig, oben dunkelgrün, unten weißfilzig, an 5–6 cm langen Stielen
hängend (!), im Herbst goldgelb; Blüten weißlich, zu 3–10 in filziger
Trugdolden, Juli; Früchte flachkugelig, warzig, mit 5 Furchen (!).
VERBREITUNG: SO-Europa bis Kleinasien, jedoch Herkunft nicht sicher
bekannt; im übrigen Europa nur als Parkbaum bekannt, doch nicht so häufig
wie die gewöhnliche Silberlinde. Arealkarte 86.
UNTERSCHEIDUNGSHILFE: Von der gewöhnlichen Silber-Linde deutlich und
leicht unterschieden durch die hängenden Zweige und die langen Blattstiele.

● **Sommer-Linde**; *Tilia platyphylla* Scop. Tiliaceae Taf. 17 E, 57
F Tilleul à grandes feuilles   I Tiglio a foglie grandi   E Broadleaved Limetree

MERKMALE: Stattlicher Baum, bis 40 m, Krone kegelförmig, breit, Stamm
nicht selten sehr stark, rauh, junge Triebe rotbraun, behaart; Blätter rundlich
herz- bis eiförmig, kurz zugespitzt, scharf und regelmäßig gesägt, bis 12 cm
lang, oben lebhaft grün, unten heller und weich behaart mit geraden abstehenden, weißen Haaren (!!); Blüten gelblichweiß, meist zu 3 in
hängenden Trugdolden, im letzteren Juni-Drittel; Früchte filzig, mit
Rippen (!).
VERBREITUNG: Mittel- und S-Europa bis zum Kaukasus, jedoch in Mitteleuropa nur vereinzelt wild vorkommend, dafür aber als Straßen- und Parkbaum
desto häufiger. Arealkarte 87.
UNTERSCHEIDUNGSHILFE: Blätter unterseits mit lockeren, einzeln stehenden
weißen Haaren; bei alten Dorf- oder Platzlinden handelt es sich in den
meisten Fällen um diese Art.

Junge Pinien – *Pinus pinea*, in Spanien
(Text S. 145)

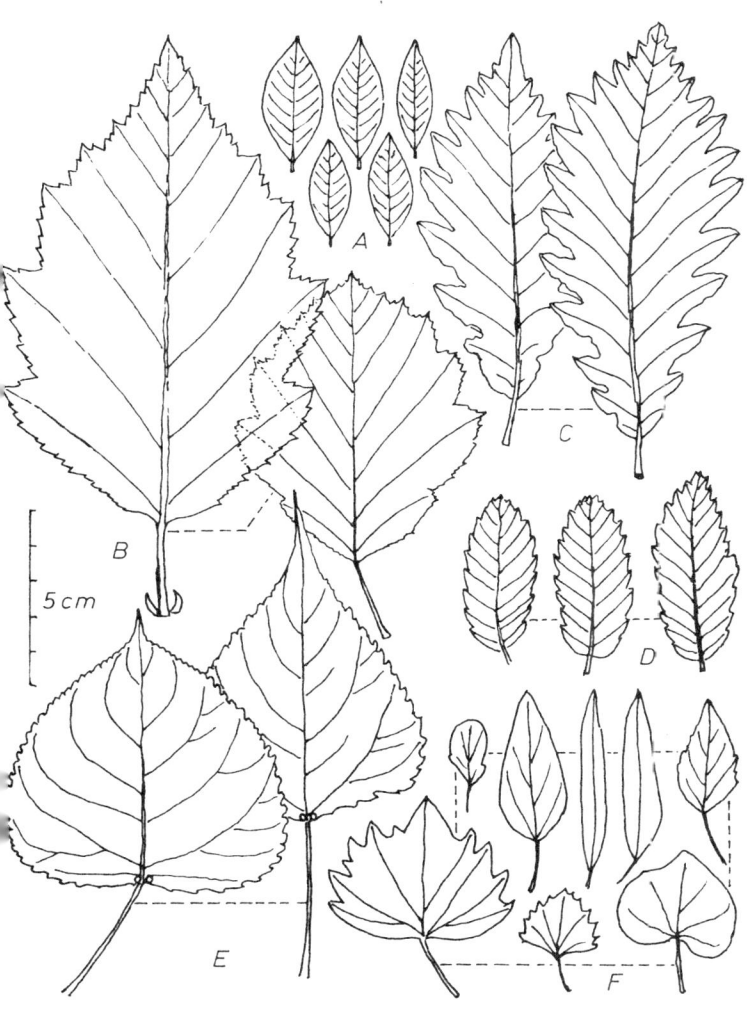

A Myrte, *Myrtus communis* (S. 72); B Breitblättrige Mehlbeere, *Sorbus latifolia* (S. 106); C Algier-Eiche, *Quercus canariensis* (S. 88); D Mazedonische Eiche, *Quercus trojana* (S. 96); E Amerikanische Pappel, *Populus deltoides* (S. 80); F Charab-Pappel, *Populus euphratica* (S. 80).

○ **Silber-Linde;** *Tilia tomentosa* Moench; Tiliaceae Taf. 17 D, 57
F Tilleul argenté (de Hongrie)   I Tiglio argento   E Silver Lime

MERKMALE: Baum bis 30 m hoch, Krone dicht und breit kegelförmig, Äste fast
besenförmig steif aufrecht (!!), junge Triebe graufilzig; Blätter rundlich
herzförmig, bis 10 cm lang, scharf gesägt, gelegentlich auch leicht gelappt,
Basis herzförmig bis gestutzt, oben dunkelgrün, unten weißfilzig, Stiel kurz,
nur 2–3,5 cm lang (!!), Herbstfärbung goldgelb; Blüten zu 7–10 in hängenden
Trugdolden, Juli; Früchte spitz eiförmig, etwa 1 cm lang, winzig warzig und
leicht 5rippig.

VERBREITUNG: SO-Europa, besonders in Ungarn und Serbien, im Hügelland
und niedrigen Bergen. – Im übrigen Europa häufiger Park- und Straßenbaum. Arealkarte 88.

UNTERSCHEIDUNGSHILFE: Besenförmig aufrechter Wuchs (viele Äste sehr straff
aufrecht!) und die auffallend kurzen Blattstiele.

⌗□ **Fächerpalme;** *Trachycarpus fortunei* Wendl. Palmaceae Taf. 23 D, 79
(= *Chamaerops excelsa* Mart.)
F Palmier chauvre   I Palma del Giappone   E Chusan Palm

MERKMALE: Einstämmige Palme, 4–12 m hoch, Stamm walzenförmig, im
oberen Teil mit groben Fasern bedeckt; Blätter fast kreisrund, bis 60 cm lang
und 90 cm breit, aus vielen schmalen Segmenten bestehend, hellgrün, Stiel
40–90 cm lang, steif, an den Rändern fein gezähnt, Basis mit zähem
Fasergewebe; Blüten gelb, zu vielen in dickstämmigen, herabgebogenen,
30–60 cm langen, dichten Rispen, Mai–Juni; Früchte blauschwarz, kugelig,
12 mm dick.

VERBREITUNG: Ober-Burma, China, Japan, jedoch im ganzen Mittelmeerraum
weit verbreitet.

UNTERSCHEIDUNGSHILFE: Die häufigste einstämmige kleine Palme im Mittelmeerraum, angepflanzt; Blütenstände groß und auffällig.

● **Berg-Ulme;** *Ulmus glabra* Huds. (= *U. montana* With.) Ulmaceae
Taf. 7 B, 59
F Orme de montagne   I Olmo montano   E Wych Elm, Scotch Elm

MERKMALE: Rundkroniger Baum, bis 40 m hoch, oft mit 2–3 Hauptstämmen
ansteigend-ausgebreitet; junge Triebe steif, anfangs grob behaart, später
kahl, im 3. Jahr aschgrau; Blätter fast kreisrund bis breitobovat oder
elliptisch, zugespitzt, scharf gesägt, 8–16 cm lang, Basis sehr ungleich, die
längere Seite meist fast ohrenförmig und häufig den nur 2–3 mm langen Stiel
verdeckend, oben sehr rauh und mit 12–18 Nervenpaaren, unten rauh bis
fein behaart; Früchte 15–20 mm, Same mittelständig. Nicht selten sieht man
ihre Form ‚Sarniensis‘ als Straßenbaum angepflanzt; sie ist durch ihre
schmale Krone und gerade durchgehenden Stamm gut zu erkennen.
(Taf. 59).

VERBREITUNG: Im größten Teil Europas, doch in England weniger häufig
Wälder, Hecken, Ufer. – Die sichere Bestimmung von Ulmen ist sehr
schwierig, da die einzelnen Arten sehr leicht Verbindungen miteinander
eingehen, die wiederum nicht selten von Gärtnern ausgelesen und vermehrt
werden. Arealkarte 89.

● **Flatter-Ulme;** *Ulmus laevis* Pall. (= *U. effusa* Willd.) Ulmaceae
Taf. 7 A, 58
F Orme diffus   I Olmo levis   E White Elm

MERKMALE: Baum 10–35 m hoch, Äste teils überhängend, Krone unregelmäßig, Stamm älterer Bäume mit graubrauner Borke, in dünnen, gekrümm-
ten Schuppen ablösend (!!); junge Triebe weich behaart oder ganz kahl;
Blätter fast kreisrund bis eiförmig, 6–14 cm lang, an der Basis sehr ungleich,
Rand scharf doppelt gesägt, oben glatt und kahl (!), unten weichhaarig (!!),
mit 12–19 Nervenpaaren, Stiel 3–9 mm lang, weich behaart; Früchte
gewimpert (!), an 3–5 cm langem Stiel hängend (!!), Same in der Mitte
stehend.
VERBREITUNG: Mittel- und O-Europa, besonders häufig in N-Deutschland, in
Wäldern, Hecken, an Wegen, Gewässern; in England und Skandinavien
ganz fehlend. Arealkarte 90.
UNTERSCHEIDUNGSHILFE: Die glatten, unterseits weich behaarten Blätter und
die hängenden, langgestielten und gewimperten Früchte machen die Bestimmung dieser Art leicht, im Winter die Borke mit den typischen,
abkrümmenden Schuppen.

● **Feld-Ulme;** *Ulmus minor* Mill. (= *U. carpinifolia* Gled., *U. campestris*
auct.; *U. plotii* Druce) Taf. 7 D, 58
F Orme commun   I Olmo comune   E Smooth-leaved Elm

MERKMALE: Baum, 20–30 m hoch, sehr veränderlich im Habitus und in der
Blattform, Ausläufer treibend (!); junge Triebe meist dünn und kahl, oft lang
und mehr oder weniger hängend; Blätter obovat, eiförmig bis oblanzettlich,
4–10 cm lang, doppelt gesägt, oben meist glatt und glänzend, unten kahl und
mit Achselbärten in den Nervenwinkeln, mit 7–12 Nervenpaaren, Basis sehr
ungleich, Stiel 6 bis 12 mm lang; Früchte elliptisch bis obovat, 7–12 mm
lang, aber nur selten fruchtend, Same der geschlossenen Spitze der Frucht
genähert (!).
VERBREITUNG: Im größten Teil Europas, von England bis zum Finnischen
Meerbusen und Ural. Arealkarte 91.
UNTERSCHEIDUNGSHILFE: Die kahlen und nur wenig behaarten Jungtriebe und
die unterseits mehr oder weniger glatten Blätter.

○ **Englische Ulme;** *Ulmus procera* Salisb. (= *U. campestris* L.p.p.) Ulmaceae
Taf. 7 C
F Orme anglais   I –   E English Elm

MERKMALE: Aufrechter Baum, bis 30 m hoch, mit wenigen, aber dicken,
steifen Ästen im unteren Teil der Krone, diese unregelmäßig und dicht
geschlossen, Stamm rissig; Wurzelbrut zahlreich, ebenso viele Triebe am
Stamm; junge Triebe ziemlich dick, bleibend behaart (!!), oft korkig; Blätter
fast kreisrund bis eiförmig. 4,5–9 cm lang, oben stets mehr oder weniger
rauh, unten gleichmäßig behaart und mit Achselbärten, 10–12 Nervenpaare,
Basis ungleich rund bis fast keilförmig, scharf gesägt mit nach vorn
gerichteten Zähnen; Früchte fast kreisrund 10–17 mm lang, mit kleinem
Einschnitt an der Spitze, Same diesem Einschnitt genähert.
VERBREITUNG: W- und S-Europa (England, Frankreich, Spanien, Balkan);
bislang Areal nicht vollständig bekannt.
UNTERSCHEIDUNGSHILFE: Blätter fast kreisrund, oben meist rauh, Basis der
langen Seite abgerundet; Früchte kreisrund.

#□ Priesterpalme; *Washingtonia filifera* (Linden) Wendl. Palmaceae
Taf. 23 E
F Washingtonia filamenteux   E Desert Fan Palm

MERKMALE: Einstämmige Palme, Stamm walzenförmig, 6–12 (–24) m hoch,
mit einem dicken Mantel aus herabhängenden, alten, trockenen Blättern
bedeckt, Krone locker, die mittleren Blätter aufrecht stehend; Blätter
(„Wedel") fast kreisrund, fächerförmig, 1,5–1,8 m lang, 1,3–1,5 m breit, tief
gespalten und gefaltet, graugrün, die Segmente am Rand mit vielen langen
Fasern, Stiel 1,2–1,8 m lang, mit starken, hakenförmigen Randdornen.
VERBREITUNG: S-Californien, jedoch im Mittelmeerraum in großem Umfang
angepflanzt.
UNTERSCHEIDUNGSHILFE: Blätter viel größer als bei der Fächerpalme, mehr
graugrün und am Rande mit vielen langen Fasern.

○ **Zelkove;** *Zelkova carpinifolia* (Pall.) K. Koch; Ulmaceae Taf. 7 E, 59
F Orme de Sibérie   I Azad   E Zelkova

MERKMALE: Stattlicher, meist mehrstämmiger Baum, bis 25 m hoch, Rinde
buchenartig glatt und grau, schuppig abblätternd (!!), Krone eiförmig, junge
Triebe dünn behaart; Blätter elliptisch länglich, 2–5 (–9) cm lang, spitz, Basis
rund bis herzförmig, grob kerbig gesägt, mit 6 bis 8 Nervenpaaren (!!), oben
tiefgrün und etwas rauh, unten auf den Nerven behaart, Stiel 1–2 mm lang;
Früchte etwa erbsengroß.
VERBREITUNG: Kaukasus, doch im übrigen Europa, vor allem im Süden und
auch in England als Parkbaum anzutreffen. – Auf der Insel Kreta kommt Z.
abelicea (Lam.) Boiss. (= Z. *cretica* Sm. Spach) vor, die aber kaum 5 m hoch
wird, kleinere Blätter hat, etwa 2,5 cm lang. Arealkarte 92.
UNTERSCHEIDUNGSHILFE: Meist vielstämmiger Baum mit buchenartiger Rinde;
Blätter kerbig gesägt und mit 6–8 Nervenpaaren.

#□ Jujube, Judendorn; *Ziziphus jujuba* Mill. Rhamnaceae Taf. 18 C
F Jujubier   I Giuggiolo, Zizzolo   E Jujub

MERKMALE: Sommergrüner Baum bis 9 m hoch oder nur hoher Strauch, Trieb
hin und her gebogen, kahl, dornig (jeweils 1 Dorn gerade und 3 cm lang, de
andere kurz und hakenförmig gebogen), Triebe oft gebüschelt und dann wi
gefiederte Blätter aussehend; Blätter elliptisch bis eilanzettlich, 2,5–6 cr
lang, an der Spitze stumpf bis rund, Basis schief und 3nervig, Rand kerbi
gesägt, kahl, derb, Stiel 1–5 mm lang, Blüten gelb, zu 2–3 achselständig
April–Mai; Früchte eiförmig, 1,5–2,5 cm lang, dunkelrot, zuletzt schwarz
eßbar.
VERBREITUNG: Temperiertes Asien, jedoch eingebürgert im Mittelmeerraun
und an der Schwarzmeer-Küste.
UNTERSCHEIDUNGSHILFE: Die Triebe mit den charakteristischen Dornen.

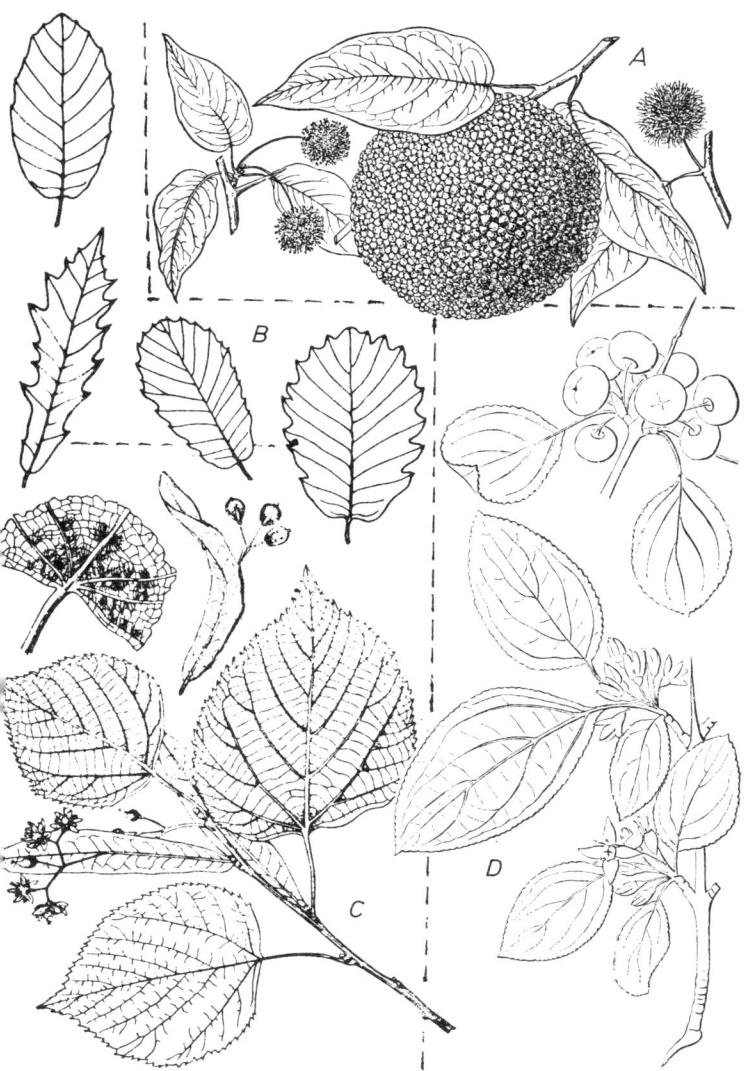

A Osagedorn, *Maclura pomifera* (S. 67); B Portugiesische Eiche, *Quercus faginea* (S. 90); C Kaukasus-
linde, *Tilia dasystyla* (S. 110); D Kreuzdorn, *Rhamnus catharticus*, (S. 98).

Botanische Ausdrücke bei der Beschreibung der Nadelgehölze

Die botanische Beschreibung der Nadelgehölze verwendet selbstverständlich die gleichen technischen Ausdrücke wie die der Laubgehölze; trotzdem gibt es zusätzlich doch noch eine Anzahl von Bezeichnungen, die im allgemeinen nur bei den Nadelgehölzen vorkommen.

Habitus

Die Krone ist besonders häufig kegelförmig, säulenförmig oder rundlich; unregelmäßige Formen sind weit seltener.

Die Stellung der Äste ist häufig quirlig, wobei die Zweige etagenförmig ausgebreitet sind; mitunter sind die Äste auch schraubig um den Stamm gestellt. Gegenständige Aststellung finden wir bei *Metasequoia*.

Bei den *Zweigen* unterscheiden wir bei manchen Gattungen (Lärchen und Zedern) Kurz- und Langtriebe. Der Querschnitt der Zweige ist im allgemeinen rund, doch ist er bei den Cupressaceen auch abgeflacht, kantig oder deutlich 2seitig. Von wenigen Ausnahmen abgesehen sind die Zweige bleibend, d. h. ausdauernd, nur bei *Metasequoia* und *Taxodium* fallen im Herbst die jüngsten Zweiglein ab.

Die Borke bietet ebenfalls manche Merkmale; die Färbung alter Borke ist sehr typisch, ebenso die Muster, welche die Furchen oder Risse ausbilden, falls die Rinde nicht überhaupt ganz glatt ist oder abblättert und abrollt.

Knospen und Nadeln

Die Knospen der Fichten, Tannen und Kiefern bieten gute Merkmale in ihrer Größe, Form, Farbe, Harzübertragung, Stellung und Größe der Knospenschuppen.

Die *Nadeln* sind nichts weiter als Blätter, doch werden sie im Sprachgebrauch nicht so bezeichnet; Ober- und Unterseite sind oft verschieden gefärbt. Auf der Unterseite sind die Spaltöffnungslinien häufig als weiße Linien aus feinsten Punkten erkennbar.

Die Stellung der Nadeln ist sehr wichtig; auch hier sind die Möglichkeiten zahlreich: gegenständig, quirlig, wechselständig, schraubig; bei den Tannen bürstenförmig dicht, mitunter gescheitelt, mit V-förmiger Furche, radial abstehend nach allen Seiten oder an den Triebenden pinselförmig gehäuft (Kiefern) oder dachziegelig (*Juniperus*). Bei den Kiefern sind die Nadeln zu 2–5 gebündelt und stecken in einer Scheide; sie entsprechen einem winzigen Kurztrieb.

Dimorphismus der Nadeln. Bei näherer Betrachtung von *Juniperus*- und *Cupressus*-Arten, aber auch bei *Thuja* und *Chamaecyparis*, findet man oft zwei Typen von Nadeln, schuppen- und nadelförmige. Schuppenförmig sind die Nadeln der Altersform, nadelförmig die der Jugendform.

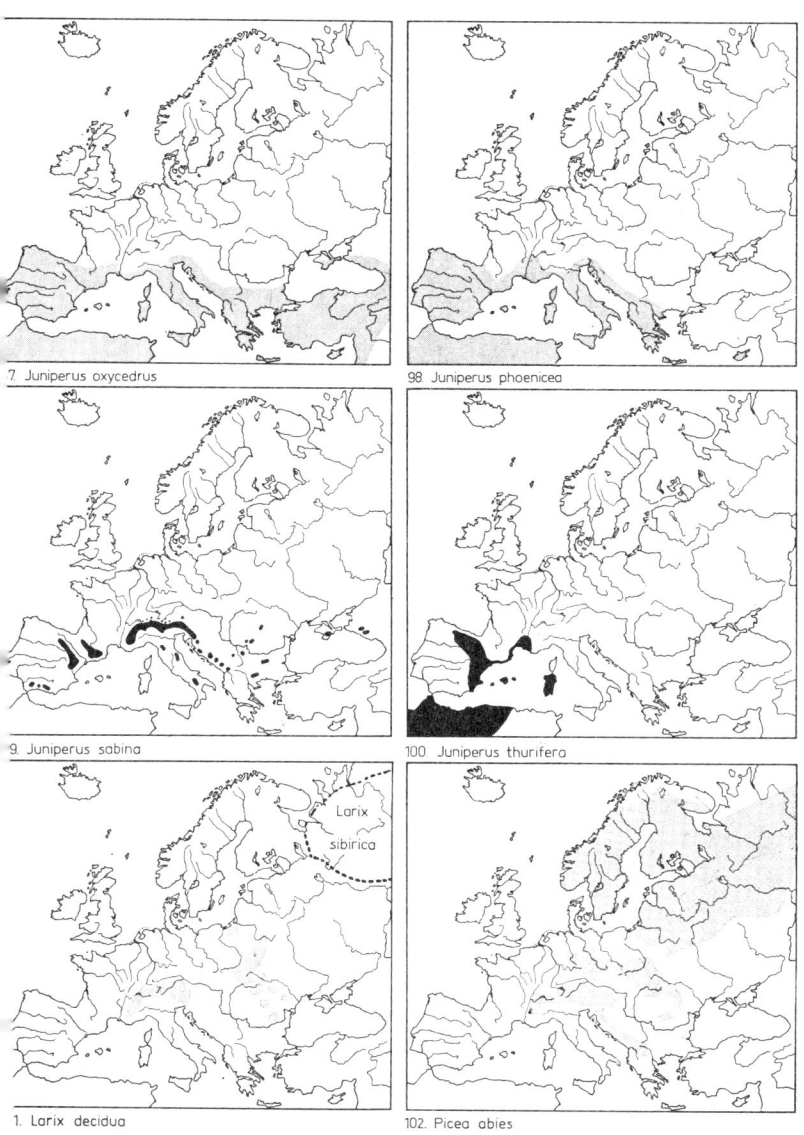

97. Juniperus oxycedrus

98. Juniperus phoenicea

99. Juniperus sabina

100. Juniperus thurifera

101. Larix decidua

Larix sibirica

102. Picea abies

Der *Blattrand* ist mitunter sehr fein gesägt, doch kann man dieses Merkmal nur mit der Lupe oder mit der Zungenspitze wahrnehmen.

Die *Blattspitze* ist zwar oft an einer einzigen Pflanze schon sehr veränderlich, doch gibt es auch hier beständige Merkmale. Die Spitze kann spitz oder stumpf sein, zugespitzt, stachelspitz oder auch abgerundet, ausgerandet oder gespalten sein.

Der *Blattquerschnitt* wird zwar in diesem Buche nicht behandelt, doch gibt es auch hier, besonders bei sonst schwer zu unterscheidenden Arten, in der Zahl und Stellung der Harzgänge gute Merkmale.

Die *Blattnarben,* die nach dem Abfallen der Nadeln zurückbleiben, sind bei den Fichten viereckig, bei Tannen kreisrund. Auch die Form des Blattkissens ist sehr markant.

Blüten

Bei der Bestimmung der in diesem Buch behandelten Nadelgehölze spielen die Blüten keine Rolle.

Früchte und Samen

Bei den in diesem Buche behandelten Nadelgehölzen gibt es Zapfen, Beerenzapfen und Früchte, die natürlich alle sehr charakteristisch sind.

Zapfen entstehen aus den verholzten weiblichen Blütenständen; sie können in frühester Jugend auch schön gefärbt sein. Um eine Spindel sind zahlreiche, holzige oder lederartige Schuppen gestellt, die sich bei völliger Reife spreizen und die geflügelten Samen ausfallen lassen. Bei den Tannen zerfallen die Zapfen bei der Reife, ebenso bei den Zedern. Größe und Form der Zapfen, aber auch ihre Färbung sind charakteristisch. Bei den Schuppen der Kiefernzapfen findet man ein „Schuppenschild‘‘, das oft einen Dorn oder eine Warze trägt.

Beerenzapfen finden wir bei den Wacholder-Arten; sie bestehen aus 3zähligen Schuppenquirlen, die nach der Befruchtung fleischig werden, sich schließen und so eine kugelige Scheinbeere bilden.

Früchte anderer Art sehen wir bei *Taxus* und *Ginkgo*. Bei *Taxus* sind die Samen mit einem fleischigroten Mantel umgeben, während wir bei *Ginkgo* fast pflaumenartige, gelbgrüne Früchte finden mit dünner fleischiger Hülle und einem großen Steinkern.

Die *Samen* sind, botanisch gesehen, meist Nüßchen in lederartiger oder harter Schale, häufig auch geflügelt. Die Größe der Samen ist sehr unterschiedlich.

A Bittere Orange, *Citrus aurantium* (S. 48); B Zitronat-Zitrone, *Citrus medica* (S. 50): C Pampelmuse, *Citrus maxima* (S. 50); D Apfelsinenbaum, *Citrus sinensis* (S. 51).

Beschreibung der Nadelbäume

● **Weiß-Tanne;** *Abies alba* Mill. (= *A. pectinata* Loud.) Pinaceae Taf. 26 A, 60
  F Sapin commun   I Abete bianco   E European Silver Fir

MERKMALE: Baum 30–50 m hoch, Stamm kerzengerade, Rinde grau bis
  grauweiß, ziemlich glatt, an sehr alten Stämmen kleinschuppig; Äste
  quirlständig, waagerecht, oft ungleich lang, junge Zweige graubraun, rauh
  behaart; Knospen eiförmig, grünlichbraun, unbeharzt oder leicht beharzt;
  Nadeln kammförmig gescheitelt, 15–30 mm lang, obere Nadeln etwas
  kürzer, an der Spitze rund bis gekerbt oder zweispitzig, oben dunkelgrün,
  glänzend, unten mit 2 weißen Bändern; Zapfen aufrecht, 10–14 cm lang,
  jung grün, reif braun, Schuppen außen filzig.
VERBREITUNG: Gebirge Mittel- u. S-Europa, in Deutschland im Schwarzwald,
  Bayern, Thüringerwald. Arealkarte 93.
UNTERSCHEIDUNGSHILFE: Bei alten Bäumen die grauweiße, ganz glatte bis
  feinschuppige Rinde, bei jungen Bäumen die behaarten (!!) Triebe, die
  kleinen, harzfreien Knospen und die kammförmig gescheitelten Nadeln.

○ **Griechische Tanne;** *Abies cephalonica* Loud. Pinaceae Taf. 80
  F Sapin de Grèce   I Abete greco   E Grecian Fir

MERKMALE: Hoher Baum, 20–30 m hoch, Stamm in der Höhe nicht selten
  gegabelt, Rinde tiefbraun, rissig und gefeldert, in kleinen Platten abspring-
  gend, Krone zuerst eiförmig, später breit kegelförmig, im Alter mit breitem,
  flachem Gipfel, junge Triebe glänzend blaßbraun, im 2. Jahre dunkler,
  Knospen an jungen Bäumen groß, an alten klein, rotbraun, leicht harzig;
  Nadeln ringsum den Trieb stehend, doch auf der Trieboberseite dichter, 3 cm
  lang, steif, ledrig, an der Spitze scharf, oben glänzend und gefurcht, unten
  mit 2 schmalen weißen Bändern; Zapfen zylindrisch, bis 15 cm lang, 5 cm
  dick, braun, harzig, Deckschuppen zurückgeschlagen.
VERBREITUNG: Griechenland, im Gebirge, 750–1700 m. – Im übrigen Europa
  gelegentlich angepflanzt.
UNTERSCHEIDUNGSHILFE: Die steifen, ringsum die Triebe stehenden, scharfen
  Nadeln; bei der Spanischen Tanne sind die Nadeln noch starrer, stumpf, und
  mit weißen Linien auf allen Seiten.

□ **Kolorado-Tanne;** *Abies concolor* (Gord.) Hoopes. Pinaceae Taf. 26 B, 60
  F Sapin du Colorado   I Abete concolore   E Colorado White Fir

MERKMALE: Hoher Baum, 20–30 (–40) m hoch, sehr oft von unten an beastet
  (in freiem Stande), Äste in Quirlen, waagerecht abstehend, Hauptäste kurz,
  Nebenäste lang (!), Rinde hellgrau, rauh, junge Triebe dünn, graugrün bis
  olivgrün, kahl, Knospen kugelig, harzig, groß; Nadeln unregelmäßig
  stehend, meist sichelförmig aufwärts gekrümmt, die mittleren Reihen
  aufwärts und vorwärts gerichtet, 4–6 cm lang, beiderseits bläulichgrau (!),
  oben mit einigen blassen Linien, unten mit 2 blassen Bändern; Zapfen
  zylindrisch, 7–12 cm lang, an beiden Enden schmäler.
VERBREITUNG: N-Amerika, aber in Deutschland und in anderen europäischen
  Ländern nicht nur in Parks, sondern auch als Forstbaum vorkommend.
UNTERSCHEIDUNGSHILFE: Kann nur mit ihrer var. *lowiana* (Gord.) Lemm.
  verwechselt werden, doch wird diese noch höher (in ihrer Heimat bis 70 m),

die Hauptäste sind lang und weit ausladend, die Rinde ist sehr dick und rissig, Knospen klein, Jungtriebe gelbgrün, Nadeln grünlichgrau, auf der Unterseite heller (!).

☐ **Große Küsten-Tanne**; *Abies excelsior* Franco (= *grandis* Lindl.) Pinaceae Taf. 26 C, 61

F Sapin de Vancouver   I Abete bianco americano   E Giant Fir

MERKMALE: Größte aller Tannenarten (!), 30–90 m hoch, mit schön kegelförmiger Krone, Äste bogig abstehend, oben ansteigend, Rinde glatt, doch mit vielen Harzbeulen (!), zuletzt tiefbraun und rissig, junge Triebe dünn, olivgrün, ganz fein behaart, Knospen klein, kugelig, glasig beharzt (!!); Nadeln stets kammförmig gescheitelt, meist alle waagerecht liegend, 25–40 mm lang, oben glänzend frischgrün und ohne Spaltöffnungslinien, unten zwei weiße Bänder mit je 7–10 Linien; Zapfen 5–10 cm lang, walzenförmig, jung grünlichbraun, reif braun.
VERBREITUNG: N-Amerika, nördliche pazifische Küste; in Europa sehr oft in Parks und auch forstlich anzutreffen.
UNTERSCHEIDUNGSHILFE: Durch die waagerechte Nadelstellung und die glasig-harzigen Knospen, die auf der Oberseite frischgrünen Nadeln ohne Spaltöffnungslinien eigentlich kaum zu verwechseln.

○ **Spanische Tanne**; *Abies pinsapo* Boiss. Pinaceae Taf. 61

F Sapin d'Espagne   I Abete di Spagna   E Spanish Fir

MERKMALE: Baum bis 25 m hoch, Krone breit kegelförmig, sehr dicht, Äste regelmäßig quirlständig, junge Triebe kahl und rotbraun, Knospen eirund, stumpf, sehr harzig; Nadeln rechtwinklig allseitig (!!) vom Zweig abstehend, starr, dick, 8–15 mm lang, mit stark schildförmig verbreiterter Basis; Zapfen aufrecht, zylindrisch, 10–15 cm lang, 3 bis 5 cm dick, hellbraun.
VERBREITUNG: Heimisch nur in S-Spanien, bei Ronda (nördlich von Marbella) und einigen anderen Plätzen vorkommend, jedoch in Europa sehr häufig in Parks angepflanzt. Arealkarte 93 (bei *Albies alba*).
UNTERSCHEIDUNGSHILFE: Unverwechselbar durch die charakteristische Stellung der Nadeln nach allen Seiten.

☐ **Pazifische Edel-Tanne**; *Abies procera* Rehd. (= *A. nobilis* [Dougl. ex. D. Don.] Lindl.); Pinaceae Taf. 26 D, 62

F Sapin noble d'Amerique   I Abete bianco americano   E Noble Fir

MERKMALE: Hoher Baum, in seiner Heimat bis 80 m, in Europa aber kaum über 20–30 m hoch, oft von unten an beastet, Krone schlank kegelförmig, Borke alter Bäume dunkelbraun und tiefrissig, Knospen klein, kugelig, harzig; junge Triebe fein rostbraun behaart; Nadeln unten kammförmig gescheitelt, oben dicht stehend, Basis dem Zweig angedrückt und dann im Bogen nach oben abgeknickt (!!), linealisch, 25–35 mm lang, an der Spitze rund bis leicht ausgerandet, oben blaugrün und mit Spaltöffnungslinien, unten mit 2 schmalen weißen Bändern; Zapfen zylindrisch, 14–25 cm lang (!!), 7–8 cm dick (!!), jung grün, reif purpurbraun.
VERBREITUNG: N-Amerika, Kalifornien; in allen größeren Parks Europas zu finden, vor allem ihre blaunadelige Form.

UNTERSCHEIDUNGSHILFE: Die „schönste Tanne der Welt" unterscheidet sich leicht durch die abgeknickten Nadeln und die riesigen Zapfen von allen anderen besprochenen Arten.

#□ **Chilenische Araucarie;** *Araucaria araucana* (Mol.) K. Koch (= *A. imbricata* Pavon); Araucariaceae Taf. 27, 62; Farbtafel IV
F Pin du Chili   I Pino del Cile   E Monkey Puzzle, Chile Pine

MERKMALE: Immergrüner, hoher Baum, in seiner Heimat 30–50 m hoch, in milden Gegenden Europas 20–30 m hoch, Stamm gerade, Krone kegelförmig, Äste quirlig, obere ansteigend, mittlere waagerecht, untere herabhängend; Blätter spiralig, dicht, dreieckig, sehr starr, etwa 3 cm lang und breit, scharf stachelspitzig, dunkelgrün, etwa 10–15 Jahre bleibend; Zapfen kugelig, bis 15 cm dick, Samen eßbar.
VERBREITUNG: Süd-Amerika; Chile, im Hochgebirge. – In milden Gegenden Europas ein häufiger Parkbaum, der bei freiem Stande bis unten hin beastet ist.
UNTERSCHEIDUNGSHILFE: An den starren Zweigen mit den riesigen „Nadeln" leicht zu erkennen; kann mit keiner anderen Konifere verwechselt werden.

#□ **„Zimmertanne", Norfolktanne;** *Araucaria heterophylla* (Salisb.) Franco (= *A. excelsa* [Lamb.] R. Br.); Araucariaceae Taf. 27, 62
F Araucaria de Norfolk   I Araucaria di Norfolk   E Norfolk Island Pine

MERKMALE: Die bei uns als „Zimmertanne" häufig gepflegte Pflanze findet man in den Mittelmeerländern im Freien als Baum. – Immergrüner Baum, in seiner Heimat bis 70 m hoch, in den europäischen Gärten wohl kaum über 20 m, Äste in Quirlen zu 4–7, bei jüngeren Pflanzen waagerecht, bei älteren Bäumen ansteigend; Nadeln der Zimmerpflanzen weich, hellgrün, gekrümmt, 15 mm lang, an alten Freilandbäumen kürzer und derber; Zapfen flachkugelig, 12 cm breit, 10 cm hoch.
VERBREITUNG: Norfolk-Inseln (zwischen Neuseeland und Australien), doch in Kultur weit verbreitet.
UNTERSCHEIDUNGSHILFE: Von A. araucana durch die viel dünneren ansteigenden Zweige und die weit voneinander entfernten Quirle jederzeit leicht zu unterscheiden.

□ **Atlas-Zeder;** *Cedrus atlantica* (Endl.) Carr.; Pinaceae Taf. 27 H, 63
F Cèdre d'Afrique, Cèdre d'Atlas   I Cedro dell'Atlante   E Atlas Cedar

MERKMALE: Immergrüner Baum, bis 40 m hoch, stets pyramidal, Krone locker und durchsichtig (!), Äste immer steil ansteigend (!), Gipfeltrieb aufrecht (!) oder leicht seitwärts geneigt; Nadeln bläulichgrün, unter 2,5 cm lang; Zapfen 5–7 cm lang, zylindrisch, an der Spitze meist eingedrückt.
VERBREITUNG: N-Afrika, Atlas-Gebirge; in Deutschland und in den meisten Ländern Europas außerordentlich häufiger, hoher Parkbaum, sehr oft in seiner blaunadeligen Form angepflanzt. Arealkarte 94.
UNTERSCHEIDUNGSHILFE: durch (!) im Text angedeutet.

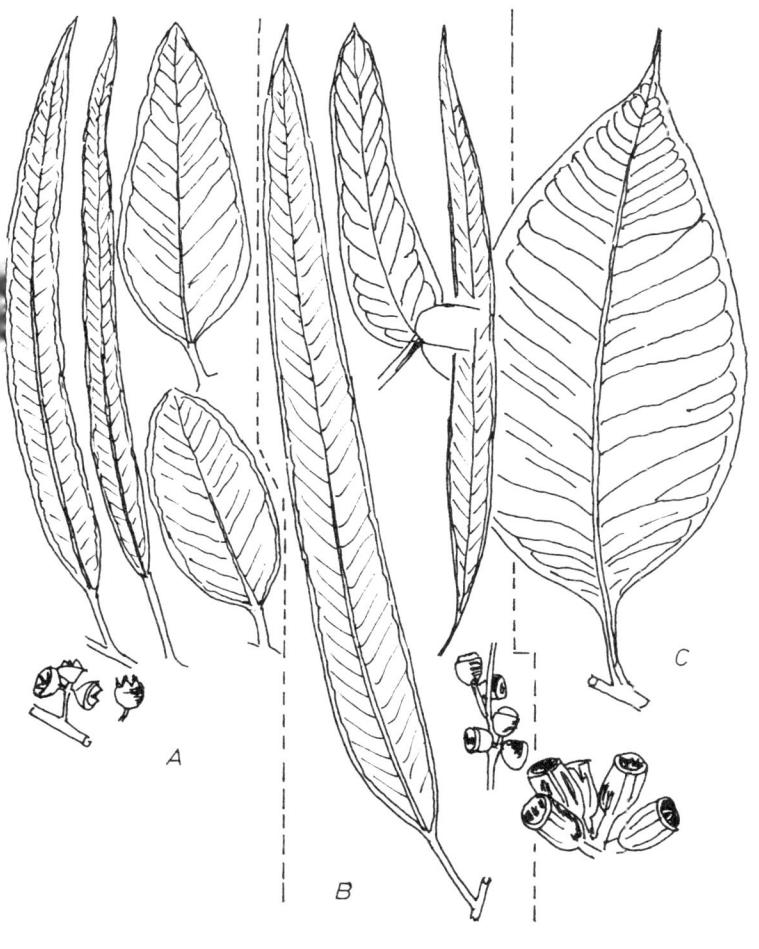

A Rotgummibaum, *Eucalyptus camalduensis* (S. 55); B Weißer Gummibaum, *Eucalyptus viminalis* (S. 56); C *Eucalyptus robusta* (S. 56).

☐ **Himalaja-Zeder;** *Cedrus deodara* (Roxb. ex Lam.) G. Don; Pinaceae
Taf. 27 I, 63

F Cèdre déodar   I Cedro deodara   E Deodar

MERKMALE: Immergrüner Baum, in seiner Heimat bis 50 m hoch, Krone in der
Jugend meist kegelförmig, Zweige waagerecht, fast tafelförmig ausgebreitet, mit meist herabhängenden Triebspitzen (!), Gipfeltrieb meist nach unten
hängend und sehr lang (!), Jungtriebe dicht behaart; Nadeln blaugrün,
3–5 cm lang (! viel länger als bei den beiden anderen Arten); Zapfen zu 1–2
an kurzen Zweigen, 7–10 cm lang, 5–6 cm dick, an der Spitze gewölbt (!),
rötlichbraun, in der Jugend oft violett bereift (!).

VERBREITUNG: Himalaja (Kaschmir u. a.); sehr oft in den Parks von W- und
S-Europa, in Mittel-Europa nicht überall ganz winterhart.

UNTERSCHEIDUNGSHILFE: Gut zu erkennen an den langen Nadeln und dem
peitschenartig überhängenden Gipfeltrieb.

☐ **Libanon-Zeder;** *Cedrus libani* A. Rich.; Pinaceae Taf. 63

F Cèdre du Liban   I Cedro del Libano   E Cedar of Lebanon

MERKMALE: Immergrüner Baum, in seiner Heimat 20–40 m hoch, Krone
jüngerer Bäume kegelförmig, im Alter jedoch schirmförmig ausgebreitet (!!),
Äste sehr stark, in der Jugend schräg ansteigend, im Alter horizontal, Borke
schwarzgrau, rissig, Gipfeltrieb seitwärts (!) abgebogen, schwach behaart;
Nadeln meist dunkelgrün, in Büscheln, 1,5–3,5 cm lang; Zapfen mehr
tonnenförmig, 8–10 cm lang, 4–6 cm dick, an der Spitze abgeschnitten bis
eingedrückt.

VERBREITUNG: Libanon, Cilicien (Taurus und Anti-Taurus); in den Parkanlagen W-Europas sehr häufig anzutreffen, doch in Deutschland weniger
häufig. Arealkarte 94.

UNTERSCHEIDUNGSHILFE: Die im Alter schirmförmige Krone, der seitlich
abgebogene (nicht überhängende und auch nicht aufrechte) Gipfeltrieb und
die verhältnismäßig kurzen, dunkelgrünen Nadeln.

☐ **Scheinzypresse;** *Chamaecyparis lawsoniana* (Murr.) Parl.; Cupressaceae
Taf. 25 I, 64

F Cyprès de Lawson   I Cipresso di Lawson   E Lawson Cypress

MERKMALE: Immergrüner, hoher Baum, in Europa 20–30 m hoch, Krone
schmal, spitz-kegelförmig, Äste kurz, waagerecht abstehend, Spitzen meist
überhängend, Rinde rötlichbraun, mit rundlich-schuppigen Platten; Jungtriebe flach, symmetrisch; Blätter (Nadeln) gegenständig, mehr oder weniger
anliegend, grasgrün bis blaugrün, unterseits mit undeutlichen weißen Linien
und heller grün; männliche Blüten im Frühjahr rot (! nicht gelb); Zapfen
kugelig, 8 mm dick, zuerst blaugrün, im ersten Herbst reifend, mit 8
Schuppen.

VERBREITUNG: N-Amerika; SW-Oregon, NW-Kalifornien; in Europa sehr
verbreitet, sowohl forstlich wie auch in Parkanlagen; in den Gärten zahllose
Formen.

UNTERSCHEIDUNGSHILFE: Rote männliche Blüten (!); von THUJA durch
kugelige Früchte.

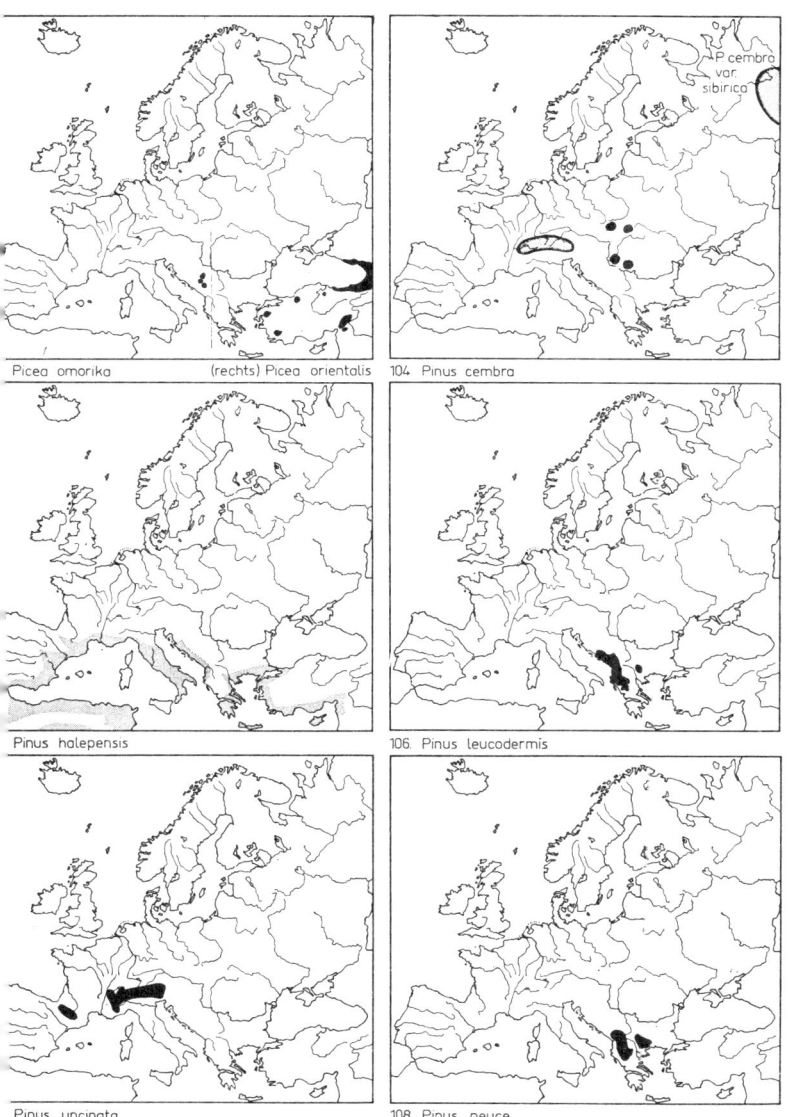

Picea omorika   (rechts) Picea orientalis

104. Pinus cembra

AP cembra var. sibirica

Pinus halepensis

106. Pinus leucodermis

Pinus uncinata

108. Pinus peuce

Die „echten Zypressen" (Cupressus), wozu die 3 folgenden Arten gehören, sind für den Laien nicht so leicht von den „Scheinzypressen" (Chamaecyparis) zu unterscheiden; jedoch kommen die echten Zypressen im allgemeinen nur in Gegenden mit mildem Klima – Mittelmeergebiet, W-Frankreich, England – vor, während die Scheinzypressen auch im übrigen Europa überall häufig angepflanzt zu finden sind.

	Jungtriebe	Zapfen	Zapfenschuppen
Echte Zypressen	Querschnitt rund oder quadratisch	groß, erst im 2. Jahre reif	jede Schuppe mit vielen Samen
Scheinzypressen	Querschnitt flach	klein, im 1. Jahre reif	meist mit nur 2 Samen

#□ **Blaugrüne Zypresse**; *Cupressus lusitanica* Mill. (= *C. glauca* Lam.) Cupressaceae Taf. 25 C, 64
F Cèdre de Goa, Cèdre de Portugal   I Cipresso messicano (di Portogallo)
E Mexican Cypress, Portugal Cypress

MERKMALE: Immergrüner Baum, bis 30 m hoch, Krone breit durch die weit ausgebreiteten Äste mit meist hängenden Zweigen; Rinde rötlich; Jungtriebe 4kantig; Nadeln dicht angedrückt, meist mit langer, scharfer, freier (!) Spitze, ausgesprochen blaugrün (!); Zapfen kugelig, 12 mm dick, anfangs blaugrün, reif braun, mit 6–8 Schuppen, bei jeder Schuppe in der Mitte ein starker, zurückgekrümmter Dorn (!!).
VERBREITUNG: Beheimatet von Mexiko bis Guatemala, doch im Mittelmeergebiet, Portugal, England usw. weit verbreitet.
UNTERSCHEIDUNGSHILFE: Blaugrüne Färbung der Nadeln, die Dornen auf den Zapfen; weiter Taf. 25 C.

#□ **Großfrüchtige Zypresse**; *Cupressus macrocarpa* Hartw. Cupressaceae Taf. 25 B, 64
F Cyprès à gros fruit   I Cipresso americano   E Monterey Cypress

MERKMALE: Immergrüner Baum, meist nicht höher als 12 m, Krone breit kegelförmig, Rinde rotbraun, Äste stark, rund, fast waagerecht abstehend bis leicht überhängend; Jungtriebe abstehend bis überhängend, dicklich; Nadeln grün (!), größtenteils angewachsen (!), Spitze frei, auf dem Rücken mit länglicher, undeutlicher Drüse; Zapfen zu 1–2 beisammen, kugelig, etwa 3 cm dick, an kurzen Zweigen aufrecht, mit 8–12 Schuppen, diese mit einem kurzen (!) Dorn in der Mitte.
VERBREITUNG: Kalifornien; im Mittelmeergebiet, an der Atlantikküste und in Großbritannien in Parks häufig anzutreffen.
UNTERSCHEIDUNGSHILFE: Dunkelgrüne Benadelung und die großen Zapfen.

Serbische Fichten – *Picea omorika,* am natürlichen Standort in Jugoslawien;
am Bildrand Schwarz-Kiefern, *Pinus nigra*
(Text S. 134 und S. 142)

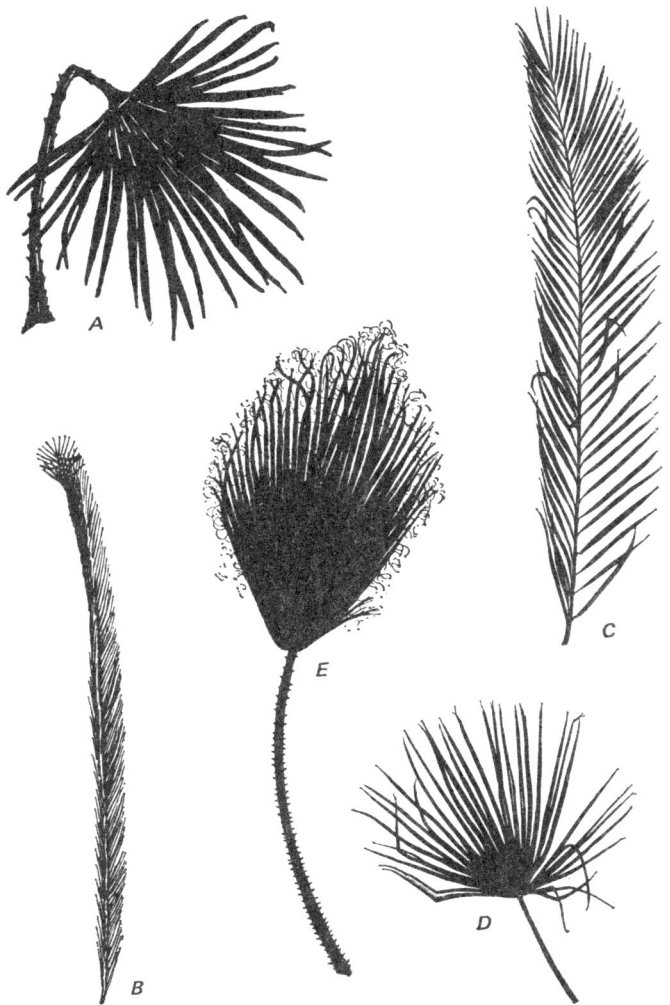

Palmen; A Zwergpalme, *Chamaerops humilis* (S. 48); B Kanaren-Dattelpalme, *Phoenix canariensis* (S. 74); C Dattelpalme, *Phoenix dactylifera* (S. 76); D Fächerpalme, *Trachycarpus fortunei* (S. 114); E Priesterpalme, *Washingtonia filifera* (S. 116).

#□ **Zypresse;** *Cupressus sempervirens* L.; *Cupressaceae* Taf. 25 A, 64
F Cyprès commun   I Cipresso   E Mediterranean Cypress

MERKMALE: Immergrüner Baum mit schlanker Krone, säulenförmig (bei der „klassischen" Form ‚Stricta') oder mehr ausgebreitet zederähnlich (bei der nicht so häufigen Form ‚Horizontalis'); Rinde dünn, graubraun und etwas rissig; Jungtriebe 4kantig, 1 mm breit, Nadeln schuppenförmig, kreuzweise gegenständig, dicht dachziegelig angedrückt, dunkelgrün, auf dem Rücken mit einer Längsfurche; Zapfen an kurzen Zweigen, hängend, walnußgroß, mit 8–14 Zapfenschuppen, diese auf dem Rücken mit einer kleinen Stachelspitze.

VERBREITUNG: Mittelmeergebiet, in Deutschland im Freien wohl nur auf der Insel Mainau, doch auch in allen botanischen Gärten vorhanden; ursprünglich aus den Gebirgen von N-Persien und Kleinasien nach Italien eingeführt. Arealkarte Nr. 95.

UNTERSCHEIDUNGSHILFE: Krone sehr schlank (!) bis fast säulenförmig; im Mittelmeergebiet überall häufig.

#□ **Ginkgobaum;** *Ginkgo biloba* L.; Ginkgoaceae Taf. 24 C, 65
F Gingko   I Ginco   E Maidenhair Tree

MERKMALE: Sommergrüner, stattlicher Baum, bis 25 m hoch, Habitus sehr unterschiedlich, von schmal kegelförmig bis ausgebreitet, Borke alter Stämme grau und tief gefurcht: Blätter fächerförmig, 5–8 cm breit, etwas lederig, oft eingeschnitten, im Herbst goldgelb; Früchte pflaumenartig, gelb, mit 2kantigem Steinkern, sehr unangenehm riechend.

VERBREITUNG: Zwar in China und Japan beheimatet, aber in Europa sehr häufiger Parkbaum, in Deutschland überall winterhart.

UNTERSCHEIDUNGSHILFE: Sehr leicht zu erkennen an den fächerförmigen Blättern.

● **Gemeiner Wacholder;** *Juniperus communis* L.; Cupressaceae Taf. 25 D, 65
F Genévrier commun   I Ginepro   E Common Juniper

MERKMALE: Immergrüner, sehr verschiedengestalteter Strauch oder auch kleiner Baum (so z. B. in der Lüneburger Heide), meist mehrstämmig, Rinde zuerst glatt, später abfasernd, graubraun, Jungtriebe dreikantig mit Längsleisten; Blätter (Nadeln) nadelförmig, in Quirlen zu 3, abstehend, steif, stechend, 10–15 mm lang, 1–2 mm breit, meist graugrün, oben mit breitem weißem Band und grünem Rand (!); Früchte kugelig („Wacholderbeeren"), erbsengroß, schwarzblau, bereift, im 2.–3. Jahre reifend.

VERBREITUNG: Europa bis N-China und N-Afrika; vgl. Arealkarte 96.

UNTERSCHEIDUNGSHILFE: Der weiße Mittelstreifen auf den Nadeln ist stets breiter als der grüne Saum; bei der viel selteneren und nur in Parks zu findenden *J. rigida* (aus Japan) ist der Mittelstreifen schmaler als der grüne Saum.

Griechischer Wacholder; *Juniperus excelsa* Bieb. Cupressaceae Taf. 80
F Genévrier de Grèce   E Greek Juniper

MERKMALE: Baum, Krone anfangs kegelförmig, später jedoch mehr kugelig, Rinde braun, in Streifen ablösend, Triebe sehr dünn; Nadeln meist gegenständig und schuppenförmig, eirhombisch, dicht angedrückt, doch an der Spitze frei, mit Drüse, Rücken konvex, an den Leittrieben Blätter in Quirlen zu 3; nur an den älteren Trieben gelegentlich auch Nadelblätter, 5–6 mm lang, gegenständig, oben mit 2 blauen Bändern; Früchte kugelig, 8 mm dick, dunkelbraun mit bläulichem Reif, mit 4–6 Samen, im 2. Jahre reifend.

VERBREITUNG: SW-Europa, Kleinasien bis Kaukasus; im Gebirge waldbildend.

UNTERSCHEIDUNGSHILFE: Triebe sehr dünn, Schuppenblätter 1–1,5 mm lang, dicht angedrückt; Früchte dunkelbraun, mit 4–6 Samen.

Spanische Zeder, Zeder-Wacholder; *Juniperus oxycedrus* L.; Cupressaceae Taf. 25 F, 66
F Cèdre piquant, Cadé   I Ginepro, Coccolone, Appeggi   E Prickly Juniper

MERKMALE: Immergrüner kleiner Baum, 1–8 m hoch, Zweige abstehend, Krone kegelförmig, dicht, ziemlich steif, Rinde graubraun; Blätter alle nadelförmig, in Quirlen zu 3, scharf stachelspitz, starr, 12–19 mm lang, abstehend bis zurückgeschlagen, oben flachrinnig, mit schmaler grüner Mittelrippe und 2 deutlichen weißen Bändern, diese breiter als der grüne Mittelstreifen (!), unten gekielt; Blüten zweihäusig; Früchte kugelig, erbsengroß, glänzend, reif braunrot, aus 3–6 Schuppen bestehend, im 2. Jahre reifend.

VERBREITUNG: Mittelmeergebiet, ostwärts bis Persien. Arealkarte 97.

UNTERSCHEIDUNGSHILFE: Strauch sehr stechend, Nadeln auch an den jüngsten Spitzen abstehend, 1–3 mm breit, oben tief gefurcht; zerstreut vorkommend; Früchte einzeln stehend. – Aus dem Holz wird das ,,Kade-Öl" gewonnen, das in der Tiermedizin verwendet wird.

Rotfrüchtiger Sadebaum; *Juniperus phoenicea* L.; Cupressaceae Taf. 25 G, 66
F Genévrier de Phénicie   I Cedrolicio   E Phoenician Juniper

MERKMALE: Immergrüner Strauch oder Baum, 2–6 m hoch, dicht buschig bis kegelförmig, Rinde dunkelbraun, Jungtriebe kaum 1 mm dick; Nadeln meist schuppenförmig, zu 3 in Quirlen oder gegenständig, 1 mm lang, dicht angedrückt, an Jungpflanzen bis 6 mm lang, pfriemlich, dann zu 3 in Quirlen, blaugrün, auf dem Rücken konvex und mit 1 Drüse; Früchte meist kugelig, bis 8 mm dick, gelb- bis rotbraun, glänzend, mit 6 Schuppen, im 2. Jahre reifend, Fruchtfleisch trocken, faserig; Früchte mit 5 mm langem Stiel (!).

VERBREITUNG: Mittelmeergebiet, Kanarische Inseln, N-Afrika; felsige, trockene Plätze. Arealkarte 98. (Stammt nicht aus Phoenizien!).

UNTERSCHEIDUNGSHILFE: Gut kenntlich an den sehr dünnen Zweigen, an denen die schuppenförmigen Blätter in 6 Reihen stehen; Nadelblätter nur an Jungpflanzen, aber hier und da auch solche Zweiglein an alten Pflanzen; Früchte glänzend und nicht bereift und 5 mm lang gestielt.

● **Sadebaum;** *Juniperus sabina* L.; Cupressaceae Taf. 25 E, 65
F Sabinier   I Sabina   E Sabina Juniper

MERKMALE: Immergrüner Strauch, gelegentlich jedoch auch ein kleiner Baum
mit schräg aufstrebendem Stamm und unregelmäßiger Krone, ältere Rinde
abblätternd, rötlich, Zweige sehr dicht buschig; Jungtriebe sehr dünn, kaum
1 mm dick, mehr rund als kantig, gerieben sehr unangenehm riechend (!!);
Blätter meist schuppenförmig, gegenständig, eiförmig, 1 mm lang, stumpf
(an Haupttrieben bis 3 mm lang und spitz), an jüngeren Pflanzen, manchmal
aber auch einzelne Triebe an alten Pflanzen mit nadelförmigen, aufrecht-
abstehend, spitzen 4 mm langen Blättern; Früchte kugelig, blauschwarz,
erbsengroß, im Herbst des ersten oder Frühling des zweiten Jahres reifend,
nickend (!) an den Enden kleiner Zweiglein.
VERBREITUNG: Gebirge von Mittel- und Südeuropa, Sibirien, Kaukasus.
Arealkarte 99.
UNTERSCHEIDUNGSHILFE: Der unangenehme Geruch der geriebenen Triebe,
die stumpfen, angedrückten Blätter mit einer Drüse und die nickenden
Früchte.

⚹ **Weihrauch-Wacholder;** *Juniperus thurifera* L.; Cupressaceae Taf. 25 H, 66
F Genévrier à l'encens   I Ginepro spagnuolo   E Spanish Juniper

MERKMALE: Immergrüner, schmal kegelförmiger (!) Baum, 9–12 m hoch, bei
sehr alten Bäumen Krone auch rund, Zweige abstehend; Zweiglein fast
4kantig, 1 mm dick, gerieben streng aromatisch duftend, Blätter (Nadeln)
graugrün, dicht angedrückt, teils schuppenförmig, teils nadelförmig, oben
mit einem (!) weißen Band, stets gegenständig, an jungen Pflanzen auch in
Quirlen zu 3, unten gekielt und mit Drüse; Früchte einzeln an kurzen
Zweigen, aufrecht, etwa 1 cm dick, zuerst blau, dann braun, zuletzt fast
schwarz, blau bereift, aus 4–6 Schuppen gebildet.
VERBREITUNG: SO-Frankreich, Spanien, Sardinien, N-Afrika. Arealkarte 100.
UNTERSCHEIDUNGSHILFE: Säulenförmiger Wuchs (jüngerer Bäume), graugrüne
Nadeln mit nur 1 weißen Band; Früchte blau-schwarz und bereift.

● **Europäische Lärche;** *Larix decidua* Mill. (= *L. europaea* DC.); Pinaceae
Taf. 24 A, 66
F Mélèze d'Europe   I Larice   E European Larch

MERKMALE: Sommergrüner (!!) Baum, bis 35 m hoch, Stamm gerade, Krone
schlank kegelförmig, Borke grau, abblätternd; Äste fast waagerecht bis
überhängend mit aufstrebenden Spitzen; Zweige dünn, zierlich hängend,
gelblich (!!); Nadeln stets hellgrün, zu 30–40 im Büschel, 1–3 cm lang;
weibliche Blüten purpurrot; Zapfen eiförmig, hellbraun, 2–4 cm lang, mit
40–50 Schuppen. Herbstfärbung der Nadeln goldgelb.
VERBREITUNG: Alpen, Karpaten. Arealkarte 101.
UNTERSCHEIDUNGSHILFE: Rinde der jungen Triebe gelblich (!!), Nadeln stets
hellgrün, niemals mit bläulichem Anflug.

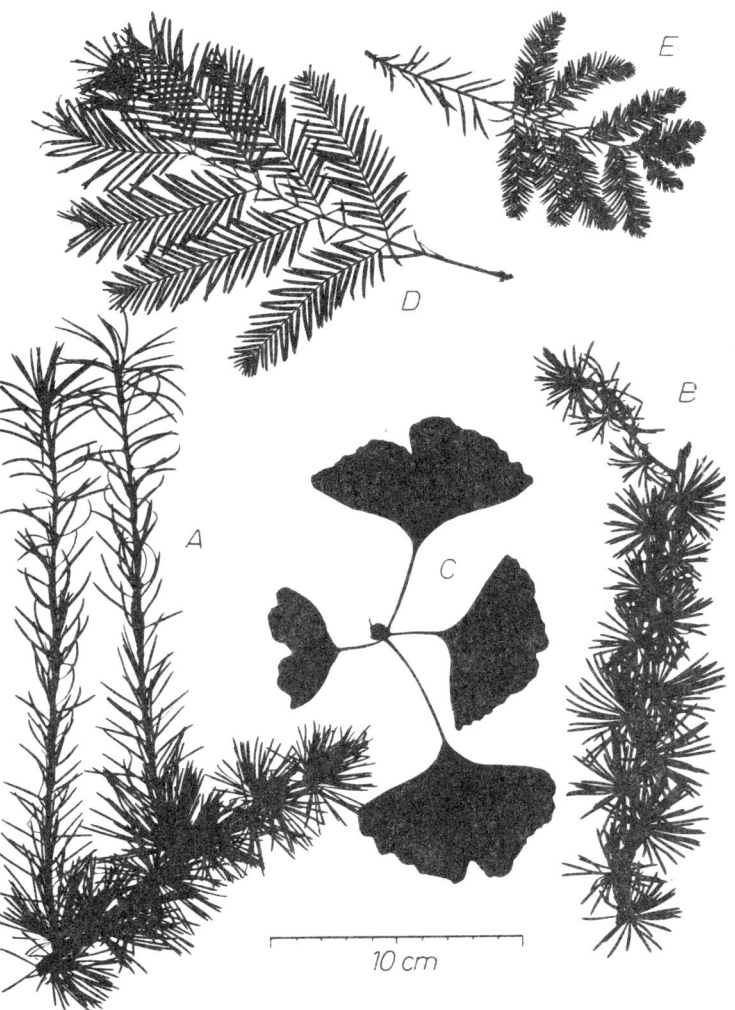

10 cm

Sommergrüne Nadelgehölze. A Europäische Lärche, *Larix decidua* (S. 132); B Japanische Lärche, *Larix kaempferi* (S. 134); C Ginkgobaum, *Ginkgo biloba* (S. 130); D Urwelt-Mammutbaum, *Metasequoia glyptostroboides* (S. 134); E Sumpfzypresse, *Taxodium distichum* (S. 152).

☐ **Japanische Lärche;** *Larix kaempferi* (Lamb.) Sarg. (= *L. leptolepis* [S. & Z.] Gord.); Pinaceae Taf. 24 B, 67

F Mélèze du Japon   I Larice giapponese   E Japanese Larch

MERKMALE: Sommergrüner Baum, bis 30 m hoch, Äste waagerecht abstehend (nicht überhängend !!), Krone zuletzt breitkegelförmig, Borke rotbraun; Jungtriebe rötlichbraun bis orange (!!), oftmals auch bereift; Nadeln beiderseits blaugrün, 2–3.5 cm lang, Schuppen am Rand rosenartig zurückgerollt.

VERBREITUNG: Japan, jedoch in Europa sehr viel forstlich angebaut und auch in Parks, jetzt bereits die in Europa am meisten verbreitete Lärchenart.

UNTERSCHEIDUNGSHILFE: Durch die orangefarbenen Jungtriebe und blaugrüne Nadelfärbung leicht zu jeder Zeit von der Europäischen Lärche zu unterscheiden, außerdem viel häufiger anzutreffen.

☐ **Urwelt-Mammutbaum;** *Metasequoia glyptostroboides* Hu & Cheng; Taxodiaceae Taf. 24 D, 67

in allen Sprachen: Metasequoia

MERKMALE: Sommergrüner (!) Baum, in seiner Heimat bis 35 m hoch, in Europa erst seit 1948 bekannt, größte Bäume bis jetzt etwa 20 m hoch; Krone schmalkegelförmig, bis zum Boden dicht beastet, Stamm unter jedem Ast mit einer tiefen, breiten Aushöhlung (!), Borke dunkelgrau-braun, rissig, in dünnen Streifen ablösend; Zweige gegenständig, kahl, glatt, anfangs grün, später braun; Nadeln gegenständig (!), zweireihig, sitzend bis fast sitzend, 1–2 cm lang, oben blaugrün, unten hellgrün; Zapfen fast kugelig, etwa 15 mm lang und dick, grün langgestielt.

VERBREITUNG: Ursprünglich in China (O-Setschuan) beheimatet, aber nach der Entdeckung überall hin verteilt; in Europa deswegen wohl in jedem botanischen Garten, häufig auch in Paris zu finden, forstlich ebenfalls aufgepflanzt.

UNTERSCHEIDUNGSHILFE: Sehr ähnlich einer Sumpfzypresse *(Taxodium)*, doch Nadeln stets gegenständig (!!), Zweige abstehend.

● **Fichte, Rottanne;** *Picea abies* (L.) Karst (= *P. excelsa* Link.) Pinaceae Taf. 27 B, 68

F Epicéa   I Picea comune, Abete rosso   E Common Spruce, Norway Spruce

MERKMALE: Baum, 30–50 m hoch, Stamm gerade, säulenförmig, Borke rotbraun bis grau, in dünnen Schuppen abblätternd, Krone spitzkegelförmig, Äste entweder waagerecht abstehend oder bogig abwärts stehend mit anstehenden Spitzen, braun bis rötlichgelb, kahl bis reichbehaart, Knospen schlank kegelförmig, spitz, hellbraun, harzlos; Nadeln an der Zweigunterseite kammförmig gescheitelt, 1–2 cm lang, gleichmäßig zugespitzt 4kantig, Spaltöffnungslinien auf allen 4 Seiten, dunkelgrün; Zapfen hängend, zylindrisch, 10–15 cm lang, 3–4 cm breit, reif hellbraun.

VERBREITUNG: N-Europa, Gebirge in Mittel-Europa, jedoch forstlich auch im übrigen Europa angebaut. Wichtigster „Weihnachtsbaum". Arealkarte 102

UNTERSCHEIDUNGSHILFE: In ganz Deutschland neben der Kiefer der bekannteste Nadelbaum, daher wohl allgemein bekannt.

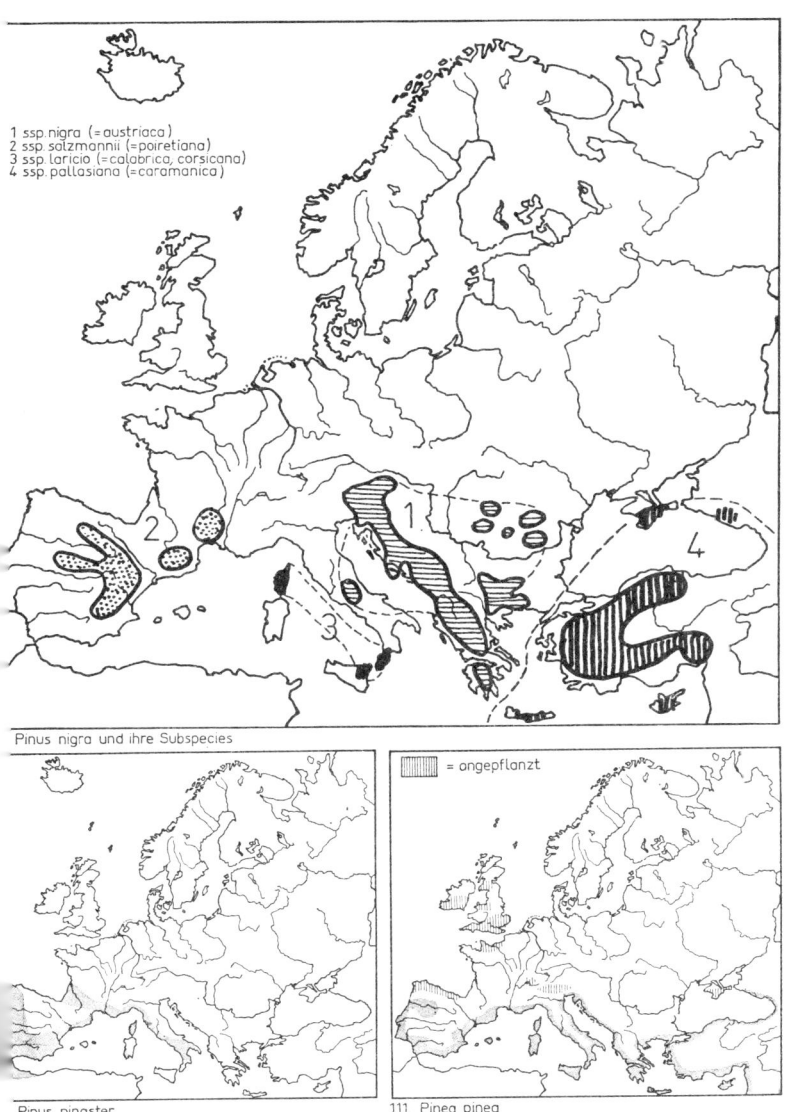

1 ssp. nigra (= austriaca)
2 ssp. salzmannii (= poiretiana)
3 ssp. laricio (= calabrica, corsicana)
4 ssp. pallasiana (= caramanica)

Pinus nigra und ihre Subspecies

Pinus pinaster

= angepflanzt

111. Pinea pinea

○ **Serbische Fichte, Omorika;** *Picea omorika* (Pančič) Purkyne Pinaceae
Taf. 27 C, 68; Farbtafel VIII
F Epicéa de Serbie   I Picea di Serbia   E Serbian Spruce

MERKMALE: Baum, bis 30 m, Krone sehr schmal kegelförmig, fast säulenförmig, Äste ziemlich kurz, abstehend, Knospen dunkelbraun, nicht harzig,
junge Zweige braun, behaart; Nadeln zusammengedrückt, 8 bis 12 mm lang,
2 mm breit, beiderseits gekielt, stumpf mit kleiner Spitze, unten mit 2
weißen Bändern, oben glänzend dunkelgrün; Zapfen eilänglich, 3–6 cm
lang, glänzend zimtbraun, schon an jungen Pflanzen zahlreich; Schuppen
rundlich, fein gezähnelt.
VERBREITUNG: Jugoslawien; Bosnien und Serbien, an den steilen Kalkwänden
des mittleren Laufes der Drina. – In Deutschland heute eine der am meisten
angepflanzten Nadelholzarten und sehr häufig in den Gärten. Arealkarte 103.

○ **Orient-Fichte;** *Picea orientalis* (L.) Link Pinaceae Taf. 27 D, 69
F Epicéa d'Orient   I Picea orientale   E Oriental Spruce

MERKMALE: Hoher Baum, Krone regelmäßig kegelförmig, dicht verzweigt,
meist bis zum Boden beastet, Rinde braun und schuppig, Äste unregelmäßig quirlig, aufstrebend oder abstehend, junge Zweige sehr hell braun,
zottig behaart, Knospen spitz eiförmig, 3 mm lang, harzfrei; Nadeln
dunkelgrün, ganz stumpf (!), nur 6–8 mm lang, stark glänzend; Zapfen
zylindrisch-eiförmig, 6–9 cm lang, vor der Reife violett.
VERBREITUNG: SW-Abhänge des Kaukasus, Kleinasien, im Hochgebirge
waldbildend; in Europa sehr häufiger Parkbaum. Arealkarte 103.
UNTERSCHEIDUNGSHILFE: Sehr leicht zu erkennen an den tiefgrünen, glänzenden, nur 6–8 mm langen, dicken Nadeln.

□ **Stech-Fichte;** *Picea pungens* Engelm. Pinaceae Taf. 80
F Epicéa du Colorado   E Colorado Spruce

MERKMALE: Baum, in seiner Heimat 20–30 (–50) m hoch, Äste steif, waagerecht
und in Quirlen abstehend, junge Triebe gelblichbraun, Knospen bräunlich
gelb, stumpf, harzlos, Schuppen locker anliegend, an der Spitze zurückgeschlagen; Nadeln starr (!) 2–3 cm lang, gekrümmt, lang zugespitzt
stechend, radial abstehend, bläulichgrün, seltener ganz grün, jederseits mit
4–5 Stomalinien; Zapfen länglich-zylindrisch, 6–10 cm lang, hellbraun
Schuppen dünn, biegsam, längsfaltig.
VERBREITUNG: Heimat mittlere USA, aber in Europa, vor allem in M und
N forstlich angepflanzt (Weihnachtsbäume).
UNTERSCHEIDUNGSHILFE: Durch die dichten Quirle starrer Äste kaum zu
verwechseln, stechende Nadeln; die blaue Form ist in zahlreichen Varietäten
in den Gärten als „Blau-Fichte" allgemein verbreitet.

A Echte Zypresse, *Cupressus sempervirens,* links Zweiglein von junger Pflanze (S. 130); B Großfrücht.
Zypresse, *Cupressus macrocarpa* (S. 128); C Blaugrüne Zypresse, *Cupressus lusitanica* (S. 128); D Gemeiner Wacholder, *Juniperus communis* (S. 130); E Sadebaum, *Juniperus sabina* (S. 132); F Spanische Zeder,
Juniperus oxycedrus (S. 131); G Rotfrücht. Sadebaum, *Juniperus phoenicea* (S. 131); H Weihrauch-Wa-
holder, *Juniperus thurifera* (S. 132); I Scheinzypresse, *Chamaecyparis lawsoniana* (S. 126); K Abend-
änd. Lebensbaum, *Thuja occidentalis* (S. 152); L Riesen-Lebensbaum, *Thuja plicata* (S. 154).

☐ **Sitka-Fichte;** *Picea sitchensis* (Bong.) Carr. Pinaceae Taf. 27 A, 69

F Epicéa de Sitka   I Picea di Sitka   E Sitka Spruce

MERKMALE: Baum, in seiner Heimat 4C–60 m hoch, Krone breit kegelförmig mit dünnen, waagerecht abstehenden Ästen, später breitkronig werdend, obere Äste aufstrebend, junge Zweige steif, bräunlich, tief gefurcht, Knospen spitz-kegelförmig hellbraun, harzig (!); Nadeln steif (!), zusammengedrückt, 15–25 mm lang, stechend (!), unten leicht gekielt und silbrigweiß, oben rund und glänzendgrün; Zapfen zylindrisch-länglich, 6–10 cm lang, blaß rötlich bis gelbbraun.

VERBREITUNG: W-Küste Nordamerikas, von Alaska bis Kalifornien; in Europa forstlich angebaut, so vor allem in Dänemark u. N-Deutschland; in Mittel- und W-Europa als Parkbaum nicht selten.

UNTERSCHEIDUNGSHILFE: Am leichtesten zu erkennen an den dünnen, sehr steifen und stechenden Nadeln; bei den sog. ,,Blaufichten" *(Picea pungens ,Glauca')* sind die Nadeln viel dicker.

⧻ **Kanaren-Kiefer;** *Pinus canariensis* Sweet ex Sprengel Pinaceae Taf. 80

F Pin des Canaries   I Pino delle Canarie   E Canarian Pine

MERKMALE: Baum, 20–30 m hoch, in der Jugend schmal kegelförmig, im Alter mehr oder weniger eirund, zuletzt mit flachem Gipfel, Borke dick, rötlich, flach gefurcht, Äste abstehend – überhängend, in regelmäßigen Quirlen, Knospen groß, spitz eiförmig, kaum harzig; Nadeln zu 3 beisammen, 2 Jahre dauernd, 20 (–30) cm lang (!), 1 mm breit, dicht stehend, an jungen Pflanzen blaugrün, an alten Bäumen hellgrün, Scheiden 18 mm lang, bleibend; Zapfen einzeln oder zu mehreren, an kurzen Stielen hängend, 10–17 cm lang, braun, mit dicken Schuppen.

VERBREITUNG: Kanarische Inseln, jedoch nur auf Gran Canaria und Teneriffa, im Gebirge bei 1100–2000 m. – Im Mittelmeerraum gelegentlich angepflanzt.

UNTERSCHEIDUNGSHILFE: Einzige wild vorkommende Kiefer mit 15–30 cm langen Nadeln und bis 20 cm langen Zapfen.

● **Zirbel-Kiefer, Arve;** *Pinus cembra* L. Pinaceae Taf. 28 G, 70

F Auvier, Arolle   I Cirmo, Pino zimbro   E Arolla Pine, Swiss Pine

MERKMALE: Baum 10–25 m hoch im Gebirge mit malerischer, breiter, oft durch Stürme zerbrochener Krone, in Kultur jedoch meist regelmäßig spitzeiförmig, Seitenäste kurz, dicht bezweigt, Rinde anfangs graugrün, glatt, später mehr braun und rissig, Jungtriebe rostgelb dichtfilzig, Knospen ei-kugelig, allmählich zugespitzt, harzig; Nadeln zu 5 im Bündel, 5–8 cm lang, ziemlich steif und gerade, dunkelgrün (!), Rand sehr fein gesägt, auf den beiden inneren Seiten blauweiß; Zapfen eiförmig, 6–8 cm lang, jung violett, reif zimtbraun, nicht aufspringend, im 3. Jahre ganz abfallend, Samen (,,Zirbelnüsse") eßbar, 12 mm lang.

VERBREITUNG: Gebirgsbaum der Alpen und Karpaten, 1200–2000 m; in N-Sibirien auch in der Ebene (var. *sibirica* Loud.). Arealkarte 104.

UNTERSCHEIDUNGSHILFE: In ihrer Heimat durch ihre stets 5 Nadeln nicht zu verwechseln; die ebenfalls 5nadelige *Pinus peuce* kommt wild nur auf dem Balkan vor und hat kahle Triebe.

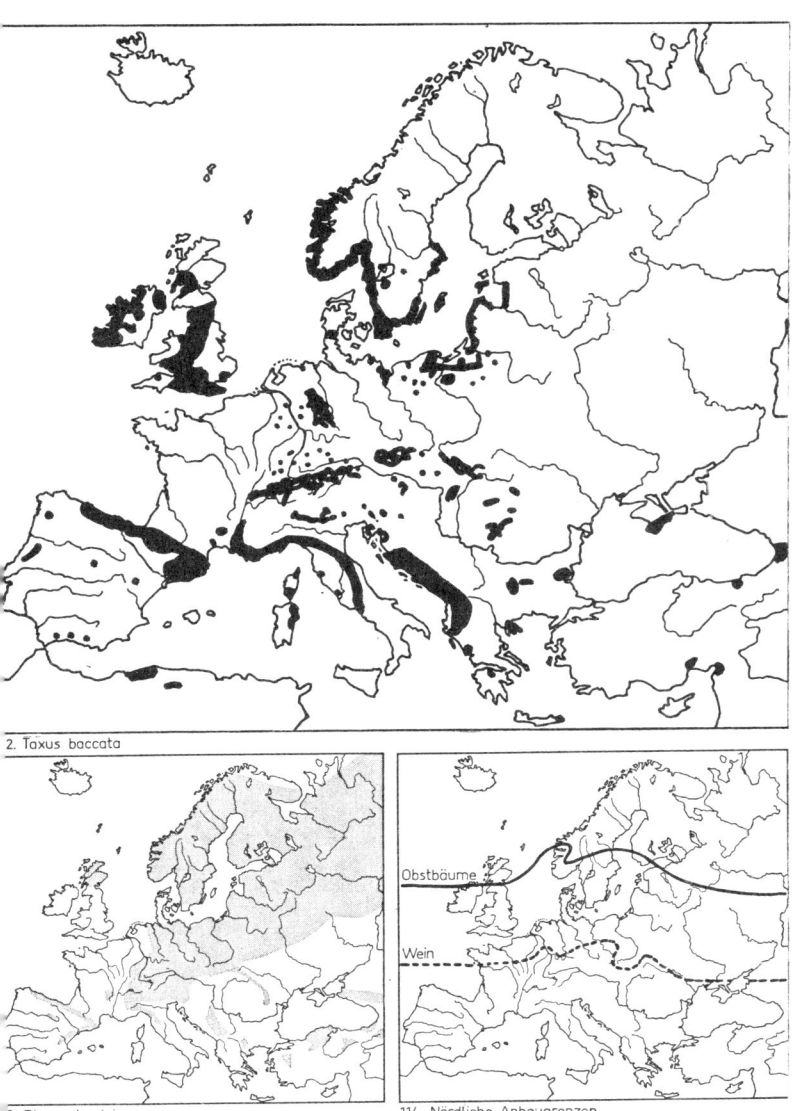

2. Taxus baccata

3. Pinus silvestris

114. Nördliche Anbaugrenzen

Obstbäume

Wein

☐ **Murray-Kiefer;** *Pinus contorta var. latifolia* Engelm. ex Wats. Pinaceae
(= *P. murrayana* Balf.) Taf. 28 L

F Pin de Murray   I Pino contorto   E Lodgepole Pine

MERKMALE: Baum 25 m hoch, in seiner Heimat jedoch viel höher, mit
kegelförmiger (!) Krone, Stamm gerade, Borke sehr dünn, graubraun, fein
schuppig; Zweige ziemlich kurz, abstehend, im Forst meist nur im obersten
Teil des Baumes vorhanden, bei freistehenden Bäumen Zweige jedoch oft
von nahe dem Boden vorhanden oder auch herabhängend, junge Triebe kahl;
Nadeln stets zu 2 im Bündel, gelbgrün (!!), 3 bis 6 cm lang, 2 mm breit,
ziemlich steif und meist etwas gedreht; Zapfen eiförmig, 3–5 cm lang, oft zu
mehreren beisammen stehend, gelbbraun, Basis etwas schief, Schuppen
meist mit hakenförmigen Dornen, oft viele Jahre geschlossen am Stamm
bleibend.

VERBREITUNG: Die am meisten verbreitete Kiefer der Rocky Mountains; westl.
N-Amerika, von Brit. Kolumbia bis Kalifornien, im Gebirge. – In Europa
forstlich angebaut, so z. B. in Schottland, Schleswig-Holstein usw. In
Gärten und Parks weniger häufig.

UNTERSCHEIDUNGSHILFE: Ähnlich einer *Pinus mugo*, aber Nadeln gedreht,
Wuchs jedoch baumartig, Zapfen oft unsymmetrisch. – Die in Europa
weniger häufige *Pinus contorta* Dougl. (**Dreh-Kiefer, Amerikanische
Strand-Kiefer**) hat als alter Baum eine runde Krone! (Taf. 74).

\# **Aleppo-Kiefer, See-Kiefer;** *Pinus halepensis* Mill. Pinaceae Taf. 71

F Pin d'Alep   I Pino d'Aleppo   E Aleppo Pine

MERKMALE: Baum bis 20 m, Krone ziemlich kugelig, Stamm und Äste oft
krumm, Borke silbergrau, später rotbraun und tiefrissig; Zweige kahl, viele
Jahre lang hellgrau bleibend, Knospen harzlos; Nadeln zu 2 im Bündel,
dünn, 6–15 cm lang, etwa 0,7 mm dick, frischgrün; Zapfen einzeln oder in
kleinen Quirlen, breitkegelförmig, 5–10 cm lang, gelbbraun, einige Jahre am
Zweig bleibend, glänzend, an 1–2 cm langem, gekrümmtem Stiel hängend.

VERBREITUNG: Mittelmeergebiet, von Portugal bis zur Ostküste des Schwarzen
Meeres, jedoch im Osten beheimatet, im Taurus waldbildend. Arealkarte
105.

UNTERSCHEIDUNGSHILFE: Der meist krumme Stamm, die mehr oder weniger
kugelige Krone und die hellgrünen Nadeln.

\# **Panzer-Kiefer;** *Pinus heldreichii* Christ Pinaceae Taf. 71

F Pin d'écorce blanche   I Pino balcanico   E Whitebark Pine

MERKMALE: Baum bis 20 m hoch, Krone rundlich-kegelförmig, Borke
aschgrau in große, eckige Felder (5–15 X 4–8 cm) zerspringend, Triebe kahl,
nur im ersten Jahr grau (!), dann braun werdend, Knospen nicht harzig;
Nadeln zu 2 im Bündel, 6–9 cm lang, starr, gekrümmt, stechend, glänzend
grün, an dem Triebende nicht pinselartig gehäuft (!); Zapfen zu 1–2
beisammen, eiförmig, 7–8 cm lang, etwa 2,5 cm dick, etwas glänzend, innen
und außen gleichmäßig hellbraun; Schuppenschild mit einem sehr kurzen,
geraden Dorn (!).

VERBREITUNG: Gebirge des zentralen Balkans; Albanien, Griechenland und
Jugoslawien. In den Gärten nur sehr selten. Arealkarte 106.

UNTERSCHEIDUNGSHILFE: Von der sehr ähnlichen *Pinus leucodermis* verschieden durch die schon im 2. Jahr braun werdenden Triebe.

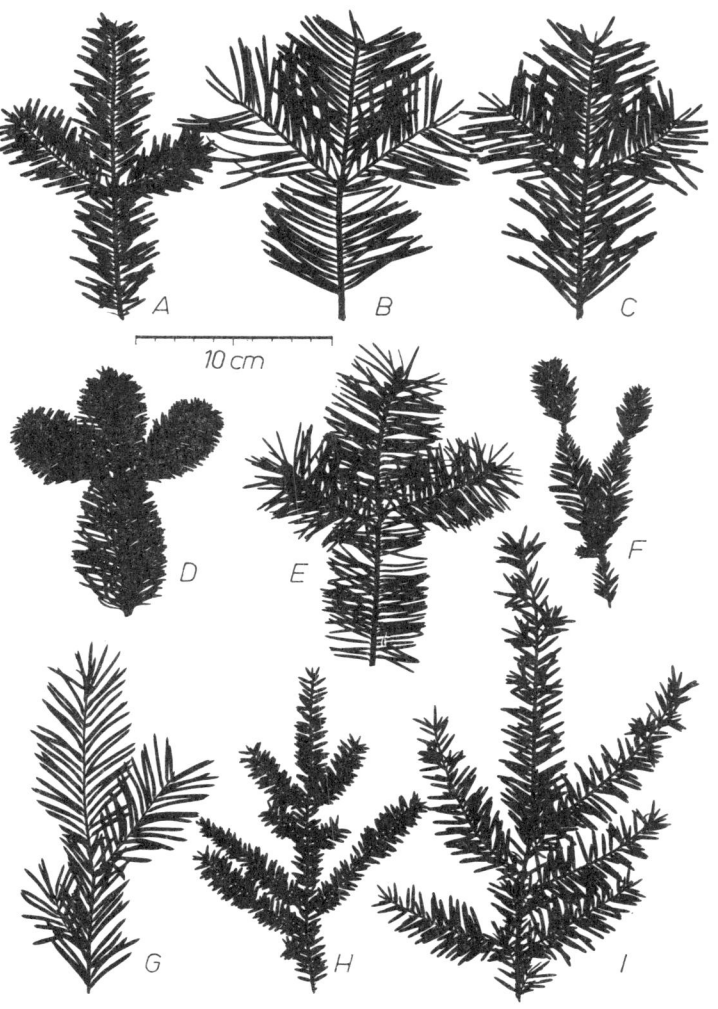

A Weiß-Tanne, *Abies alba* (S. 122); B Kolorado-Tanne, *Abies concolor* (S. 122); C Große Küsten-Tanne, *Abies excelsior* (S. 123); D Pazifische Edel-Tanne, *Abies procera* (S. 123); E Douglasie, *Pseudotsuga menziesii* (S. 149); F Küstensequoia, *Sequoia sempervirens* (S. 150); G Eibe, *Taxus baccata* (S. 152); H Kanadische Hemlockstanne, *Tsuga canadensis* (S. 154); I Westliche Hemlockstanne, *Tsuga heterophylla* (S. 154).

○# **Schlangenhaut-Kiefer; *Pinus leucodermis* Ant. Pinaceae Taf. 28 C, 71
F Pin de Calabre   I Pino loricato   E Bosnian Pine

MERKMALE: Baum bis etwa 30 m hoch, Krone kegelförmig; Borke aschgrau, groß gefeldert, nach dem Ablösen gelbliche Flecke hinterlassend, junge Zweige kahl, in den ersten 3 Jahren grauweiß (!!), Rinde nach dem Abfall der Nadeln durch die eng und regelmäßig stehenden Blattkissen schlangenhautartig aussehend; Knospen harzlos; Nadeln an den Triebenden büschelig gehäuft, zu je 2 beisammen, ziemlich steif, stechend, Zapfen in der Jugend fast schwarz (!), später braun, 7–8 cm lang, etwas glänzend, Schuppenschilder pyramidenförmig erhöht und mit zurückgekrümmtem Dorn (!).

VERBREITUNG: Von S-Italien zum westlichen und mittleren Teil des Balkans; Albanien, Bulgarien, Griechenland, Italien, Jugoslawien. Arealkarte 106. – In Deutschland häufig in Parks und Gärten.

UNTERSCHEIDUNGSHILFE: Bei Kulturpflanzen ist die Rinde der jungen Triebe nicht immer so hellgrau, doch wohl „schlangenhautartig"; Nadeln in pinselartigen Büscheln an den Triebenden.

● **Berg-Kiefer; *Pinus mugo* Turra (= *P. montana* Mill.) Pinaceae Taf. 28 M, 73
F Pin des montagnes   I Pino montana, Pino alpino   E Mountain Pine

MERKMALE: Eigentlich nur Strauch mit dicken, niederliegend-ansteigenden oder auch aufrechten Stämmen, diese bis zu 3,5 m hoch (der baumartige Typ wird heute als *Pinus uncinata* abgetrennt; vgl. unter diesem Namen unten), Zweige zuerst grün, später braun, Rinde nicht abblätternd; Knospen länglich-eiförmig, sehr harzig; Nadeln in Paaren, frischgrün, 3–8 cm lang, 1,5–2 mm dick; Zapfen zu 1–3 beisammen, 2–5 cm lang, 1,5–2,5 cm dick, glänzend, fast sitzend, symmetrisch, stumpf; Schuppenschild flach oder oben konvex und unten konkav, Nabel mittelständig oder etwas unter der Mitte, mit kleinem Dorn.

VERBREITUNG: Gebirge Mittel-Europas, des Balkans, N- und Mittel-Apennin in der Regel auf Kalk, aber auch in Hochmooren.

UNTERSCHEIDUNGSHILFE: Die sog. **Krummholz-Kiefer**, *P. mugo* var *mughus* (Scop.) Zenari wird besonders unterschieden; Wuchs meist strauchig-niederliegend. – Noch niedriger ist die **Zwerg-Kiefer**, *P. mugo* var *pumilio* (Haenke) Zenari, die fast polsterförmig-niedrig wächst, bis 3 m hoch, nur sehr selten baumartig, Triebe kurz, Nadeln sehr klein.

● **Haken-Kiefer; *Pinus uncinata* Mill. ex Mirb. (= *P. mugo* var *rostrata* [Ant.] Hoopes) Pinaceae Taf. 72

MERKMALE: Dies ist die Baumform der Berg-Kiefer, in der Regel immer einstämmig, 10–15 m hoch; Benadelung genau wie bei der Berg-Kiefer abweichend nur im Wuchs und in den Zapfen; diese sehr schief und unsymmetrisch, 5–7 cm lang, 2–3 cm breit, Schuppenschilder sehr ausgeprägt als 4seitige, schnabelförmige Pyramide, mit stark ausgebildetem, hakenförmigem Nabel.

VERBREITUNG: Tiroler und West-Alpen, Pyrenäen, Spanien; in den Gärten kaum anzutreffen. Arealkarte 107.

UNTERSCHEIDUNGSHILFE: Aussehen wie die Berg-Kiefer, doch baumartig.

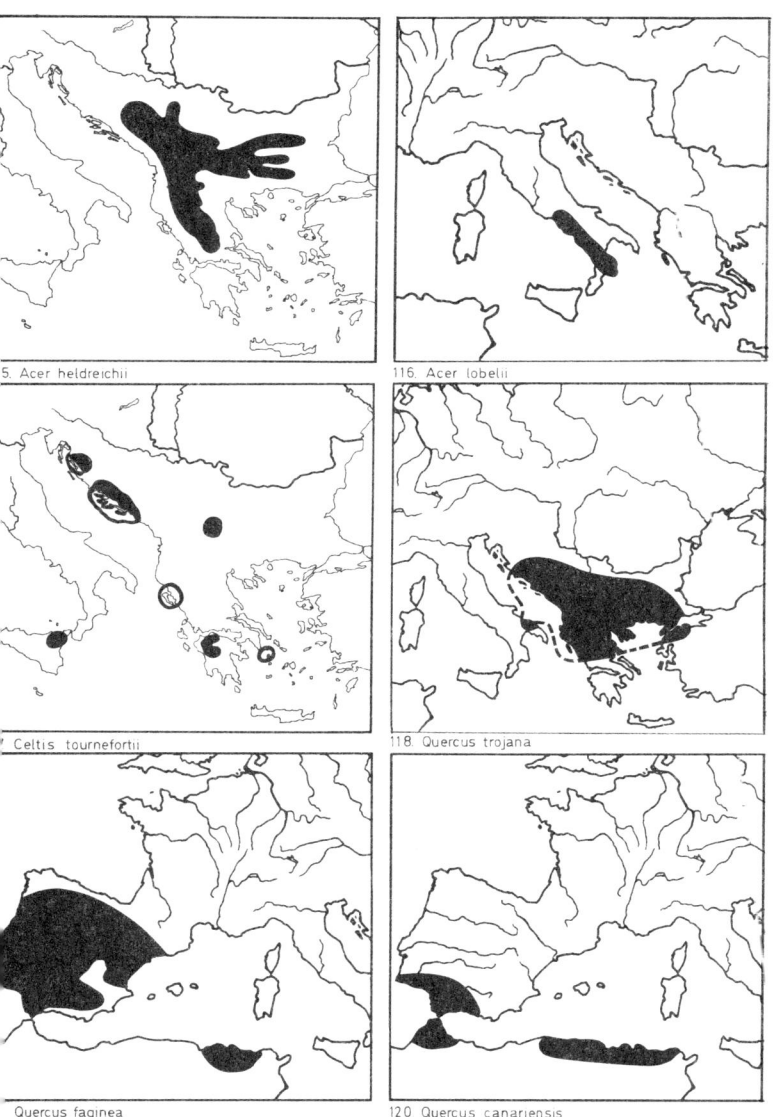

5. Acer heldreichii

116. Acer lobelii

Celtis tournefortii

118. Quercus trojana

Quercus faginea

120 Quercus canariensis

□# **Schwarz-Kiefer;** *Pinus nigra* Arnold; (= *P. laricio* Poir.) Pinaceae
Taf. 28 A–B, 72; Farbtafel VIII

F Pin noir   I Pino nero   E Black Pine

Hier werden zunächst die wichtigsten gemeinsamen Merkmale aller geographischen Varianten dieser Art angegeben, deren sichere Trennung nur schwer möglich ist. Wichtig zur Unterscheidung sind mikroskopische Untersuchungen der Nadelquerschnitte. Die Ansichten der Botaniker über die Abgrenzung der Unterarten und deren Benennung gehen erheblich auseinander; hier ist die Nomenklatur des Standardwerkes ,,Flora Europaea" (1964) befolgt worden.

MERKMALE: Baum bis 50 m hoch; Borke grau bis dunkelbraun; Knospen eiförmig bis walzenförmig-eiförmig, spitz, leicht harzig; Triebe kahl, hellbraun bis orange-braun; Nadeln 4–19 cm lang, 1–2 mm breit, im Bündel zu 2, hell- oder dunkelgrün, etwas steif, gerade, gekrümmt oder hin und hergebogen; mit 1–5 Lagen Hypodermalzellen (= Zellen unter der Epidermis oder Oberhaut); Zapfen 3–8 cm lang, 2–4 cm breit, gelblichbraun oder hellbraun, glänzend, fast sitzend; Schuppenschild schwach oder stumpf gekielt; Nabel dornig. – Gesamtareal S-Europa, nach Norden bis Österreich und S-Karpaten; in N-Europa in großem Umfang forstlich angebaut, insbesondere die ssp. *laricio*.

SCHLÜSSEL zur Bestimmung der geographischen Unterarten:

* Nadeln mehr oder weniger hin und hergebogen; 1–2 (–3) Lagen von leicht verdickten Hypodermalzellen*)

  \+ Nadeln 1,2–1,9 mm dick, etwas stechend; Hypodermalzellen in 1–2 (–3) Lagen . . . . ssp. *laricio*
  \+\+ Nadeln 1–1,2 mm dick, nicht stechend; Hypodermalzellen in nur 1 Lage . . . . ssp. *salzmannii*

** Nadeln mehr oder weniger starr; Hypodermalzellen stark verdickt und in 2–5 Lagen

  \+ Nadeln 4–7 cm lang . . . . ssp. *dalmatica*
  \+\+ Nadeln 7–18 cm lang
    X Nadeln gerade oder gekrümmt; Blattscheide 10 bis 16 mm lang . . . . ssp. *nigra*
    XX Nadeln gedreht oder unregelmäßig gekrümmt; Blattscheide (15–) 18–26 mm lang . . . . ssp. *pallasiana*

_____

*) Hypodermalzellen = Zellen unter der Epidermis oder Oberhaut.

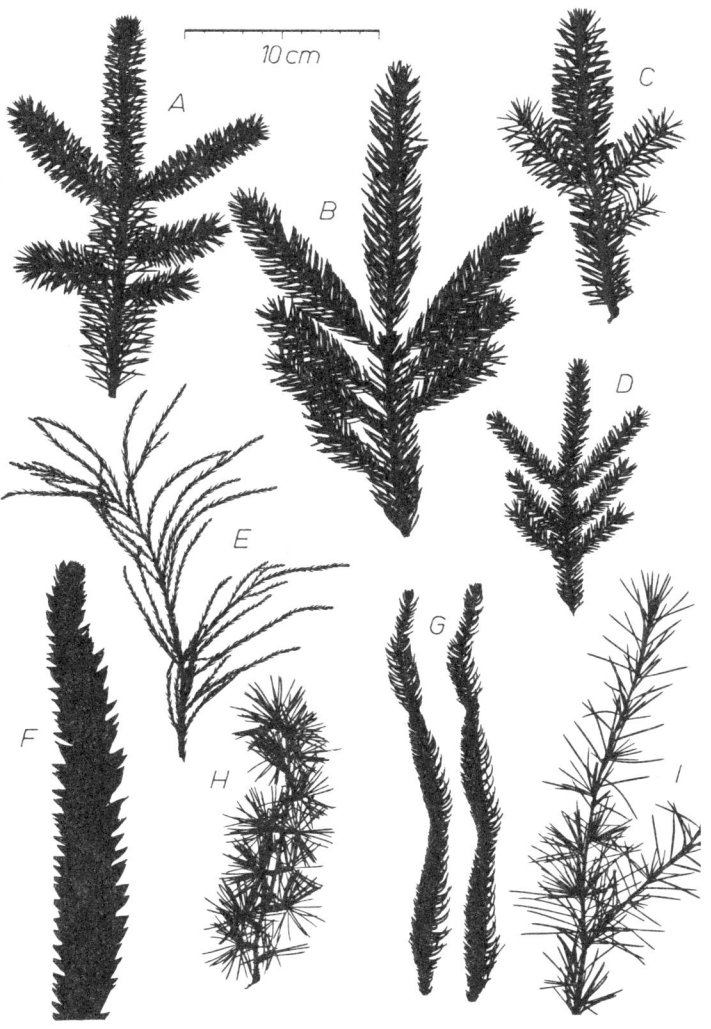

10 cm

A Sitka-Fichte, *Picea sitchensis* (S. 138); B Fichte, *Picea abies* (S. 134); C Serbische Fichte, *Picea omorika* (S. 136); D Orient-Fichte, *Picea orientalis* (S. 136); E Mammutbaum, *Sequoiadendron giganteum* (S. 150); F Chilenische Araucarie, *Araucaria araucana* (S. 124); G Norfolktanne, *Araucaria heterophylla* (S. 124); H Atlas-Zeder, *Cedrus atlantica* (S. 124); I Himalaja-Zeder, *Cedrus deodara* (S. 126).

UNTERSCHEIDUNGSHILFE und VERBREITUNG der geographischen Unterarten:

ssp. *nigra;* (= *nigra* var. *austriaca* [Hoess] Loud.) **Österreichische Schwarz-Kiefer.** Hoher Baum, Krone kegelförmig; Nadeln 8–16 cm lang, starr, stechend; Zapfen 5 bis 8 cm lang, Schuppenbilder etwas gekielt. – Von Österreich bis Mittelitalien, Griechenland und Jugoslawien. – Taf. 28 A, 72. Arealkarte 109–1.

ssp. *salzmannii* (Dunal) Franco. (= *P. nigra* var. *cebennensis* [Godr.] Rehd.) **Pyrenäen-Schwarz-Kiefer.** Mittelhoher Baum, höchstens bis 20 m, Krone schmalpyramidal bis walzenförmig; Nadeln 8 bis 16 cm lang, bis 2 mm breit, nicht stehend; Zapfen 4–6 cm lang, Schuppenschilder etwas gekielt. – S. Frankreich (Sevennen) Pyrenäen, Mittel- und O-Spanien. Arealkarte 109-2.

ssp. *laricio* (Poir.) Maire (= *P. nigra* var. *calabrica* [Loud.] Schnd.; = *P. nigra* var. *corsicana* [Loud.] Hyl.). **Korsische oder Kalabrische Schwarz-Kiefer.** Hoher Baum, bis 40 m, Krone schmal ei-länglich, bei sehr alten Bäumen auch flach; Nadeln 8–16 cm lang, 1,2 bis 1,9 mm dick, etwas stechend, gedreht; Zapfen 6–8 cm lang, gelbbraun; Schuppenschilder stumpf gekielt. – Korsika, S-Italien (Kalabrien), Sizilien. – Taf. 28 B, 72; Arealkarte 109–3.

ssp. *dalmatica* (Vis.) Franco. Kleiner Baum, Krone breit kegelförmig; Nadeln 4–7 cm lang, 1,5–1,8 mm dick, sehr starr; Zapfen nur 3,5–4,5 cm lang. – Küste und Inseln von NW-Jugoslawien.

ssp. *pallasiana* (Lam.) Holmboe. (= *P. nigra* var. *caramanica* [Loud.] Rehd.): **Krim-Kiefer.** Mittelgroßer Baum, Krone breiteiförmig und dicht; Nadeln 12–18 cm lang, 1,6–2,1 mm dick; Zapfen 5–12 cm lang. Balkan, S-Karpaten, Krim. – Arealkarte 19C–4; Taf. 72.

○# **Mazedonische Kiefer;** *Pinus peuce* Griseb. Pinaceae Taf. 28 H, 71
F Pin des Balcans   I Pino dei Balcani   E Macedonian Pine

MERKMALE: Baum 10–20 m hoch, Krone schlank kegelförmig bis fast säulenförmig, sehr dicht, oft bis fast zum Boden beastet, Äste kurz, dick, kahl; Borke grau, rissig, mit kleinen Schuppen; junge Triebe dick, kahl, grün; Nadeln zu 5 beisammen, 7–10 cm lang, etwas steif, gerade (nicht hängend!), spitz, Rand fein gesägt; Zapfen zu 1–4 beisammen, 8–15 cm lang, mehr oder weniger gekrümmt, hellbraun.
VERBREITUNG: Gebirge des Balkan in Jugoslawien, Albanien und Bulgarien. Arealkarte 108.
UNTERSCHEIDUNGSHILFE: Könnte nur mit *Pinus cembra* verwechselt werden, doch sind bei beiden die Zapfen grundverschieden! Außerdem hat *P. cembra* filzige, *P. peuce* jedoch glatte Jungtriebe.

⚹ Seestrand-Kiefer; *Pinus pinaster* Ait. Pinaceae Taf. 28 E, 73
F Pin maritime   I Pino marittimo   E Cluster Pine, Maritime Pine

MERKMALE: Hoher Baum, in seiner Heimat bis 40 m hoch, Krone kegelförmig, Äste zahlreich, herabgezogen, Borke dick, rotgrau bis braunrot, tief rissig; Triebe kahl, rotbraun; Knospen spindelförmig, 15–35 mm lang, braun, harzlos, Schuppen mit silberweißen Fransenspitzen; Nadeln zu 2 beisammen, 10–25 cm lang, 2 mm breit, starr und stechend, frischgrün; Zapfen zu 2–4 beisammen, 9–22 cm lang, 5–8 cm dick, ei-kegelförmig, mehr oder weniger symmetrisch, hellbraun, glänzend; Schuppenschilder rautenförmig, gekielt, Nabel dornförmig.

VERBREITUNG: Der Typ, ssp. *pinaster,* mit 18–25 cm langen Nadeln und 14–22 cm langen Zapfen vor allem im mittleren und westlichen Mittelmeergebiet. – Die ssp. *atlantica* H. del Villr. mit 10–20 cm langen Nadeln und nur 9–18 cm langen Zapfen vorwiegend in S-Frankreich und an der atlantischen Küste von Spanien und Portugal. Arealkarte 110.

UNTERSCHEIDUNGSHILFE: Der dicke Stamm mit der rotbraunen, tiefrissigen Borke, die sehr langen Nadeln und sehr großen, dicken Zapfen.

⚹ Pinie; *Pinus pinea* L. Pinaceae Taf. 28 F, 73; Farbtafel VII
F Pin pinier, Pin parasol   I Pino domestico   E Stone Pine, Umbrella Pine

MERKMALE: Baum bis 30 m hoch, Krone schirmförmig ausgebreitet (!!), Äste waagerecht, Borke rötlichgrau, längsrissig, Triebe kahl, zuerst graugrün, dann braun; Knospen spitz eiförmig, haarlos, mit zurückgerollten, silbrigen Schuppen; Nadeln zu 2 beisammen, 10–20 cm lang, 1,4–2 mm dick, spitz; Zapfen 8–14 cm lang und bis 10 cm dick, braun, glänzend; Schuppenschilder schwach pyramidal; Samen groß, ungeflügelt.

VERBREITUNG: Mittelmeerländer und Portugal. Arealkarte 111.

UNTERSCHEIDUNGSHILFE: An der schirmförmigen Krone als älterer Baum schon aus weiterer Ferne leicht zu erkennen; jüngere Bäume an den waagerecht abstehenden Ästen; Jungpflanzen haben ganz abweichende, dünne, blaue Nadeln (!).

☐⚹ Monterey-Kiefer; *Pinus radiata* D. Don (= *P. insignis* Dougl. ex Loud.) Pinaceae Taf. 28 D
F Pin de Monterey   I Pino insigne   E Monterey Pine

MERKMALE: Baum in seiner Heimat 25–30 m hoch oder darüber, Äste stark und abstehend, Krone unregelmäßig; Borke tiefbraun, dick und tief rissig, junge Triebe kahl und rotbraun, Knospen ei-walzenförmig, harzig; Nadeln 10–15 cm lang (!), zu 3 beisammen (!) dünn, spitz, hellgrün, dicht gedrängt; Zapfen 7–14 cm lang, 5–8 cm dick, ei-kegelförmig, sehr unregelmäßig (!), sitzend oder kurz gestielt, viele Jahre am Trieb geschlossen bleibend, nußbraun, Schuppenschilder an der Oberseite der Zapfen halbkugelig (!!) mit kurzem, hinfälligem Dorn.

VERBREITUNG: In S-Kalifornien, Halbinsel Monterey, beheimatet, jedoch in Spanien, Portugal und anderswo in W-Europa forstlich angebaut.

UNTERSCHEIDUNGSHILFE: Die unregelmäßige Krone mit starken Ästen, die zu 3 beisammen stehenden Nadeln, die sehr lange an den Trieben bleibenden Zapfen mit halbkugeligen Schuppenschildern.

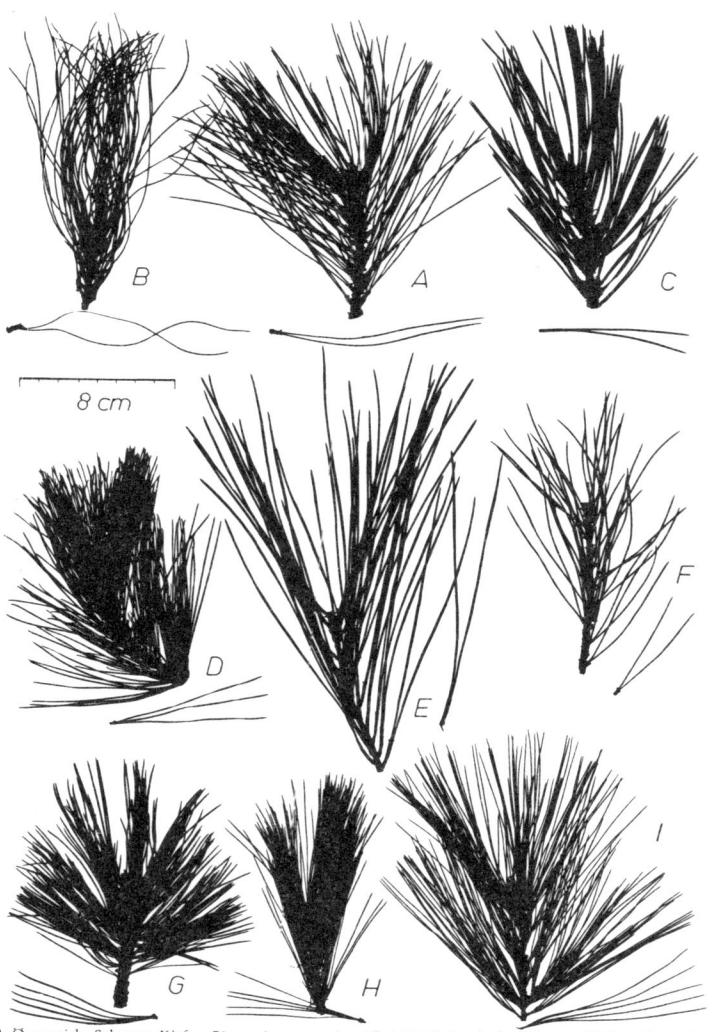

8 cm

A Österreich. Schwarz-Kiefer, *Pinus nigra* ssp. *nigra* (S. 144); B Korsische Schwarz-Kiefer, *Pinus nigra* ssp. *laricio* (S. 146); C Schlangenhaut-Kiefer, *Pinus leucodermis* (S. 142); D Monterey-Kiefer, *Pinus radiata* (S. 147); E Seestrand-Kiefer, *Pinus pinaster* (S. 147); F Pinie, *Pinus pinea* (S. 147); G Zirbel-Kiefer, *Pinus cembra* (S. 138); H Mazedonische Kiefer, *Pinus peuce* (S. 146); I Weymouths-Kiefer, *Pinus strobus* (S. 149); K Gemeine Kiefer, Föhre, *Pinus silvestris* (S. 149); L Murray-Kiefer, *Pinus contorta* var. *latifolia* (S. 140); M Berg-Kiefer, Latsche, *Pinus mugo* (S. 118).

● **Gemeine Kiefer, Föhre;** *Pinus silvestris* L. Pinaceae Taf. 28 K, 74
F Pin silvestre   I Pino silvestre   E Scots Pine

MERKMALE: Baum, 20–40 m hoch, Stamm meist gerade und schlank, aber auch knorrig und gedreht, Krone länglich bis breit schirmförmig (je nach Standort), Borke rostrot, rissig, an jungen Bäumen fuchsrot (!) und abblätternd; junge Triebe kahl und grünlich; Knospen eilänglich, rotbraun, spitz, mit oder ohne Harz; Nadeln zu 2 beisammen, 3–7 cm lang, gedreht, blaugrün; Zapfen 3–6 cm lang, 2–3,5 cm dick, stumpf gelbbraun, Schuppenschilder flach oder auf der Zapfenoberseite etwas gekielt.
VERBREITUNG: N- und Mittel-Europa, nach Süden bis zu den Gebirgen in S-Spanien, N-Italien und Mazedonien. Arealkarte 113.
UNTERSCHEIDUNGSHILFE: Allgemein bekannter Baum der heimatlichen Kiefernwälder, sonst zu erkennen an den blaugrünen (!!), gedrehten Nadeln und fuchsroten Ästen und Stämmen.

☐ **Weymouths-Kiefer, Strobe;** *Pinus strobus* L. Pinaceae Taf. 28 I, 74
F Pin Weymouth   I Pino Weymouth   E Weymouth Pine

MERKMALE: Baum 25–50 m, Krone zuerst kegelförmig, im Alter jedoch allmählich breit werdend, Äste kurz, waagerecht, in regelmäßigen Quirlen, Borke an jüngeren Bäumen graugrün und ganz glatt, erst in hohem Alter braun und rissig; junge Triebe sehr dünn und anfangs fein behaart, später meist kahl; Nadeln in Bündeln zu 5 (!), 5 bis 15 cm lang, dünn, blaugrün, oft etwas überhängend, Rand fein gesägt; Zapfen endständig, zu 1–3 beisammen, 10–18 cm lang, 3–4 cm dick, walzenförmig, an der Spitze oft gebogen, hängend, lange Zeit grün, später braun.
VERBREITUNG: Beheimatet in östl. Nordamerika, in Europa, vor allem in Mittel-Europa, forstlich sehr häufig angebaut.
UNTERSCHEIDUNGSHILFE: Großer Baum mit glatter Rinde (!), kurzen, abstehenden, dünnen Ästen in regelmäßigen Quirlen, Nadeln zu 5 (!) und lange, sehr schmale Zapfen.

☐ **Douglasie;** *Pseudotsuga menziesii* (Mirb.) Franco Pinaceae Taf. 26 E, 75
F Douglas vert   I Abete di Douglas   E Douglas Fir

MERKMALE: Sehr hoher Baum, in seiner Heimat bis 100 m hoch werdend, dabei Stamm bis 4 m dick, Borke nur an alten Bäumen dunkelbraun und tief

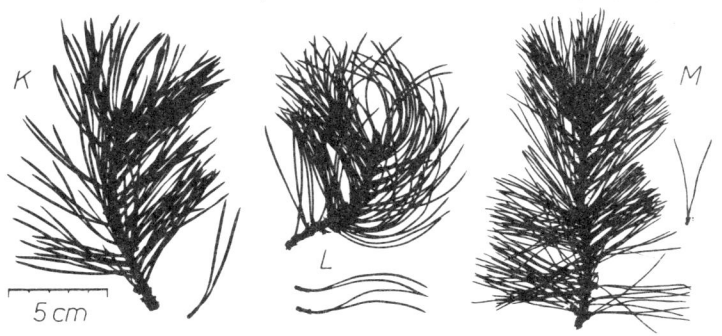

5 cm

rissig, an jungen Bäumen glatt und mit Harzbeulen, junge Triebe zuerst orangegelb, dann rotbraun, zuletzt graubraun, Aststellung unregelmäßig quirlig; Nadeln gerade, 2–3 cm lang, an der Spitze stumpf bis spitz, oben dunkel- oder blaugrün, unten mit grauen bis weißlichen Spaltöffnungslinien, gerieben wohlriechend; Zapfen hängend, eiförmig-länglich, 5–10 cm lang, Deckschuppen vorragend, bei der grünnadeligen typischen Küstenform anliegend, bei der blaunadeligen Gebirgsform zurückgeschlagen.

VERBREITUNG: Im westl. N-Amerika beheimatet, doch in vielen Ländern Europas in großem Umfang forstlich angebaut; in Parks und Gärten nicht selten.

UNTERSCHEIDUNGSHILFE: Die glatten Stämme mit Harzbeulen, die unregelmäßig quirlige Ausstellung, die schmalen, weichen, gerieben aromatisch duftenden Nadeln und die hängenden Zapfen.

□# **Küstensequoia;** *Sequoia sempervirens* (Lamb.) Endl. Taxodiaceae Taf. 26 F, 75

F Séquoia   I Sequoia   F Redwood

MERKMALE: Hoher, immergrüner Baum, in seiner Heimat bis 110 m hoch; Krone in der Jugend schlank pyramidal, Zweige unregelmäßig quirlständig, Stamm in seiner Heimat 6–9 m dick werdend, Borke dick, rissig, rot; Knospen mit spitzen, lederartigen Schuppen, harzfrei; Nadeln an Leittrieben und zapfentragenden Trieben spiralig, etwas anliegend bis abstehend, 6 mm lang, an den Seitentrieben 2zeilig, linealisch bis mehr länglich, 6–20 mm lang und 2mm breit, oben dunkelgrün und glänzend, unten mit zwei weißen Bändern; Zapfen hängend an kurzen Zweigen, eiförmig, 2–2,5 cm lang, schwarzbraun, in einem Jahre reifend.

VERBREITUNG: Im westl. N-Amerika beheimatet, aber in milderen Gebieten Europas forstlich angebaut oder in Gärten und Parks zu finden.

UNTERSCHEIDUNGSHILFE: Etwas an eine Sumpfzypresse erinnernd, aber immergrün, junge Triebe auffallend rotbraun; in Europa nur in sehr milden Gebieten zu finden, in Deutschland nur selten baumartig.

□ **Mammutbaum;** *Sequoiadendron giganteum* (Lindley) Buchholz (= *Sequoia gigantea* [Lindl.] Decne.) Taxodiaceae Taf. 27 E, 75

F Séquoia géant   I Sequoia gigante   E Wellingtonia, Gigant sequoia

MERKMALE: Hoher, immergrüner Baum, in seiner Heimat bis 100 m hoch (in Europa bisher erst 30–40 m hoch, aber erst etwa 60 Jahre alt!), Stamm über der verbreiterten Basis bis 7 m dick, Krone schmal pyramidal, Borke 30–60 cm dick, schwammig-rissig (läßt sich mit der Hand eindrücken!), rotbraun, Äste abwechselnd stehend, junge Triebe zuerst blaugrün, später rotbraun; Nadeln in 3 Längsreihen spiralig, 3–8 mm lang, scharf, schuppenförmig, den Zweigen angepreßt, an üppigen Trieben bis 12 mm; Zapfen ellipsoid, 5–8 cm lang, 3 bis 4,5 cm breit.

VERBREITUNG: Beheimatet in Kalifornien, jedoch in W-Europa, vor allem Großbritannien, sehr häufig in Gärten und Parks angepflanzt.

UNTERSCHEIDUNGSHILFE: gut zu erkennen an der roten, längsfaserigen Rinde, die sich mit der Hand eindrücken läßt, sowie an den scharfen, fast ganz anliegenden, nur an der Spitze abstehenden Nadeln (bei *Cryptomeria* Rinde rotbaun, doch nicht eindrückbar. Nadeln sichelförmig abstehend).

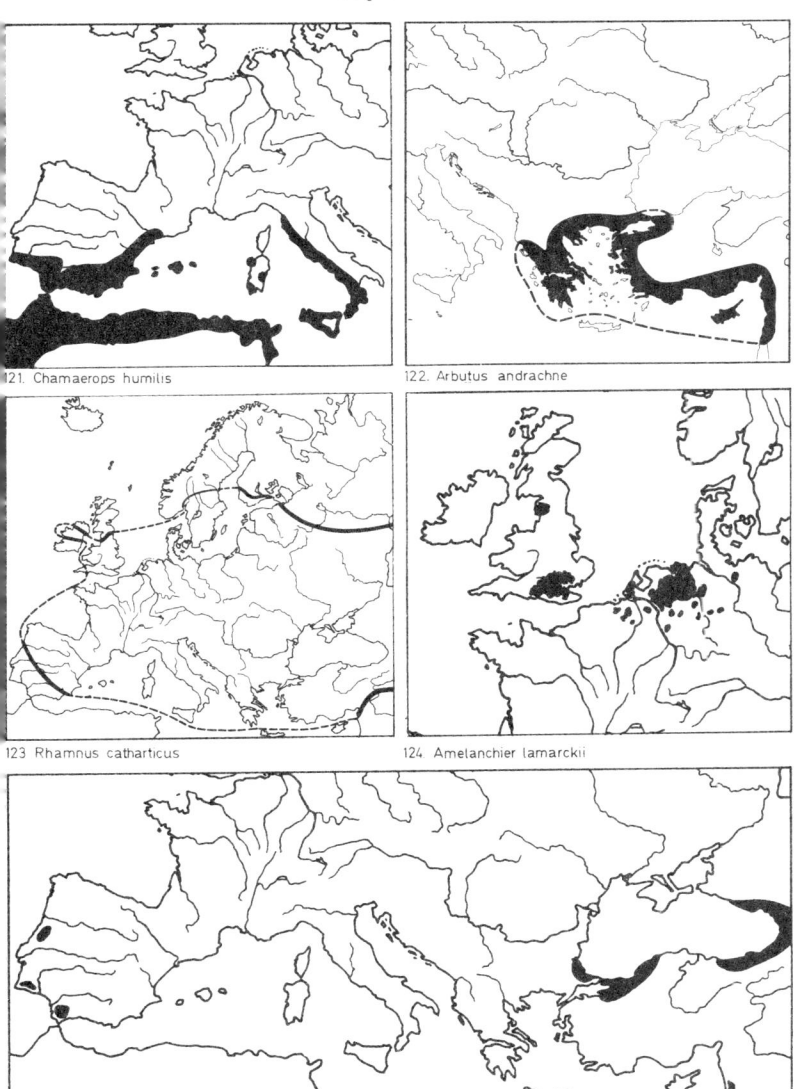

121. Chamaerops humilis

122. Arbutus andrachne

123 Rhamnus catharticus

124 Amelanchier lamarckii

125. Rhododendron ponticum

□ **Sumpfzypresse;** *Taxodium distichum* (L.) Rich. Taxodiaceae Taf. 24 E, 76
F Cyprès chauve   I Cipresso calvo   E Deciduous Cypress

MERKMALE: Sommergrüner, hoher Baum, in seiner Heimat bis 40 m, in
Europa bisher kaum über 30 m, im allgemeinen Krone ziemlich schmal
kegelförmig und von unten an beastet (man findet gelegentlich aber auch
ältere Bäume mit mehr kugeliger Krone auf hohem Stamm oder breitkegelförmig); besonders bei Stand am oder im Wasser mit vielen ,,Atemknien";
Rinde rotbraun, faserig, ablösend; Nadeln zweizeilig, dünn, hellgrün,
wechselständig (!!), im Herbst rotbraun verfärbend; Zapfen ziemlich
kugelig, 2–3 cm dick.
VERBREITUNG: Beheimatet in den südöstl. Vereinigten Staaten, aber in Europa
als Parkbaum sehr oft zu finden, in S-Europa forstlich angebaut, vor allem
auf Alluvialböden.
UNTERSCHEIDUNGSHILFE: Eigentlich nur mit *Metasequoia* zu verwechseln,
aber durch die wechselständigen Nadeln gut zu unterscheiden, bei alten
Bäumen außerdem durch die ,,Atemknie".

● **Gemeine Eibe;** *Taxus baccata* L. Taxaceae Taf. 26 G, 77
F If commun   I Tasso   E Common Yew

MERKMALE: Immergrüner Baum, bis 20 m hoch, aber nur selten höher als etwa
10 m, Krone breitpyramidal, Stamm mit rotbrauner, abblätternder Rinde,
Äste meist lang abstehend, Knospen klein und schuppig; Nadeln zweizeilig,
mit der stielartig verschmälerten Basis am Zweig herablaufend, 1–3 cm lang,
oben glänzend dunkelgrün, unten heller grün und mit 2 grau- oder
gelbgrünen Bändern; Blüten 2häusig; Samen nußartig, 6–7 mm lang, von
einem glockenförmigen, fleischigen, scharlachroten Mantel umgeben. – Die
Nadeln sind sehr giftig für das Vieh!
VERBREITUNG: In ganz Europa weit verbreitet, doch nirgendwo häufig; in
Parks und Gärten, vor allem auch auf Friedhöfen, sehr oft zu finden, häufig
auch als sehr alte Bäume. Arealkarte 112.
UNTERSCHEIDUNGSHILFE: Ältere Pflanzen an der rotbraunen, abblätternden
Rinde gut zu erkennen, sonst aber auch an den roten Früchten; Triebe sehr
weich, Knospen schuppig. In den Gärten sieht man häufig eine Form, die
Säulen-Eibe, vgl. Taf. 77.

□ **Abendländischer Lebensbaum;** *Thuja occidentalis* L. Cupressaceae
Taf. 25 K, 78
F Thuja de l'Occident   I Tuia occidentale   E American Arbor-vitae

MERKMALE: Immergrüner Baum, bis 20 m hoch, Krone schmal-kegelförmig,
bis 30 m hoch, dabei nur 2 m breit (!), Äste kurz, ziemlich waagerecht
abstehend, Rinde braun, in schmale Streifen gespalten; Zweige mit zahlreichen ,,Zweiglein", diese zusammengedrückt, oben dunkelgrün, unten
blaßgrün, ohne weiße Zeichnung; Nadeln schuppenförmig; Früchte
eiförmig, hellbraun, 8 mm lang, länglich (nicht kugelig!), an kurzen
Zweigen; ganze Pflanze mit strengem Duft.
VERBREITUNG: Beheimatet in den nördl. USA und Canada, aber überall in
Europa häufig in Parks, Gärten, Friedhöfen usw.
UNTERSCHEIDUNGSHILFE: Kann eigentlich wegen des sehr schmalen Wuchses
nur mit der Scheinzypresse (*Chamaecyparis*) verwechselt werden, hat jedoch
einen strengen Geruch und längliche Früchte.

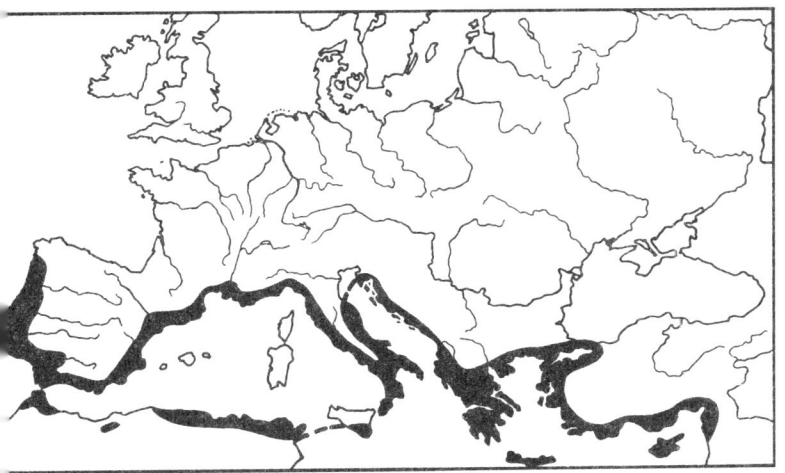

6. Myrtus communis

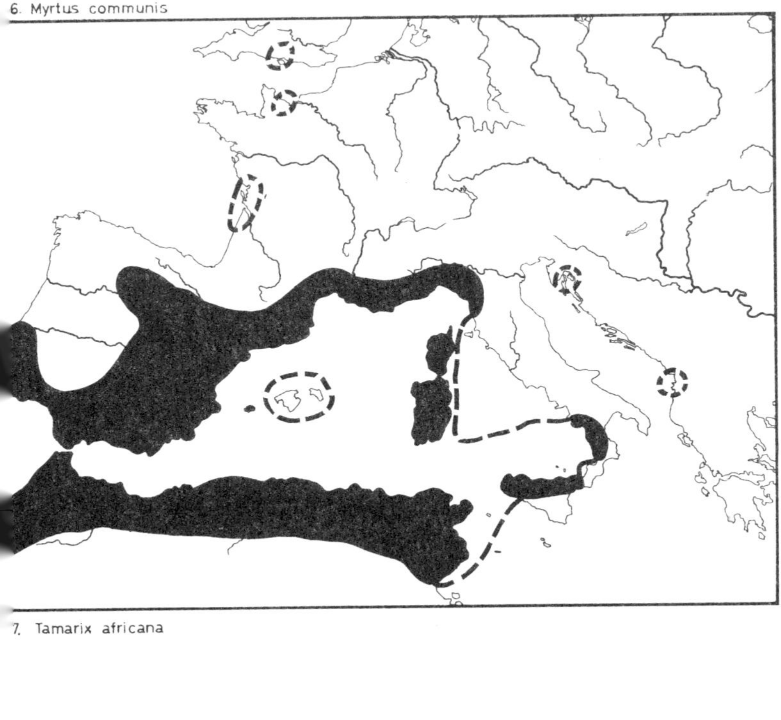

7. Tamarix africana

☐ **Riesen-Lebensbaum;** *Thuja plicata* D. Don (= *T. gigantea* Nutt.)
Cupressaceae Taf. 25 L, 78

F Thuja géant   I Tuia gigantesca   E Western Arbor-vitae

MERKMALE: Immergrüner Baum, in seiner Heimat bis 65 m hoch, Stamm dick
und an seiner Basis stark verbreitert, Rinde rotbraun und in dicke Streifen
gespalten, Krone breitkegelförmig, nur in ganz freiem Stand bis zum Boden
beastet, Kronendurchmesser am Boden etwa ein Drittel der Höhe (Anhalt);
Zweiglein zweizeilig stehend, Nadeln oben glänzendgrün (!), unten weißlich
gezeichnet (!), gerieben aromatisch duftend; Zapfen etwa 12 mm lang,
länglich.

VERBREITUNG: Im westlichen N-Amerika beheimatet, jedoch in Europa
forstlich angebaut (Österreich, England, Dänemark, Italien, Portugal,
Norwegen und Deutschland). In Deutschland nicht selten auch als Parkbaum zu treffen.

UNTERSCHEIDUNGSHILFE: Der breitkegelförmige Wuchs, die stark glänzende
Benadelung mit aromatischem Duft, wenn gerieben.

☐ **Kanadische Hemlockstanne;** *Tsuga canadensis* (L.) Carr. Pinaceae
Taf. 26 H, 78

F Pruche de l'-Est   I Tsuga canadense   E Eastern Hemlock

MERKMALE: Hoher Baum, 25–30 m hoch, Krone breitpyramidal, Stamm
schlank, nicht selten gegabelt, Rinde zuletzt bräunlich, tief gefurcht,
Gipfeltriebe kurz überhängend, Äste waagerecht mit überhängenden Spitzen, junge Triebe gelb- bis graubraun, zottig behaart, Knospen eiförmig (!);
Nadeln fast regelmäßig zweizeilig, 10–18 mm lang, von der Basis zur Spitze
allmählich verschmälert und fein gezähnelt, unten mit 2 schmalen, weißen
Bändern; Zapfen eiförmig, 15–20 mm lang, kurz gestielt (!), graubraun.

VERBREITUNG: Nord-Amerika, jedoch in Mittel- und W-Europa häufiger
Parkbaum, gelegentlich auch forstlich angebaut.

UNTERSCHEIDUNGSHILFE: Gipfeltrieb kurz überhängend (!), Nadeln stark
gesägt (fühlbar), Zapfen gestielt (!), Schuppen fast kreisrund (!!).

☐ **Westamerikanische Hemlockstanne;** *Tsuga heterophylla* (Raf.) Sarg.
Pinaceae Taf. 26 I, 78

F Pruche de l'Ouest   I Tsuga del Pacifico   E Western Hemlock

MERKMALE: Hoher Baum mit durchgehendem Stamm (!), 30–60 m hoch,
Gipfeltrieb lang aufragend, fast peitschenförmig, Krone schmal kegelförmig,
Rinde ziemlich dick, rotbraun, Äste waagerecht abstehend; Triebe sehr stark
behaart und etwa 5–6 Jahre so bleibend (!!), Knospen klein und kugelig (!);
Nadeln linealisch, 8–18 mm lang, nur an der Spitze mit einigen kleinen
Zähnen, oben dunkelgrün und stark gefurcht, unten mit 2 weißen Bändern
und nur sehr schmalem, grünem Saum; Zapfen sitzend (!), 20–25 mm lang,
Schuppen viel länger als breit (!!).

VERBREITUNG: Westliches N-Amerika, jedoch in NW-Europa forstlich angebaut, auch in NW-Deutschland nicht selten in Parks.

UNTERSCHEIDUNGSHILFE: Der stets durchgehende Stamm mit geradem Mittel-
trieb, die sehr stark behaarten Triebe, die tief gefurchten Nadeln und die
größeren Zapfen mit eiförmigen Schuppen.

Literaturverzeichnis

BROWICZ, K.: Atlas of Distribution of Trees and Shrubs of Poland; 1963 (Bis 1978 sind 26 Lieferungen erschienen). Poznan.

DÜLL, R.: Unsere Eberesche und ihre Bastarde. Wittenberg 1959.

FLORA EUROPAEA; Herausgegeben von T. G. TUTIN, V. H. HEYWOOD u. a.; Bd. 1–4; Cambridge 1964–1976.

FUKAREK, P.: Yugoslav Tour of the International Dendrology Society; Maps of Areals; Sarajevo 1967 (Privatdruck).

FUKAREK, P.: Beitrag zur Kenntnis der systematischen Stellung, Gliederung und der rezenten Verbreitung der Schwarzkiefer; in Radovi Poljopr. – Šumarsk. Fak. Univ. Sarajevo 1958.

GRAM/JESSEN: Vilde Planter i Norden; 4 Bände; Kopenhagen 1949–51.

HOUTZAGERS, G.: Houtteelt de gematigde luchtstreek; deel I – De Houtsoorten. Zwolle 1954.

KRÜSSMANN, G.: Handbuch der Laubgehölze, 2. Aufl. Bd. 1–3 und Registerband; Berlin 1976–1978.

KRÜSSMANN, G.: Handbuch der Nadelgehölze; Berlin 1970–1972.

LILJEFORS, A.: Studies on Pollination and Propagation in Sorbus; Act. Hort. Bergian. 16; Uppsala 1953.

MEUSEL, H.: Vergleichende Arealkunde, 1–2. Berlin 1943.

MEUSEL/JÄGER/WEINERT: Vergleichende Chorologie der zentraleuropäischen Flora. (I). Jena 1965.

NEGULESCU/SAVULESCU: Dendrologie. Bukarest 1965.

RICKLI, M.: Das Pflanzenkleid der Mittelmeerländer; 3 Bände. Bern 1943–1948.

SCHMUCKER, TH.: Silvae Orbis 4 (Die Baumarten der nördlichen gemäßigten Zone und ihre Verteilung) herausgegeben von Centre International de Sylviculture. Berlin 1942.

SEBASTIAN, C.: Etude du genre Phillyrea. Rabat, Marokko, 1956.

SOKOLOV u. a.: Bäume und Sträucher der UdSSR; 7 Bände. Moskau 1950–1965.

WALTER, H.: Grundlagen der Pflanzenverbreitung, II. Arealkunde. Stuttgart 1954.

NACHWEIS DER FOTOAUFNAHMEN

(o = oben, u = unten, re = rechts, li = links)

Dr. K. Browicz, Kornik, Polen: 71 ore
Prof. Dr. P. Fukarek, Sarajevo, Jugoslawien: 68 ure
I. R. P. van Hoey Smith, Rotterdam: 52 ore, 57 uli
K. Jakusz, Kornik, Polen: 46 ore
C. R. Jelitto, Berlin: 34 ure, 70, 77 uli
H. Kammeyer, Pillnitz: 31 uli
H. Kordes, Barmstedt: 79 u
Dozent O. Reisaeter, Vollebekk, Norwegen: 62 ure
Prof. Dr. E. Rohmeder, München: 46 ure
R. Ruffier-Lanche, Grenoble: 66 uli
W. Schacht, München: 56 ore, 80 ure
J. Timm u. Co., Elmshorn: 48 uli, 53 ore
G. Varga, Sopron, Ungarn: 57 oli, 60 ore, 60 uli, 61 oli, ore, ure
65 ore, 69 oli, ore, ure, 75 oli, ore
U.S. Forest Service, Washington: 34 ore, 64 uli, 69 oli,
ore, ure, 75 oli, ore, 78 uli, 80 uli
Alle übrigen Fotos stammen vom Verfasser

FOTOTAFELN
29 - 80

NACHWEIS DER FOTOAUFNAHMEN

(o = oben, u = unten, re = rechts, li = links)

Dr. K. BROWICZ, Kornik, Polen: 71 ore
Prof. Dr. P. FUKAREK, Sarajevo, Jugoslawien: 68 ure
I. R. P. VAN HOEY SMITH, Rotterdam: 52 ore, 57 uli
K. JAKUSZ, Kornik, Polen: 46 ore
C. R. JELITTO, Berlin: 34 ure, 70, 77 uli
H. KAMMEYER, Pillnitz: 31 uli
H. KORDES, Barmstedt: 79 u
Dozent O. REISAETER, Vollebekk, Norwegen: 62 ure
Prof. Dr. E. ROHMEDER, München: 46 ure
R. RUFFIER-LANCHE, Grenoble: 66 uli
W. SCHACHT, München: 56 ore, 80 ure
J. TIMM u. Co., Elmshorn: 48 uli, 53 ore
G. VARGA, Sopron, Ungarn: 57 oli, 60 ore, 60 uli, 61 oli, ore, ure
    65 ore, 69 oli, ore, ure, 75 oli, ore
U.S. Forest Service, Washington: 34 ore, 64 uli, 69 oli,
    ore, ure, 75 oli, ore, 78 uli, 80 uli
Alle übrigen Fotos stammen vom Verfasser

Feld-Ahorn
Acer campestre

Eschen-Ahorn
Acer negundo

Französischer Ahorn
Acer monspessulanum

Stumpfblättriger Ahorn
Acer opalus var. *obtusatum*

29

Spitz-Ahorn, blühend
Acer platanoides

Berg-Ahorn
Acer pseudoplatanus

30

Silber-Ahorn
Acer saccharinum

Roßkastanie
Aesculus hippocastanum

Götterbaum
Ailanthus altissima

Neapolitan. Erle
Alnus cordata

Schwarz-Erle
Alnus glutinosa

Grau-Erle
Alnus incana

Moor-Birke
Betula pubescens

Sand-Birke
Betula verrucosa

32

Balearen-Buchsbaum
Buxus balearica

Erdbeerbaum
Arbutus unedo

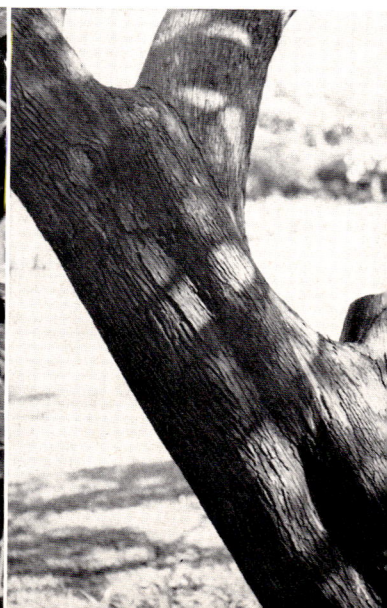

Weißbuche
Carpinus betulus

Orient-Weißbuche
Carpinus orientalis

Edelkastanie
Castanea sativa

Trompetenbaum
Catalpa bignonioides

Zürgelbaum
Celtis australis

Abendländ. Zürgelbaum
Celtis occidentalis

34

Tourneforts Zürgelbaum
Celtis tournefortii

Judasbaum
Cercis siliquastrum

Götterbaum (Früchte)
Ailanthus altissima

Apfelsinenbaum
Citrus sinensis

Ölweide
Elaeagnus angustifolia

Feigenbaum
Ficus carica

Baum-Hasel
Corylus colurna

Kornelkirsche
Cornus mas

36

Haselnuß
Corylus avellana

Baum-Heide
Erica arborea

Ölweide
Elaeagnus angustifolia

Blaugummibaum
Eucalyptus globulus

Silber-Akazie
Acacia dealbata

Kakipflaume
Diospyros kaki

Rot-Buche
Fagus silvatica

Feigenbaum
Ficus carica

38

Blumen-Esche
Fraxinus ornus

Gemeine Esche
Fraxinus excelsior

Südliche Esche
Fraxinus angustifolia

Christusdorn
Gleditsia triacanthos

39

Sanddorn
Hippophae rhamnoides

Stechpalme
Ilex aquifolium

Walnußbaum
Juglans regia

Schwarz-Nuß
Juglans nigra

40

Azarol-Dorn
Crataegus azarolus

Rotgummibaum
Eucalyptus camalduensis

Lorbeer
Laurus nobilis

Gemeiner Goldregen
Laburnum anagyroides

Amberbaum
Liquidambar styraciflua

Tulpenbaum
Liriodendron tulipifera

Immergrüne Magnolie
Magnolia grandiflora

Magnolie
Magnolia soulangiana

42

Johannis-Apfel
Malus pumila

Holz-Apfel
Malus silvestris

Mispel
Mespilus germanica

Ölbaum
Olea europaea

Weißer Maulbeerbaum
Morus alba

Schwarzer Maulbeerbaum
Morus nigra

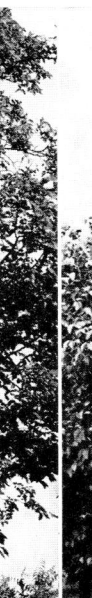

Paulownie, *Paulownia tomentosa*

44

Gemeine Steinlinde
Phillyrea latifolia

Hopfenbuche
Ostrya carpinifolia

Morgenländische Platane, *Platanus orientalis*

Silber-Pappel
Populus alba

Platane
Platanus acerifolia

Kanadische Pappel
Populus canadensis

Schwarz-Pappel
Populus nigra

46

Amerikanische Pappel
Populus deltoides

Robusta-Pappel
Populus canadensis 'Robusta'

Zitter-Pappel
Populus tremula

Pyramiden-Pappel
Populus nigra 'Italica'

Vogel-Kirsche, *Prunus avium*

Portugies. Lorbeer-Kirsche
Prunus lusitanica

48

Trauben-Kirsche
Prunus padus

Spätblühende Trauben-Kirsch
Prunus serotina

Pontische Alpenrose
Rhododendron ponticum

Kaukasische Flügelnuß
Pterocarya fraxinifolia

Algier-Eiche
Quercus canariensis

Schnee-Birne
Pyrus nivalis

Mandelblättr. Birne
Pyrus amygdaliformis

Holz-Birne
Pyrus pyraster

Ungarische Eiche
Quercus frainetto

50

Zerr-Eiche
Quercus cerris

Stein-Eiche
Quercus ilex

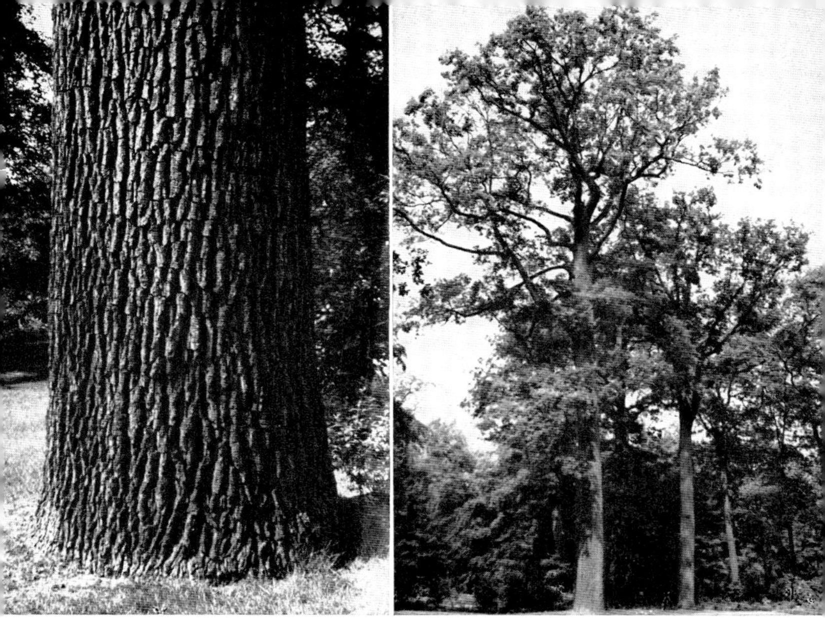

Trauben-Eiche, *Quercus petraea*

Flaum-Eiche
Quercus pubescens

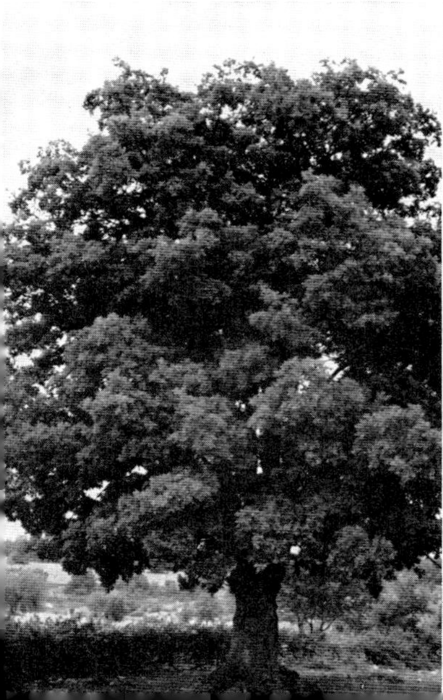

Stiel-Eiche
Quercus robur

Rot-Eiche
Quercus rubra

Kork-Eiche
Quercus suber

52

Reif-Weide
Salix daphnoides

Robinie („Akazie")
Robinia pseudoacacia

Hänge-Weide
Salix alba 'Tristis'

Weiß-Weide
Salix alba (mit Mistel-Befall)

53

Hänge-Weide, *Salix babylonica* (nur im Süden!)

Knack-Weide
Salix fragilis

Schwarzer Holunder
Sambucus nigra

54

Gemeine Eberesche
Sorbus aucuparia

Kupfer-Felsenbirne
Amelanchier lamarckii

Speierling
Sorbus domestica

Elsbeere
Sorbus torminalis

55

Schwedische Mehlbeere
Sorbus intermedia

Pfefferbaum
Schinus molle

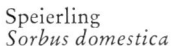

Tamariske
Tamarix gallica

Storaxbaum
Styrax officinalis

56

Holländische Linde, *Tilia europaea*

Winter-Linde
Tilia cordata

Sommer-Linde
Tilia platyphylla

Hängezweig. Silberlinde
Tilia petiolaris

Silber-Linde
Tilia tomentosa

Feld-Ulme
Ulmus minor

Feld-Ulme (diese nur in Engla
Ulmus plotii

Flatter-Ulme, *Ulmus laevis*

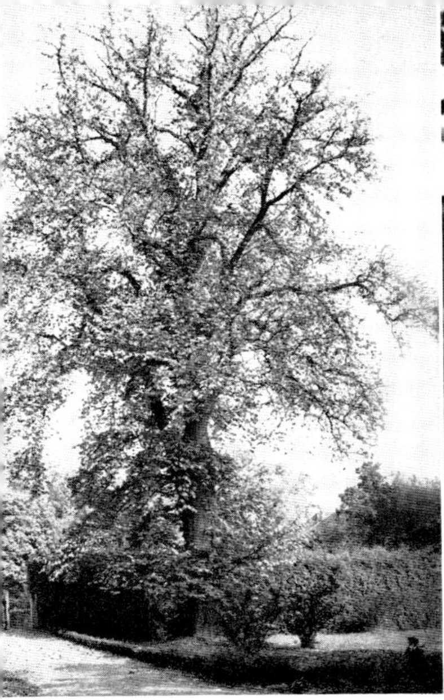

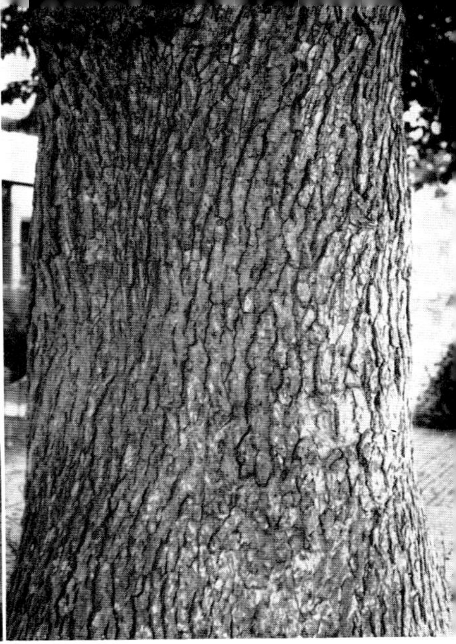

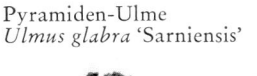

Berg-Ulme, *Ulmus glabra*

59

Pyramiden-Ulme
Ulmus glabra 'Sarniensis'

Zelkove
Zelkova carpinifolia

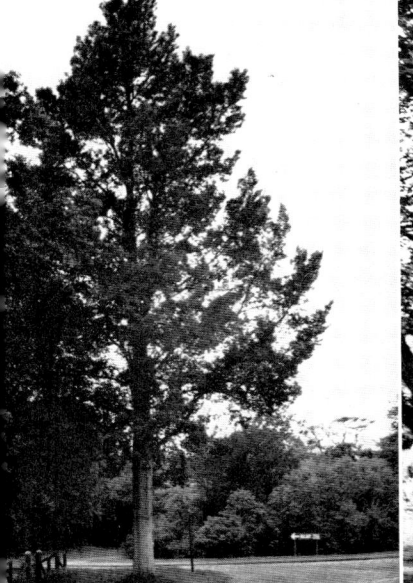

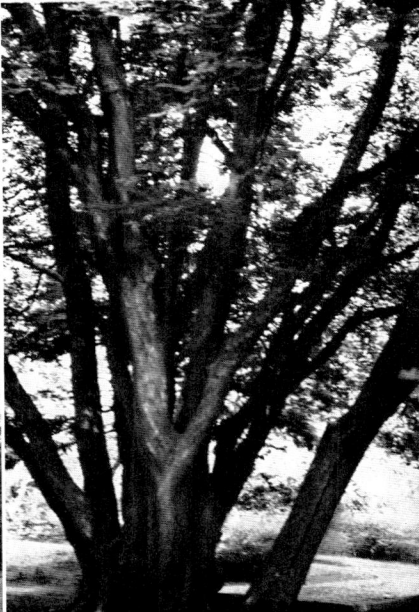

Weiß-Tanne, *Abies alba*

60

Kolorado-Tanne, *Abies concolor*

Große Küsten-Tanne, *Abies excelsior* (= *A. grandis*)

Spanische Tanne, *Abies pinsapo*

Pazifische Edel-Tanne, *Abies procera*

62

Norfolktanne
Araucaria heterophylla

Chilenische Araukarie
Araucaria araucana

Atlas-Zeder
Cedrus atlantica

Himalaja-Zeder
Cedrus deodara

Libanon-Zeder
Cedrus libani

Atlas-Zeder
Cedrus atlantica

63

Scheinzypresse
Chamaecyparis lawsoniana

Zypresse
Cupressus sempervirens

64

Großfrücht. Zypresse
Cupressus macrocarpa

Blaugrüne Zypresse
Cupressus lusitanica

Ginkgobaum, *Ginkgo biloba*

Gemeiner Wacholder
Juniperus communis

Sadebaum (nur selten so hoch!)
Juniperus sabina

Rotfrücht. Sadebaum
Juniperus phoenicea

66

Weihrauch-Wacholder
Juniperus thurifera

Spanische Zeder
Juniperus oxycedrus

Europäische Lärche
Larix decidua

Urwelt-Mammutbaum, *Metasequoia glyptostroboides* (1—3) (2)

Japan-Lärche
Larix kaempferi

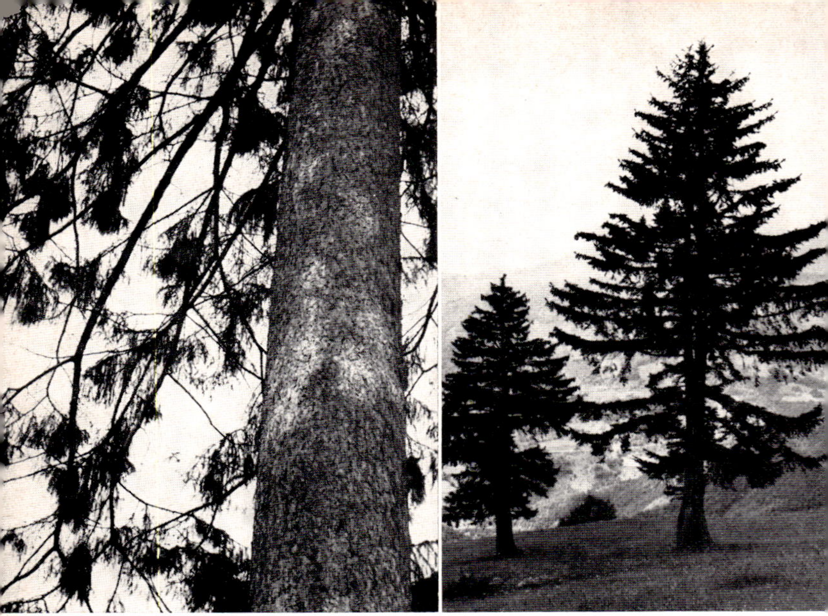

Fichte, *Picea abies*

Serbische Fichte, *Picea omorika*

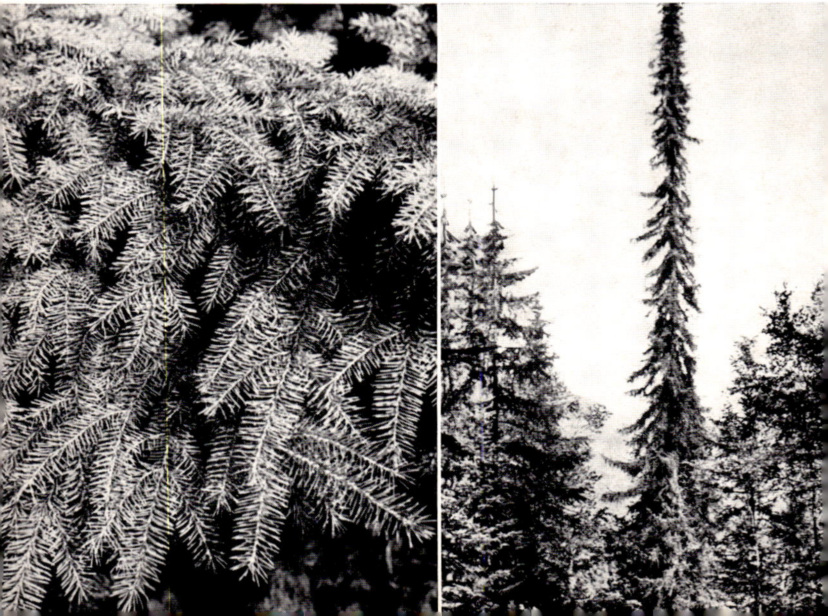

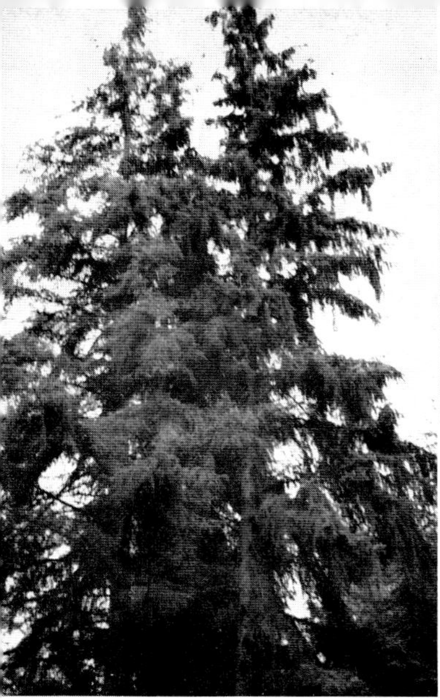

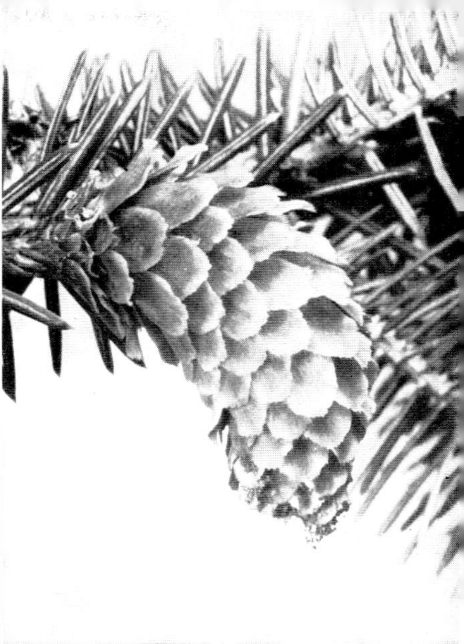

Sitka-Fichte, *Picea sitchensis*

Orient-Fichte, *Picea orientalis*

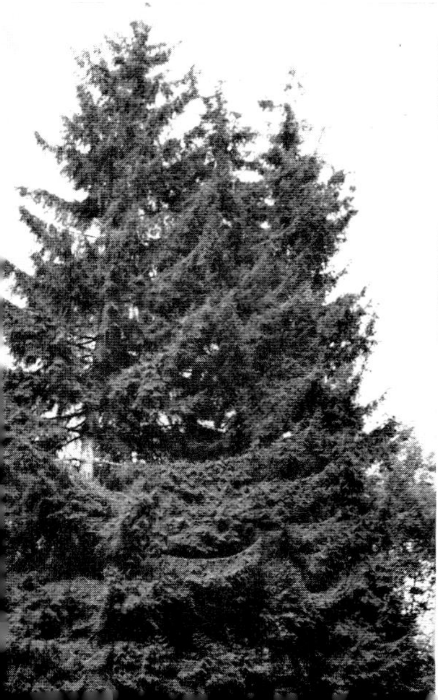

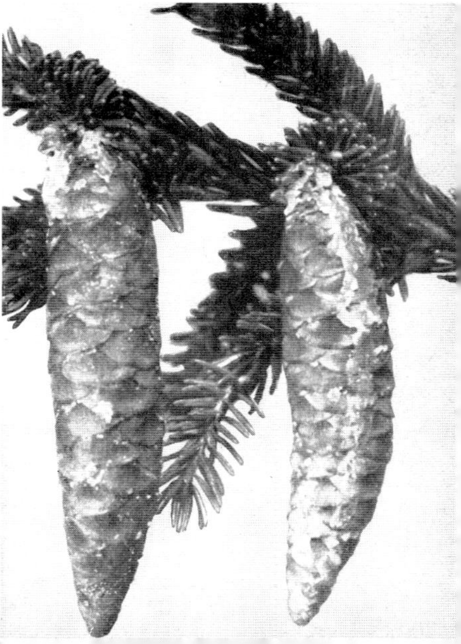

Zirbel-Kiefer, *Pinus cembra*

Aleppo-Kiefer
Pinus halepensis

Schlangenhaut-Kiefer
Pinus leucodermis

Panzer-Kiefer
Pinus heldreichii

Mazedonische Kiefer
Pinus peuce

Österr. Schwarz-Kiefer
Pinus nigra ssp. *nigra*

Korsische Schwarz-Kiefer
Pinus nigra ssp. *laricio*

72

Krim-Schwarzkiefer
Pinus nigra ssp. *pallasiana*

Haken-Kiefer
Pinus uncinata

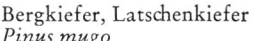

Pinie, *Pinus pinea*

Bergkiefer, Latschenkiefer
Pinus mugo

Seestrand-Kiefer
Pinus pinaster

Gemeine Kiefer, *Pinus silvestris*

Murray-Kiefer
Pinus contorta

Weymouths-Kiefer
Pinus strobus

Douglasie, *Pseudotsuga menziesii*

75

Mammutbaum
Sequoiadendron giganteum

Küstensequoia
Sequoia sempervirens

meist kegelförmig

gelegentlich auch breitwachsend

76

Sumpfzypresse, *Taxodium distichum* (unten Atemknie)

Gemeine Eibe, *Taxus baccata* (1—3)   (2)

77

Säulen-Eibe,
Taxus baccata 'Fastigiata'

Westamerikanische Hemlockstanne
Tsuga heterophylla

Kanadische Hemlockstanne
Tsuga canadensis

78

Riesen-Lebensbaum
Thuja plicata

Abendländischer Lebensbaum
Thuja occidentalis

Kanaren-Dattelpalme
Phoenix canariensis

Fächerpalme
Trachycarpus fortunei

Dattelpalmen im Palmenwald von Elche, Spanien
Phoenix dactylifera

Griechische Tanne
Abies cephalonica

80

Stech-Fichte
Picea pungens

Kanaren-Kiefer
Pinus canariensis

Griechischer Wacholder
Juniperus excelsa

Wissenschaftliche Namen

Ungültige Namen sind *kursiv* gedruckt

Deutsche Namen

Noms communs français

Nomi comuni italiani

Common English Names